AF525871

AMRA

Whitley Strieber

EINE NEUE WELT

Kontakt mit den Besuchern

Vorwort von Jeffrey J. Kripal

Aus dem Amerikanischen von Thomas Görden

Amerikanische Originalausgabe:
A New World

Deutscher Erstdruck im AMRA Verlag
Auf der Reitbahn 8, D-63452 Hanau
Hotline: + 49 (0) 61 81 – 18 93 92
Service: Info@AmraVerlag.de

Herausgeber & Lektor	Michael Nagula
Einbandgestaltung	Guter Punkt
Layout & Satz	Birgit Letsch
Druck	CPI books GmbH

ISBN Printausgabe 978-3-95447-302-1
ISBN eBook 978-3-95447-303-8

Für den Einband wurden drei Motive von GettyImages verwendet:
Archipel #1235926200, Grey #1127605260, Flotte #692687026

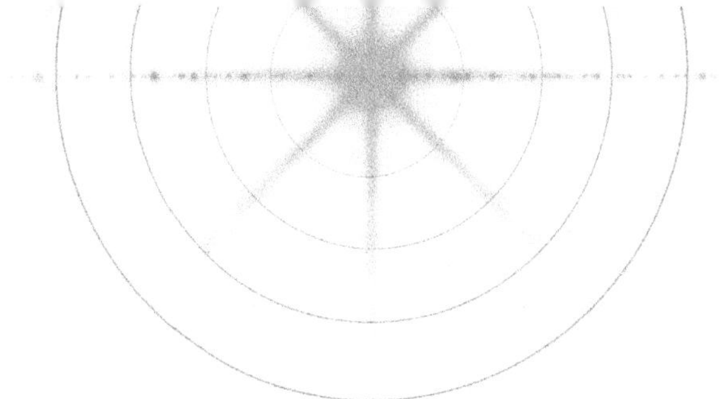

INHALT

Es gibt in diesem Buch keine Seite, an der meine geliebte Frau, Anne Strieber, nicht mitwirkte. Die Begegnung mit diesem brillanten Menschen hat mein Leben gesegnet und bestimmt. Sie brachte kristallklare Erkenntnis in die schwer fassbaren und doch realen Ereignisse, die wir erlebten.

ANNES LEBENSMOTTO LAUTETE »FREUDE HABEN«, UND IN DIESEM GEIST HABE ICH ***EINE NEUE WELT*** GESCHRIEBEN.

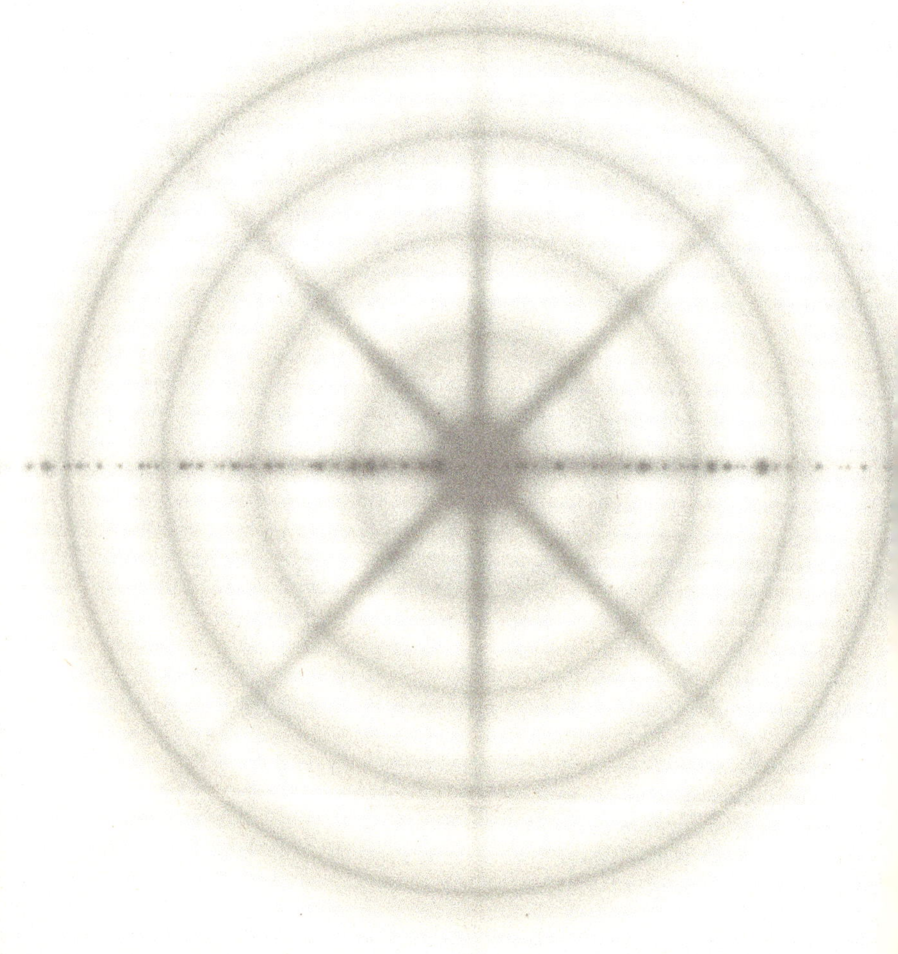

»Der große Feind der Wahrheit ist sehr oft nicht die Lüge – bewusst, erfunden und unehrlich –, sondern der Mythos – hartnäckig, überzeugend und unrealistisch. Zu oft halten wir an den Klischees unserer Vorfahren fest. Wir unterwerfen alle Fakten einem vorgefertigten Set von Interpretationen. Wir genießen die Bequemlichkeit der Meinung ohne die Unbequemlichkeit des Denkens.«

JOHN F. KENNEDY, YALE UNIVERSITY COMMENCEMENT ADDRESS (1962)

»Mythologie existiert auf einer Ebene unserer sozialen Realität, über die normales politisches und intellektuelles Handeln keine Macht hat.«

DR. JACQUES VALLEE

»Wir sind Teil einer Symbiose mit etwas, das sich als außerirdische Invasion tarnt, um uns nicht zu alarmieren.«

TERRENCE MCKENNA

Als Colonel Philip Corso einen unserer Besucher fragte, was sie uns anzubieten haben, wenn wir sie in unser Leben lassen, lautete die Antwort: »Eine Neue Welt, wenn ihr sie ertragen könnt.«

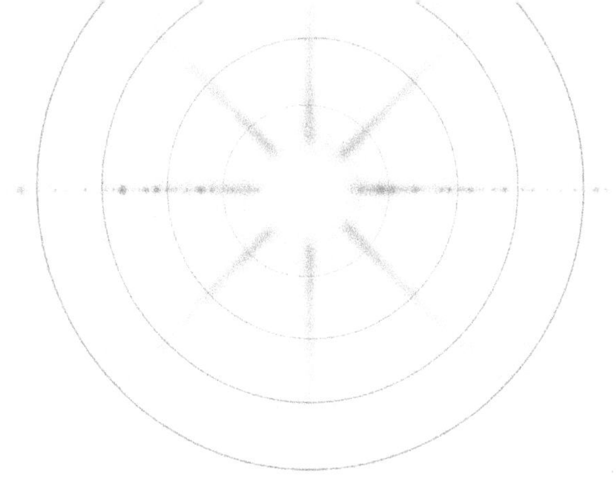

VORBEMERKUNG

Das meiste von dem, was Sie auf diesen Seiten lesen, wird Ihnen unfassbar, unglaubwürdig und seltsam erscheinen. Der Grund ist, dass es sich um Ereignisse handelt, die eigentlich unmöglich sein sollten, im wahrsten Sinne um eine Wirklichkeitsebene, die es eigentlich nicht geben sollte, und um Beziehungen, die vollkommen neu sind. Da ich das weiß, habe ich mich bemüht, meine Geschichte möglichst genau zu erzählen. Ich habe nie etwas weggelassen, geändert oder bearbeitet, weil es mir zu unglaublich erschien. Sie hat im Wesentlichen keinerlei Bezug zu irgendeiner der populären Erzählungen über den Kontakt mit Außerirdischen, noch weniger zu denen des gewöhnlichen Lebens. Und doch beruht sie, Wort für Wort, auf Beobachtung und Erfahrung.

Im Gegensatz zu vielen Geschichten, die von fremden Erfahrungen handeln, schildere ich hier meine eigenen Erlebnisse, aber wann immer es mir möglich ist, nenne ich Augenzeugen, die das Erlebte belegen können. In Anbetracht dessen, was ich Ihnen, den Leserinnen und Lesern, hier abverlange, verdienen Sie es zu wissen, inwieweit jede hier berichtete Erfahrung von anderen Menschen geteilt wurde.

Wichtig ist mir auch, darauf hinzuweisen, dass die Nahkontakte mit den Besuchern immer mit dem beginnen, was wir heute als das Physische kennen. Während Sie Ihre Beziehung zu den Besuchern aufbauen, werden Sie entdecken, dass das, was wir das Physische nennen, nur ein Teil eines riesigen, überaus komplexen Realitätsgefüges ist. Jedoch bleibt das Sehvermögen derjenigen, die nicht danach streben, aus Kontakten zu anderen Ebenen dieses Gefüges Erkenntnisse zu gewinnen, an die vertraute Welt gebunden.

Gegenwärtig ist das körperliche Erscheinungsbild der Besucher – obwohl nur ein kleiner Teil von dem, was sie sind – alles, was die meisten von uns über sie wissen.

Ich glaube zum Beispiel, dass die meisten Menschen, die im Rahmen geheimer staatlicher Projekte operieren, sie nur selten anders als in ihrer physischen Verkörperung erleben und deshalb eine sehr begrenzte Vorstellung von ihnen haben. Aber für jeden, der bereit ist, das Geheimnis, das sie tatsächlich darstellen, zu sehen und zu akzeptieren, gibt es so viel mehr zu entdecken! Und letztere Menschen sind es, die das Potenzial haben, die Welt zu einer echten Veränderung zu führen.

Sich tiefer auf die Besucher einzulassen, ist außergewöhnlich und lohnend. Es ist auch völlig anders als das Leben, wie wir es bislang kannten. Die Gesetze der Realität verändern sich. Vor allem ändert sich die Natur der Kommunikation. Die Regeln sind ganz anders und für unsere gewohnten Verhältnisse sehr fremd. Ich hätte meine Geschichte so bearbeiten können, dass sie glaubwürdiger erscheint – einige Dinge weglassen, andere verändern können, um sie näher am Vertrauten erscheinen zu lassen, als sie es in Wirklichkeit sind.

Wie die Besucher, die Teil meines Lebens sind, hasse ich jedoch Täuschung und werde mich nicht daran beteiligen. Um zu erreichen, dass möglichst viele Menschen meine Geschichte glaubhaft finden, hätte ich sie in eine Lüge verwandeln müssen.

Ihr *Whitley Strieber*

Dieses Buch ist den Kindern gewidmet.
Ihnen gehört diese Welt.

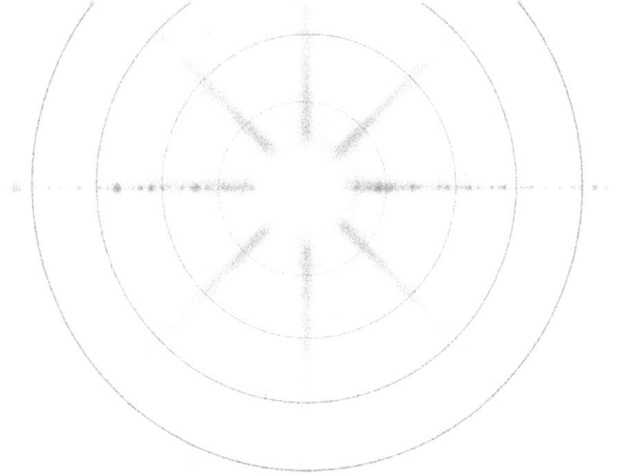

EINFÜHRUNG

Dieses Buch ermöglicht den Kontakt

Hiermit liegt Ihnen ein Buch über eine Neue Welt vor, eine Welt des Übernatürlichen, in der die Kommunikation zwischen den Besuchern und uns, zwischen den »Toten« und den »Lebenden«, eine neue Ebene der Intensität erreicht, in der unsere Körperlichkeit in eine andere, neue materielle oder überphysikalische Dimension ausgedehnt wird, in der die Zeit und damit die Evolution nicht so funktionieren, wie wir denken, in der erstaunliche sensorische Fähigkeiten oder parapsychologische Fähigkeiten in genetischen Erblinien – auch Familien genannt – verlaufen und in der das UFO ebenso Vehikel der Seele ist wie Quelle von Metamaterialien und unsichtbares Objekt aktueller Radarmessungen sowie geheimer militärischer Aufmerksamkeit.

In diesem bemerkenswerten Spektrum schimmert auch ein Modell der Körperlichkeit durch, das eine paradoxe Vision darstellt, in der wir den physischen Körper als eine Art temporäres Portal in diese physische und zeitliche Dimension *benutzen*, auch wenn wir gleichzeitig außerhalb des Körpers und seiner besonderen sensorisch erzeugten Wirklichkeit bleiben. Dies ist eine neue Welt, nicht weil sie wirklich neu ist (ich versichere Ihnen, dass in anderen Kulturkreisen alle diese Themen zu den sehr alten Überzeugungen gehören), sondern weil es *hier und jetzt* von uns abhängt, ob sie Gestalt annehmen und erscheinen kann.

Die tiefste Botschaft dieses Buches ist also sehr intim: dass es *von uns* abhängt, ob diese Neue Welt in Erscheinung tritt oder weiterhin nur in verzerrter Form und gewissermaßen getarnt erlebt wird. Wir selbst müssen entscheiden, ob und wie wir mit den unsichtbaren Präsenzen unserer kosmischen Umgebung interagieren wollen. Zu diesen Entscheidungen gehört auch, ob und wie wir dieses Buch lesen, das, nach dem Verständnis des Autors, selbst eine dringende Botschaft der Besucher ist. Die beabsichtigten Implikationen sind klar genug: In dem Ausmaß, in dem Sie wirklich und wahrhaftig mit diesem Buch interagieren und es dadurch in die Wirklichkeit holen, interagieren Sie wirklich und wahrhaftig mit den Besuchern und öffnen unsere Realität für sie. Dieses Buch ermöglicht den Kontakt, aber was sich daraus entwickelt, hängt von *Ihnen* ab.

Erlauben Sie mir, für einen Moment »nerdig« zu sein, denn diese Neue Welt und unsere unheimliche Rolle als Leser, die sie ins Licht der Aufmerksamkeit holt, überschneidet sich direkt mit meinem täglichen Leben und meiner Arbeit.

Ich lebe und arbeite in einer elitären akademischen Welt, in der geisteswissenschaftlichen Fakultät einer großen Forschungsuniversität, wo einige der klügsten Menschen des Planeten tätig sind. (Ich weiß gar nicht so recht, wie ausgerechnet ich dort gelandet bin, aber das ist eine andere Geschichte.) Diese bemerkenswerten Intellektuellen sehen durch die Dinge hindurch wie Röntgengeräte in einer Arztpraxis. Sie können in die Knochen,

Organe und oft unbewussten Strukturen ganzer Gesellschaften, Nationalstaaten, Imperien, Wertesysteme und Religionen hineinsehen. Nichts ist ihnen heilig.

Tatsache ist, dass alles Menschliche von Menschen erfunden wurde, also alles in Frage gestellt werden kann. Das zentrale Argument meiner eigenen lebenslangen Forschungsarbeit ist, dass in diesem Weg der Wissenschaft, allem auf den Grund zu gehen, alles zu hinterfragen, ein geheimes menschliches Potenzial verborgen liegt. Um zu verstehen, wer wir sind, müssen wir zuerst verstehen, wer wir *nicht* sind. Wir müssen verstehen, dass der Mensch aus zwei Teilen besteht. Ja, wir sind der haarlose, sterbliche Primat mit dieser oder jener sozialen Identität, aber wir sind auch etwas Anderes, ein Mehr, das wir mit keinem Wort benennen und mit keinem Instrument messen können.

Natürlich kann es beängstigend sein, uns selbst auf diese Weise zu betrachten, weil dabei alles, was wir für »mich« oder »uns« halten, in Frage gestellt, durchschaut und am Ende einfach beiseite gelegt wird. Wir werden mit einem Mysterium zurückgelassen, und dieses Mysterium sind wir selbst. Aber es gibt auch echte Hoffnung, denn wir sind anders und viel mehr als alle diese Identitäten, die wir für uns erfunden haben.

Deshalb schätze ich das wilde Erkenntnisstreben meiner Kollegen so sehr. Ich bewundere ihre unerschrockene Suche nach immer tieferen Strukturen der Wahrheit und damit der Gerechtigkeit (da jede Struktur, die sie aufdecken und durchschauen, einige Menschen privilegiert und einschließt und andere Menschen marginalisiert und ausschließt). Ich habe diese breit angelegte intellektuelle Sensibilität, die Gesellschaften, Nationalstaaten und Religionen durchschaut, »prophetisch« genannt, nicht in dem Sinn einer Vorhersage der Zukunft, sondern in dem Sinn, dass schwierige Wahrheiten aufgedeckt werden, die eine bestimmte Gesellschaft, Autorität oder Einzelperson nicht hören will. Diese Wahrheiten können sich auf Geschlecht oder Sexualität beziehen, auf Rasse, auf

Klasse, auf Kolonialismus oder Imperialismus, auf Macht, auf Gott oder die Götter, also auf so ziemlich alles, was Menschen denken, machen, tun oder womit sie sich identifizieren.

Aber nichts davon macht Akademiker unfehlbar oder allwissend, und soziale Gerechtigkeit und das endlose Leiden verschiedener Identitäten sind keineswegs die einzigen Arten von Wahrheit, die es zu suchen und zu entdecken gilt. Es stellt sich heraus, dass es auch in der akademischen Welt heilige Kühe gibt (und selbst die Kuh der Hindus war in Indien einst nicht so heilig, zumindest nicht so, wie sie es heute ist – sie wurde einst gezüchtet, gehütet, geschätzt und, ja, gegessen). Zu unseren heutigen heiligen Kühe, die wir zweifellos eines Tages »essen« werden, gehören das unhinterfragte Bekenntnis zu Naturalismus, Materialismus und Szientismus, das heißt, die weitgehend unbewussten Annahmen, dass das, was wir heute als »natürlich« betrachten, alles ist, was existiert; dass alles letztlich »physikalisch« ist in dem Sinne, wie die heutige Physik Materie versteht (also nicht sehr gut, wie sich immer mehr herausstellt); und dass die objektivierenden Methoden der Wissenschaft der einzige Weg sind, die Realität zu erkennen, mit der oft unausgesprochenen Annahme, dass alles, was die Wissenschaft nicht weiß oder was sich mit ihren Methoden nicht nachweisen lässt, nicht real sein kann.

Ob Sie es glauben oder nicht, buchstäblich jeder Bereich des modernen intellektuellen Lebens befasst sich mit diesem dreifachen Satz von auf Naturalismus, Materialismus und Szientismus beruhenden Annahmen. Nehmen Sie die Religionswissenschaft, mein eigenes Fachgebiet als Forscher und Autor. Ich habe die letzten vier Jahrzehnte damit verbracht, Religion zu erforschen. In den ersten drei dieser Jahrzehnte wurde ich in einer Denkweise geschult, die mit einigen sehr guten Gründen argumentierte, dass jedes religiöse Wunder – jeder Schamane, Mystiker, Seher, Heilige, jedes Medium und jeder spirituelle Lehrer – nur ein biomedizinischer, in der Raum-Zeit eingesperrter Körper ist und dass *alles*, was diese Menschen zu wissen behaupten, entweder in materieller, schriftlicher Form oder durch soziale Institutionen und soziale Interaktionen überliefert wurde. Mit anderen Worten: Mir wurde beigebracht zu glauben, dass alles Menschliche letztlich und vollständig »historisch« und »sozial« ist, das heißt: bedingt, relativ, lokal und materiell. Übernatürliches gibt es also ganz einfach nicht.

Das trifft auch tatsächlich häufig zu.

Daher die prophetische Funktion der Geisteswissenschaften: *Alle* Ansprüche, die eine Religion oder ein Nationalstaat erhebt, um die einen einzuschließen und die anderen auszuschließen, können dekonstruiert, auseinandergenommen und in irgendeiner universellen oder absoluten Weise als falsch entlarvt werden. Das ist so, weil sie tatsächlich falsch sind.

Und doch gibt es noch etwas anderes.

Ich dachte einmal, dass ganze Gerede über Himmelsgötter, die spezielle »Kristalle« oder heilige »Steine« in die Körper von Schamanen einsetzen, um deren Berufung zu signalisieren und die Lehren eines neuen spirituellen Wunderkindes zu autorisieren, gehöre völlig ins Reich der Mythen und Legenden. Dann begegnete ich Whitley Strieber und erfuhr von dem Implantat in seinem linken Ohr, das, wie er in seinen Büchern erklärt, zentral für seine eigene Berufung war und ihn nun zu diesen Büchern inspiriert, manchmal mit sehr spezifischen Informationen. Es stellte sich also heraus, dass die Mythen und Legenden wahr sind.

Ich dachte einmal, dass biblische Szenen wie die, die in den ersten Kapiteln von Hesekiel beschrieben werden, als literarische Erfindungen betrachtet werden könnten, dass jedes Detail davon auf einen anderen Text, eine soziale Institution oder einen früheren Glauben zurückgeführt werden könnte. Dann stieß ich auf die moderne UFO-Entführungsliteratur, in der viele Szenen mit Fluggeräten und einer Technologie vorkommen, die, nun ja, ziemlich genau wie Hesekiels berühmte »Wagen«-Vision aussehen, bei der es sich offensichtlich überhaupt nicht um einen Wagen handelt. Es stellt sich heraus, dass die Bibel, oder auch jede andere religiöse Schrift, manchmal tatsächliche menschliche Erfahrungen beschreibt und nicht einfach etwas erfindet.

Früher dachte ich, das ganze Gerede von »Geistern« und »Spirits«, von unsichtbaren Astralwesen, sei eine Art psychologische Projektion, eine soziale Konstruktion oder es handele sich um fehlinterpretierte Träume. Dann traf ich Whitley Strieber, der fast jede Nacht mit unsichtbaren »Besuchern« interagiert, in jüngster Zeit nicht zuletzt, um dieses Buch zu schreiben. Es stellt sich heraus, dass Geister und Gespenster real sind, »real« auf eine Art und Weise, die wir mit unseren entsprechend unseren gesellschaftlichen Vorgaben geschulten Sinnen und adaptiven kognitiven Fähigkeiten noch nicht verstehen oder definieren können.

Ich arbeite mit Whitley seit etwa einem Jahrzehnt zusammen, oft fast täglich. Ich glaube, dass ich auch mit seiner verstorbenen Frau Anne interagiert habe, und zwar durch eine höchst bemerkenswerte Zeichnung, die von einem kanadischen Medium gechannelt wurde (mehr dazu eines Tages). Am dramatischsten war vielleicht, dass ich während eines Symposiums im selben Raum mit Whitley schlief (ein riskantes Unterfangen, das versichere ich Ihnen) und erlebte, wie sich meine eigene Psyche während Whitleys schlafender Anwesenheit in zwei Teile »aufspaltete«. Ein anderer Teil von mir, völlig von meinem bewussten Selbst getrennt, sah zu, wie sich in dem dunklen Raum etwas Erstaunliches abspielte. Während das alles geschah, hörte dieses Jeff-Selbst in seinem Geist sehr deutlich die folgenden Worte, die von einem anderen Teil von mir ausgesprochen wurden: »Oh … mein … *Gott!*« Der Tonfall war der eines ontologischen Schocks, wie John Mack es einmal so treffend formulierte: nicht direkt Angst, aber etwas, das die intellektuellen Emotionen von Erstaunen und Verwunderung und eine Art reiner oder absoluter kognitiver Dissonanz beinhaltete. In der Tat sah ich etwas *so* Schockierendes und *so* Dissonantes, dass ich es nicht sehen konnte. Ich, als ich selbst, konnte es buchstäblich nicht verarbeiten! Und so spaltete ich mich in zwei Teile auf, um es gleichzeitig zu verarbeiten und nicht zu verarbeiten, um es zu sehen und nicht zu sehen.

Vor Kurzem, genau genommen erst vor ein paar Tagen, hat Whitley mir eine Tonaufnahme einer ähnlichen Nachtszene vorgespielt. Auf dieser Aufnahme hört man den anderen Whitley (er ist dabei auch in Zwei aufgespalten), der liebevoll zu einer Besucherin spricht, die bei ihr im Zimmer ist. Er nennt sie beim Namen: »Unterrichte mich, Mature.« Die Aufnahme endet damit, dass ein weibliches Geistwesen tief seufzt, während es sinnlich und intellektuell mit Whitley interagiert. Als ich mir die Aufnahme anhörte, erinnerte sie mich an die emotionale Atmosphäre in jener Nacht, in der ich mich in unserem gemeinsamen Zimmer in zwei Hälften aufspaltete. Wie Whitley vermute ich, dass diese Besucherin in gewisser Weise »Anne« war, was auch immer diese soziale Konvention, die wir einen Namen nennen, für dieses Wesen jetzt bedeutet.

Eindeutig bin ich nicht mehr dieselbe Person (oder dieselben Personen), die ich in der Graduiertenschule war oder sogar noch vor einem Jahrzehnt. Ich »habe« einen sozialen Namen und eine körperliche Form, wie Anne einst, aber ich glaube an beides nicht wirklich. Und ich richte mein Leben auf das aus, was Whitley hier in diesem Buch »eine Neue Welt« nennt. Leider kann ich nicht sagen, dass ich diese Welt schon betreten oder dass ich die Identifikation mit meinem sozialen Ego oder Bionom abgeschüttelt habe, aber ich kann sagen, dass ich viel zu viel gesehen und gehört habe, um noch an die alte Welt zu glauben, die ich schon lange und nach Kräften hinter mir zu lassen versuche.

Worte wie »Religion«, »Mythos«, »Folklore«, »Schamane«, »Mystiker«, »Besessenheit«, »Gott«, »Dämon«, »Geist«, »Animismus«, sogar »Körper«, »Geist«, »Individuum«, »Geschichte«, »Zeit«, »Identität« und »Mensch« bedeuten für mich heute ganz andere Dinge als noch vor einem Jahrzehnt. Die alte Welt ist nicht mehr da, auch wenn die Neue Welt noch nicht wirklich Gestalt angenommen hat.

»Was?«, werden einige meiner Kollegen nun vielleicht sagen. »Sie erwarten von uns, dass wir glauben sollen, unsichtbare Wesen würden mit den Menschen interagieren, der Mensch selbst wäre ebenfalls übermenschlich und *das* wäre, worauf die Geschichte der Religionen wirklich hinweist, eine Art soziale Formation, die sich nach dem Kontakt mit dem Übersinnlichen herausbildet?« »Ja, das trifft es ziemlich gut.« Ich würde meinen Kollegen versichern, dass wir nicht wissen, was oder wer diese unsichtbaren Präsenzen oder Wesenheiten sind; dass ich vermute, dass sie in Wirklichkeit wir sind (was auch immer »wir« wirklich bedeutet); dass ich das Übernatürliche als über-natürlich verstehe; und dass ich nicht an die traditionellen religiösen, wissenschaftlichen oder militärischen Mythen glaube, die sich um diese atemberaubenden Momente echten Kontakts und spiritueller Wissensübermittlung ranken. Was auch immer diese Neue Welt ist, ich gehe stark davon aus, dass Wissenspraktiken wie »Religion«, »Wissenschaft« und »Technologie« grundlegend unzulänglich sind und dass wir letztlich diese Neue Welt *sein* müssen, um sie erkennen zu können. Alle Überzeugungen, Wissenschaften und Waffen der Welt werden uns dieser Neuen Welt nicht einen Zentimeter näher bringen. Tatsächlich werden sie uns nur weiter und weiter von ihr wegführen.

Aber ich bezweifle, dass diese Forscherkollegen in dem Fall irgendeine ihrer Qualifikationen weiterhelfen würde. Sie leben noch in der alten Welt. Ich entscheide mich dafür, auf die Neue Welt zuzugehen, für sie zu leben.

Für welche Welt entscheiden *Sie* sich?

Jeffrey J. Kripal

J. Newton Rayzor Professor für Religion

Rice University, Houston, Texas

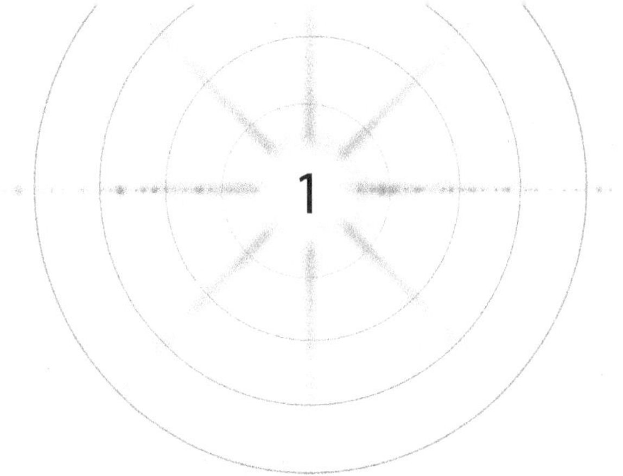

DAS GEHEIMNIS BEGINNT

Ich bin Autor vieler Bücher. Dazu zählen neben Sachbüchern vor allem die Romane *Der Kuss des Todes*, *Warday* und *Sturmwarnung*, der als Vorlage für den Film *The Day After Tomorrow* diente. Doch mein bekanntestes Werk ist ein Sachbuch mit dem Titel *Die Besucher* über eine Begegnung der dritten Art, die mir am 26. Dezember 1985 widerfuhr. Es wurde unter dem Titel *Communion* mit Christopher Walken in der Hauptrolle und Musik von Eric Clapton auch verfilmt. Seit damals hat sich meine Beziehung zu den sonderbaren Leuten, denen ich in jener Nacht begegnete und die ich inzwischen »die Besucher« nenne, fortgesetzt. Beginnend im Herbst 2015, haben sich diese Kontakte in jüngster Zeit enorm intensiviert und sind zu einer reichen Erfahrung voller Wunder geworden.

Zum Teil liegt das daran, dass ich nach und nach einiges darüber gelernt habe, wie ihre Kommunikation mit uns funktioniert –

und das ist so anders als alles, was man erwarten könnte, dass ich viele Jahre brauchte, um zu verstehen, was da eigentlich geschieht. Meine Hoffnung ist, dass ich, indem ich meine diesbezüglichen Erfahrungen beschreibe, anderen helfen kann, die Botschaften, die sie vielleicht schon erhalten haben, zu verstehen und auch zu lernen, wie man eine auf Geben und Nehmen basierende Beziehung zu den Besuchern aufbauen kann. Wenn mehr von uns eine Vorstellung davon bekommen, wie das funktioniert, werden, so denke ich, unsere Besucher vielleicht ihre seit langer Zeit aufrechterhaltene Geheimhaltung aufgeben, offener in unserer Welt in Erscheinung treten und sich einbringen.

Meine erste Begegnung mit ihnen verlief nicht gut.

Ganz und gar nicht.

In jener verschneiten Dezembernacht wachte ich in einem kleinen Zimmer auf, in dem sich flinke, großäugige Insekten und stämmige, dunkelblaue Trolle drängelten. Letztere nannte ich später »die *Kobolde*«. Diesen Namen erhielten sie ursprünglich im Mittelalter von Bergleuten in Bayern, die diese schillernden, dunkelblauen Gestalten erblickten, wenn sie durch die dunklen Bergwerksstollen eilten. Bis heute gibt es in Bayern zahlreiche enge, niedrige Stollen, deren Ursprung und Verwendung ungeklärt ist.

Am nächsten Tag brachte meine vage Erinnerung an die großen Augen mich auf die Idee, eine Eule wäre nachts in unser Haus eingedrungen, aber da es keine Möglichkeit gab, wie der Vogel hätte hereingelangen können, schied das als Erklärung aus. Ich trug eine Wunde an der Seite meines Kopfes davon. Mein Rektum war so stark zerrissen, dass ich dort bis heute eine Narbe trage. Um es gelinde auszudrücken, ich war zutiefst erschüttert. Während der folgenden Wochen schloss ich eine herkömmliche Erklärung nach der anderen für das, was mir zugestoßen war, aus, so dass schließlich nur noch eine Alternative übrig blieb: So unglaublich, so unmöglich es auch schien, es musste sich um ein reales, physisches Ereignis gehandelt haben.

Die Kreaturen, die ich gesehen hatte, waren tatsächliche, lebendige Wesen irgendeiner Art.

Ich quälte mich damit, ob ich meiner Frau davon erzählen sollte. Was in aller Welt würde Anne denken? Unsere Ehe stand auf der Kippe, weil ich nach dem Erlebnis sechs Wochen gebraucht hatte, um zu begreifen, dass ich nicht verrückt geworden war. Während dieser Wochen hatte ich versucht, Anne zu verjagen. Ich kannte sie gut genug, um zu wissen, dass sie mich, falls ich in der Psychiatrie landete, niemals im Stich lassen würde. Und wovon sollten sie und unser Sohn dann leben? Sie brauchten und verdienten es, einen gesunden Ehemann und Vater zu haben, und nicht durch eine Person belastet zu werden, die so psychotisch war, dass sie die Realität völlig falsch wahrnahm.

Ich ließ mich neurologisch auf Hirnanomalien untersuchen und auf Schläfenlappen-Epilepsie, die Halluzinationen hervorrufen kann. Doch alle Tests zeigten nichts Außergewöhnliches. Der Epilepsie-Test ergab sogar, dass ich nicht nur nicht zu Halluzinationen neigte, sondern ein außergewöhnlich stabiles Gehirn besaß. Ich unterzog mich einer umfangreichen Reihe psychologischer Tests, die zeigten, dass ich zwar normal war, aber unter einem hohen Stresslevel litt.

Ich hatte immer noch keine Ahnung, was ich Anne sagen sollte. Konnte ich ihr sagen, dass ich von kleinen Männchen an Bord einer Fliegenden Untertasse gebracht worden war? Denn ich war inzwischen ziemlich davon überzeugt, dass genau das sich ereignet hatte. Schließlich erzählte ich einem alten Freund von der Sache, dem Fotografen und Dokumentarfilmer Timothy Greenfield-Sanders. Unglaublicherweise berichtete er mir daraufhin, dass die Eltern seiner Frau, die in der Nähe von uns in Upstate New York wohnten, einige seltsame Kreaturen gesehen hatten, die denen ähnelten, die ich ihm beschrieb. Seine Schwiegereltern hatten von einem Fenster aus beobachtet, wie diese Wesen in ihrem Garten herumliefen.

Das rückte die Dinge in ein neues Licht. Jetzt konnte ich Anne sagen, dass es weitere Zeugen gab.

Es war klar, dass sie mir diese Frage stellen würde. Timothy riet mir, es ihr zu sagen. Er war sich sicher, dass sie das alles genauso faszinierend finden würde wie er.

Eines Tages, nach dem Abendessen, als unser kleiner Junge tief und fest schlief, bat ich sie, sich zu mir zu setzen, und sagte, dass ich gerne etwas mit ihr besprechen wollte.

Sie erzählte mir später, dass sie befürchtet hatte, ich würde ihr sagen, dass ich die Scheidung wollte. Aber ich wollte sie vielmehr vor dem Geisteskranken in Sicherheit bringen, für den ich mich gehalten hatte. Meine Hauptsorge war nun, ob *sie* möglicherweise die Scheidung wollte.

Ich sagte die Worte, vor denen ich solche Angst hatte, sie auszusprechen: »Liebling, ich glaube, ich wurde von kleinen Männchen an Bord einer Fliegenden Untertasse gebracht.« Sie starrte mich an. Ihre Kinnlade fiel herunter. Dann blitzte in ihren Augen etwas auf, das ich nur als ihren funkelnden Witz beschreiben kann. Sie platzte heraus: »Oh, Gott sei Dank! Ich hatte schon Angst, dass du verrückt wirst!« Ein Schweigen entstand. Ihre Augen suchten bei mir nach Anzeichen, ob ich einen Scherz machte. Ich erwiderte ihren Blick ernst. Dann brachen wir beide trotzdem in Gelächter aus. Wir fielen uns in die Arme. Sie sagte: »Ich wollte ein interessantes Leben, aber ich hatte keine Ahnung, worauf ich mich einließ, als ich dich traf.« In diesem Moment begann für unsere Ehe ein neues Kapitel. An jenem Abend in unserer kleinen Wohnung in New York begann eine Entdeckungsreise, die unser Verständnis von Welt, Leben und Realität komplett revidierte und dies auch heute noch jeden Tag tut.

Von Anfang an schien sie Dinge zu wissen, die sie vielleicht nicht in Worte fassen konnte, darüber, dass diese unglaublichen Erfahrungen zuerst zu uns gehören – zu den Menschen – nicht zu den geheimnisvollen nächtlichen Gestalten, die sie auslösen.

Anfangs war ich verängstigt. Ich beschloss, das kleine Blockhaus zu verkaufen, in dem es geschehen war, und nie wieder eine Nacht außerhalb der Stadt zu verbringen. Ich konnte mich einfach nicht mit dem Gedanken anfreunden, dass sie real waren. *Real.*

Anne wollte das Blockhaus behalten.

Sie wollte wieder dorthin fahren und sehen, ob sich noch einmal etwas Ungewöhnliches ereignete.

Ich entdeckte, dass meine Neugierde stärker war als meine Angst, und im April 1986 fingen wir wieder an, unsere Wochenenden in dem Blockhaus zu verbringen. Ich ging nachts in den Wald, um *ihnen*, wer immer sie waren, mitzuteilen, dass ich sie wieder treffen wollte – hoffentlich ohne eine Wiederholung der Gewalt, die sich beim ersten Mal ereignet hatte, und ohne mich wieder durch hektische, panische Bewegungen selbst zu verletzen.

In Anbetracht dessen, was ich durchgemacht hatte, mag das ziemlich tollkühn erscheinen, und das war es auch. Aber ich war einfach zu neugierig. Anne und ich waren es. Die Tatsache, dass das Ereignis überhaupt stattgefunden hatte, war absolut bemerkenswert. Obwohl ich Verletzungen davongetragen hatte, hatte sich mein Geist auf die tiefgreifendste Weise geöffnet, die ich mir vorstellen konnte. Was auch immer sie waren, sie waren nicht menschlich, nach keiner mir bekannten Definition. Und doch waren sie hier.

Anne stimmte zu, dass ich hinausgehen und sehen sollte, was geschah, aber sie war von Natur niemand, der blind glaubt. Sie war eine Fragenstellerin, wollte den Dingen auf den Grund gehen, und ich vertraute mich dabei ihrer Führung an. Sie pflegte oft zu sagen: »Die menschliche Spezies ist zu jung, um zu glauben. Was wir brauchen, sind gute Fragen.«

Wir Menschen haben die unangenehme Angewohnheit, zu glauben, dass Dinge, die wir nicht wirklich verstehen, sich auf irgendeine Art erklären lassen, die wir uns selbst ausdenken. Und das Nächste, was dann geschieht, ist, dass wir uns wegen dieser Fantasievorstellungen gegenseitig umbringen.

Dieses Buch wird deshalb kein Plädoyer für etwas sein. Ich behaupte nichts, was Sie dann einfach glauben sollen. Stattdessen werde ich Ereignisse beschreiben, wie ich sie erlebt habe, und untersuchen, welche Möglichkeiten der Kommunikation mit einer Gruppe von äußerst lebendigen, rätselhaften und absolut bemerkenswerten Wesenheiten bestehen, die uns zumindest durch einen Teil unserer bekannten Menschheitsgeschichte begleitet haben, und wahrscheinlich noch viel länger. Aber es ist auch wahr, dass diese Wesen in den Jahren seit dem Ende des Zweiten Weltkriegs offenbar ihren Umgang mit uns völlig verändert haben. Er hat sich enorm erweitert und intensiviert. Und sie streben offenbar an, eine noch zentralere Rolle für die menschliche Erfahrung zu spielen. Wir laufen Gefahr, uns selbst auszulöschen, und diese Wesen, diese andere Spezies, will das nicht. Sie möchte mit uns kommunizieren, aber sie unterscheidet sich ganz erheblich von uns, und bisher war eine Kommunikation fast unmöglich. Zu lernen, dies zu ändern und eine Verständigung möglich zu machen, wurde zum zentralen Anliegen meines Lebens, und ich hoffe, in diesem Buch zu vermitteln, was dafür erforderlich ist.

Die Besucher haben sich mir gegenüber sehr klar ausgedrückt: Solange wir nicht in der Lage sind, auf rationale, praktische und effektive Weise mit ihnen zu kommunizieren, können sie uns nicht helfen.

Ich wünschte, ich könnte eine einfache Anleitung geben, eine übersichtliche Liste, was zu tun und was zu unterlassen ist.

Doch das kann ich nicht. Niemand kann es. Die Kluft zwischen uns ist einfach zu groß, und deshalb kann so eine unkomplizierte Liste nicht funktionieren.

Unsere Besucher stehen bereit, uns bei der Bewältigung der Gefahren zu helfen, in denen wir uns befinden, und uns sogar bei der Lösung der Probleme zu unterstützen, mit denen wir konfrontiert sind. In welchem Ausmaß sie sich einbringen, hängt davon ab, wie weit wir in der Lage sind, uns offen auf sie einzulassen, damit wir verstehen können, was sie uns zu bieten haben. Aus Gründen, die im Laufe meiner Geschichte deutlich werden, wird das nicht einfach sein. Im Gegenteil: unsere Beziehung zu den Besuchern zu verstehen stellt die größte intellektuelle, emotionale und spirituelle Herausforderung dar, der sich die Menschheit je gegenübersah. Wenn wir diese Herausforderung meistern, wird das unsere Einsicht und unser Wissen enorm erweitern – ja, wir werden dadurch in eine Neue Welt eintreten.

Gegenwärtig stellt sich die Lage als vorhersehbar chaotisch dar. Verschiedene religiöse Gruppen haben das Phänomen schon vor langer Zeit in ihr Glaubenssystem integriert. Christen halten die Besucher für Dämonen, manchmal auch für Engel. Für Muslime sind sie *Dschinns*. Andere Religionen geben ihnen andere Namen. Aus dem vorchristlichen Feenglauben Nordeuropas hat sich der Mythos der UFOs und Außerirdischen entwickelt und in der ganzen Welt verbreitet. Aber das ist nur ein Teil von dem, was wirklich geschah. Was früher ein eher unbedeutender Volksglaube war, hat sich inzwischen zu einer gewaltigen, lebendigen Erfahrung entwickelt, zur großen persönlichen Herausforderung für die Augenzeugen dieser Begegnungen der dritten Art und zum bei weitem komplexesten kulturellen und sozialen Einfluss, dem die Menschheit jemals ausgesetzt war. Millionen Menschen auf der ganzen Welt sind davon betroffen. Die Reaktionen der Regierungen erfolgten fast immer unter einem Schleier von Geheimhaltung, der Beunruhigung, Verwirrung und Angst verbarg.

Tatsächlich ist die gesamte menschliche Spezies durch dieses Phänomen, was auch immer es ist, aus dem Gleichgewicht gebracht worden. Trotz über siebzigjähriger Bemühungen, seine Natur zu erforschen, ist es nicht nur ein Mysterium geblieben, sondern immer mysteriöser geworden – und gleichzeitig immer provozierender.

Es ist also jemand hier, na gut. An diesem Punkt ist das Leugnen dieser Tatsache eine emotionale Reaktion, keine rationale.

Es geht nicht einfach um die Ankunft von Aliens. Diese erhabene, herausfordernde, unheimliche und doch seltsam einladende Präsenz ist viel komplexer als das. Sie ist so vielfältig, so widersprüchlich und doch so allgegenwärtig auf derart vielen Ebenen, dass es für uns zur enormen intellektuellen Herausforderung wird, sie auf nützliche, nachvollziehbare Weise zu beschreiben.

Hinter den Kulissen hat eine kleine Gruppe von Wissenschaftlern, die Zugang zu bestimmten Materialien und biologischen Überresten haben, bedeutende Fortschritte auf so unterschiedlichen Gebieten wie Metallurgie und Kommunikation gemacht. Aber die meisten Wissenschaftler und Intellektuellen – sie bleiben aus Gründen, die ich im Laufe dieses Buches verdeutlichen werde, bei dieser exklusiven Gruppe außen vor –, verharren in einem Zustand erzwungener Ignoranz, die sich im kulturellen Mainstream als ein Gemisch aus Leugnung und Gleichgültigkeit zeigt. In der Zwischenzeit werden Menschen, die Kontakte zu den Besuchern erleben – häufig, wie es bei mir der Fall war, auf unangenehme, verstörende Art –, mit ihren Erfahrungen allein gelassen und müssen ganz für sich herausfinden, was mit ihnen geschehen ist.

Das Ergebnis ist, dass das reiche Potenzial dieser Kontakte unter einem großen Berg verworrener Theorien begraben wird, die kaum mehr als eine kunstvolle Erweiterung der Erzählungen über unbekannte Geistwesen sind, wie sie uns seit Beginn unserer Geschichte begleiten.

Aber täuschen Sie sich nicht: Es obliegt nicht den Menschen, die ihr Wissen hinter einer Mauer staatlicher Geheimhaltung verbergen, das Mysterium aufzuklären. Von Anfang an hatten die Besucher selbst die Kontrolle darüber, was sie uns über ihre Natur offenbaren, und sie sind es, die bestimmen, ob und wann sie uns mehr über sich enthüllen – oder, präziser ausgedrückt, sich offener in unser Leben integrieren, als sie es bisher getan haben.

Sie sind äußerst feinsinnig, aufmerksam und umsichtig. Diejenigen, die ich kennengelernt habe, wollen, dass der Kontakt funktioniert, aber wenn sie jetzt ins Licht der Öffentlichkeit träten, würde das ganz sicher nicht so ablaufen. Stattdessen würden wir versuchen, sie in unser Weltbild zu integrieren, und zwar indem wir sie für außerirdische Raumfahrer halten, was einfach nicht zutrifft und einer genauen Prüfung nicht standhält.

Gleichzeitig zeigen sie auch Entschlossenheit und Härte, und sie können, offen gesagt, erschreckend sein. Sie sind unvorstellbar mächtig und können durch militärischen Widerstand nicht besiegt werden. Dieser ganze Ansatz ist sinnlos. Es ist überhaupt kein Krieg, es ist ein Prozess der Kontaktaufnahme, der zu einem tiefen inneren Austausch führen soll, echter Kommunikation. Es gibt Dinge, die sie von uns wollen, und Dinge, die sie uns im Gegenzug geben können. Aber es ist ein Handel von einer Art, wie wir ihn noch nie zuvor betrieben haben, und damit er gelingt, müssen wir bereit zu einem großen Entwicklungssprung sein, was unser Weltbild und unser Wissen angeht.

Es ist jedoch keineswegs etwas, das wir noch nie getan haben. Diese Kontakte zu ihnen haben, denke ich, immer schon stattgefunden, solange es uns gibt. Wir haben uns dabei aber bisher passiv verhalten. Das Ergebnis ist, dass beide Seiten weniger davon profitieren, als es möglich wäre. Sie lassen uns nicht so an ihrem Wissen teilhaben, wie es eigentlich möglich wäre. Und wir erkennen unsere wahre Natur nicht und entwerten uns dadurch selbst. Nur wenn wir uns bewusst werden, was für ein Austausch zwischen ihnen und uns möglich ist, kann echte Gemeinschaft entstehen. Gegenwärtig sind wir dafür zu passiv. Wir müssen uns auf die Kommunikation einlassen und damit auch auf sie, um so aktiv an einem enormen Teil unserer eigenen Existenz mitzuwirken, von dem wir bisher gar nicht wussten, dass es ihn gibt.

Das ist es, was Bewusstseinserweiterung bedeutet. Es bedeutet, mehr davon zu erkennen und zu erleben, wo und wer wir wirklich sind. Wie ich bereits gesagt habe, ist das Kommen der Besucher Teil der Evolution unseres eigenen Bewusstseins.

Es gab in der Geschichte der Menschheit einige frühere Beispiele für Kontakte, die hier lehrreich sind. Die ersten beiden betreffen die Reaktion der präkolumbianischen Zivilisationen auf das unerwartete Auftauchen der Spanier. Sie brachten Pferde, Metallrüstungen und Schießpulver nach Amerika, die für die indigene Bevölkerung völlig neu waren. Allerdings brachten sie auch eine durch Aberglauben, Fanatismus und chauvinistische Brutalität verkommene Kultur mit. Mit dieser verheerenden Kombination zerstörten sie nicht nur die indianischen Gesellschaften in Mexiko und Südamerika, sondern unterwarfen und versklavten später die indigene Bevölkerung in der gesamten westlichen Hälfte Nordamerikas. Später überwältigten weitere Wellen von Europäern diese alten erdzentrierten Kulturen auf dem gesamten Kontinent vollends. Erst in jüngster Zeit haben einige von ihnen begonnen, sich ein wenig zu erholen, aber den meisten wird das vermutlich nie mehr möglich sein.

Später in diesem Buch werde ich eine vielsagende Botschaft erörtern, die von den Besuchern hinterlassen wurde und uns davor warnt, dass uns eine ähnliche kulturelle Entwurzelung bevorstehen könnte, wenn auch hoffentlich ohne die damalige ausbeuterische Brutalität. Diese Warnung wurde an einem Ort platziert, an dem Artefakte einer hochentwickelten Technologie zurückgelassen wurden und wo Wissenschaftler seit Jahren wertvolle Materialien bergen und untersuchen. Warum diese besondere Stätte von den Besuchern ausgewählt wurde, wissen wir noch nicht, können es aber sicher herausfinden. Jedenfalls sollte ihre Warnung auf jeder Ebene unserer Gesellschaft sorgfältig beachtet werden, wenn die Besucher erscheinen und Kontakt zu uns aufnehmen.

Die Azteken versuchten, das bizarre Erscheinen der Spanier in ihre bestehende Mythologie einzupassen, und glaubten, Hernando Cortez wäre ihr Gott Quetzalcóatl, der zurückgekommen war, um den Thron des Aztekenreiches zurückzuerobern. Obwohl sie kurzzeitig verblüfft darüber waren, dass er ihre Sprache Nahuatl nicht sprechen konnte, entschieden sie sich, diese Anomalie zu ignorieren, und ließen mehr oder weniger zu, dass ein paar hundert Spanier ihr großes Reich eroberten. Das Ergebnis war, dass innerhalb von fünfzig Jahren neunzig Prozent der indigenen mexikanischen Bevölkerung ihr Leben verlor und die überlebenden zehn Prozent versklavt wurden.

Ein weiterer lehrreicher Fall ist der Untergang der Inka-Zivilisation, die von Francisco Pizarro überrannt wurde. Im Wesentlichen wurde eine hoch organisierte Nation mit einer Armee von 50.000 Mann von etwa 500 Spaniern besiegt und unterworfen. Die entscheidende Schlacht von Cajamarca im Jahr 1532 wurde von 200 Spaniern gewonnen, die ein 6.000 Mann starkes Heer der Inkas besiegten. Als Pizarro daraufhin in die Inka-Hauptstadt Cuzco eindrang, begegnete man ihm dort mit einer Art verwirrtem Schweigen. Er und seine Spanier waren für die Inka ein unverständliches Phänomen. Das Ergebnis war, dass diese uralte Kultur, deren Ursprung wohl geheimnisvoller als der aller anderen Zivilisationen ist, unterging und mit ihr alles, was sie gelernt und erreicht hatte. Zurück blieben nur jene geisterhaften Überreste, die bis heute bei den peruanischen Ureinwohnern fortbestehen.

Beim Versuch, die Spanier in ihr Glaubenssystem zu integrieren, taten die Azteken das, was heute die Religiösen und die UFO-Gläubigen tun. Sie versuchten, das Unerklärliche im Rahmen ihres eigenen, bereits existierenden Glaubens zu erklären, was zur Folge hatte, dass sie ihm hilflos gegenüberstanden. Heutige Wissenschaftler und Intellektuelle reagieren ähnlich wie die Inka: mit Verwirrung, Leugnung und schließlich mit Schweigen.

Was geschah, als sich die technologisch fortgeschrittenen europäischen Kulturen über die ganze Welt ausbreiteten, sollte ebenfalls sorgfältig bedacht werden. Selbst wenn sie sich nicht brutal und ausbeuterisch verhielten, führte die technologische Überlegenheit der Europäer immer wieder dazu, dass sich indigene Völker minderwertig fühlten, ihre eigenen Kulturen und Glaubensvorstellungen aufgaben und ihre einstmals vitalen Gesellschaften allzu oft in jene entwürdigenden Lebensumstände herabsanken, wie wir sie bis heute an zu vielen Orten auf der Welt sehen.

Die Besucher sind nicht nur technologisch weiter entwickelt als wir. Sie haben eine völlig andere Art, die Realität zu sehen, und wenn wir damit zum ersten Mal konfrontiert sind, neigen wir dazu, ihnen gottähnliche Kräfte, atemberaubende Einsichten und scheinbar unbegrenztes wissenschaftliches Wissen zuzuschreiben. Doch dieser Eindruck entsteht nicht, weil sie intelligenter sind, sondern weil ihr Verstand anders als unserer funktioniert. Sie sind nicht intelligenter als wir, ganz und gar nicht. Sie verfügen über mehr Erfahrung, und ihre Erfahrung unterscheidet sich grundlegend von unserer. Wir dürfen sie nicht auf ein Podest stellen, sondern müssen sie als das sehen, was sie sind. Wir müssen lernen, ihnen auf Augenhöhe zu begegnen, ihre Möglichkeiten realistisch einzuschätzen und uns unserer eigenen Stärken bewusst zu werden, damit sich der Austausch mit ihnen für beide Seiten so sinnerfüllt und bereichernd wie möglich gestaltet.

Die Fähigkeiten der Besucher werden eine Entmachtung unserer Wissenschaftler und Intellektuellen auslösen, was durch deren Unfähigkeit, unmittelbar mit diesen Wesen zu kommunizieren, noch verschlimmert werden wird.

In dieser Hinsicht hoffe ich, mit dem Buch drei Dinge zu erreichen: Erstens möchte ich den Menschen Wege zeigen, wie sie selbst mit den Besuchern kommunizieren können; zweitens lege ich dar, dass wir Dinge besitzen, die von den Besuchern sehr geschätzt werden und die sie dringend benötigen, so dass wir miteinander zum gegenseitigen Vorteil Handel treiben können; drittens verdeutliche ich, dass sie nicht unsere Welt erobern, uns versklaven oder auf andere Weise unsere Freiheit zerstören oder uns unser Selbstwertgefühl nehmen wollen. Sie haben eine hohe Meinung von uns und halten das, was wir zu bieten haben, für wertvoll. Andernfalls hätten sie gar kein Interesse an uns.

Anne nannte unser Buch *Communion* (»Die Besucher«), weil es bei dem Kontakt darum geht, sich auszutauschen und Gutes miteinander zu teilen, nicht um Ausbeutung. Anne verstand das von Anfang an sehr klar. Wie die großen europäischen Imperien des neunzehnten und zwanzigsten Jahrhunderts zu ihrem eigenen Schaden lernen mussten, ist Kolonialisierung und Ausbeutung ein kostspieliges Geschäft und lohnt sich letztlich nicht. Wenn die Besucher beabsichtigt hätten, diese Richtung einzuschlagen, hätten sie dies schon vor langer Zeit getan.

Anfang der 1990er Jahre setzte sich unsere Beziehung zu den Besuchern fort, obwohl ich mehr oder weniger von der öffentlichen Bühne vertrieben worden war. Sie hat seitdem nicht aufgehört. Tatsächlich hat sie sich von dem gewalttätigen, verworrenen Durcheinander, das sie ursprünglich war, zu der reichen, lohnenden Kameradschaft entwickelt, die sie heute ist.

Dennoch war es ein langer, harter Weg. Am Abend des 11. August 2015 verlor ich Anne, deren Brillanz und Einsicht uns beide stets geleitet hatte. Verloren habe ich sie aber nur zum Teil, denn wenn man so tief mit den Besuchern verbunden ist wie wir, bringt der Tod nicht die Endgültigkeit mit sich, die er normalerweise in der menschlichen Erfahrung hat. Wie ich schon sagte, funktionieren sie in der Realität nicht auf dieselbe Weise wie wir, und wenn wir nahe mit ihnen zu tun haben, beginnen wir auch selbst anders zu funktionieren. Anne und ich haben darüber ein Buch mit dem Titel *Die Seele im Jenseits* geschrieben, auf das ich in diesem Buch häufig Bezug nehmen werde. Wir haben es geschrieben – gemeinsam geschrieben –, nachdem sie gestorben war.

Wegen des Zustandes, in dem wir uns jetzt befinden und der meiner Meinung nach neu für die menschliche Erfahrung ist, trage ich unsere beiden Eheringe. Dies soll die Tatsache symbolisieren, dass wir immer noch zusammen sind, nun aber in der physischen Welt nur noch einen Außenposten besitzen, nämlich diesen alten Körper hier, den ich bewohne. Ich weiß, dass dies für die Vertreter der heutigen wissenschaftlichen und intellektuellen Dogmen zutiefst ketzerisch klingt. Das kommt daher, dass die Intensität und Komplexität der materiellen Kultur uns blind gemacht hat für die Existenz jenes subtilen und vielschichtigen Rätsels, das wir mit diesem einen, unzureichenden Wort »Seele« bezeichnen. Aber diese geheimnisvolle und verleugnete Präsenz ist ganz real. Sie ist in keiner Weise übernatürlich, sondern vielmehr Teil der Natur. Sie ist auch der Ort, an dem unsere Besucher leben, die nur gelegentlich in diese physische Ebene eindringen. Wenn sie und wir uns stärker annähern, wird sich immer deutlicher zeigen, dass die Realität der Seele viel größer ist als die physische Welt, aber auch, dass sie nicht so ist, wie wir sie uns vorgestellt haben. Wir werden uns der unausweichlichen Erkenntnis stellten müssen, dass nicht nur das Bewusstsein in uns ist, sondern dass wir im Bewusstsein sind.

Als sich unsere Beziehung zu den Besuchern vertiefte, wurde es für Anne und mich klar, dass die physische Welt in eine viel größere, ältere und reichere Realität eingebettet ist. Doch können wir die Existenz dieser Realität bislang mit keinem unserer Instrumente nachweisen. Die Folge davon ist, dass wir sie völlig leugnen, zum Teil, weil wir keine unserer wissenschaftlichen Nachweismethoden auf sie anwenden können, und zum Teil, weil wir im Westen befürchten, dass unsere säkularen Freiheiten, die wir uns mit hohem Einsatz gegen eine tausend Jahre währende religiöse Diktatur erkämpft haben, wieder an diese Diktatur verloren gehen könnten, wenn wir, und sei es auch nur hinter vorgehaltener Hand, die Existenz der Seele für möglich erklären.

Die Seele entspricht aber nicht den Vorstellungen der Religion, sondern ist etwas ganz anderes, ein viel realerer und letztlich viel offensichtlicherer Bestandteil der Natur. Sie ist auch nicht wirklich vom Körper getrennt. Ein Lebewesen ist vielmehr ein Kontinuum. Der Mensch ist nicht auf die Grenzen seines Fleisches beschränkt.

In unserem Inneren gibt es von uns vergessene Tiefen, die wir wiedererlangen können und, wenn wir als Spezies noch lange überleben wollen, wiedererlangen müssen.

Die Besucher stehen bereit, um uns bei dieser Neuorientierung zu helfen, mit der wir uns eine Neue Welt schaffen werden, eine, die sowohl unser dauerhaftes physisches Überleben sichert als auch eine bewusste Ausdehnung in jene größere Realität beinhaltet, die bisher nur Gegenstand wirrer religiöser Ideen war oder komplett geleugnet wurde. Um diese bewusste Ausdehnung geht es im vorliegenden Buch, und deshalb trägt es auch diesen Titel. Wahrhaftig, eine Neue Welt wartet auf uns. Alles, was wir tun müssen, ist, vernünftig und realistisch mit den Besuchern zu interagieren. Dann beginnt eine Reise, von der ich sicher bin, dass sie von unglaublichem Wert für uns und alle nachfolgenden Generationen sein wird, von denen ich mit ganzem Verstand, ganzem Herzen und ganzer Seele hoffe, dass sie zahlreich sein mögen.

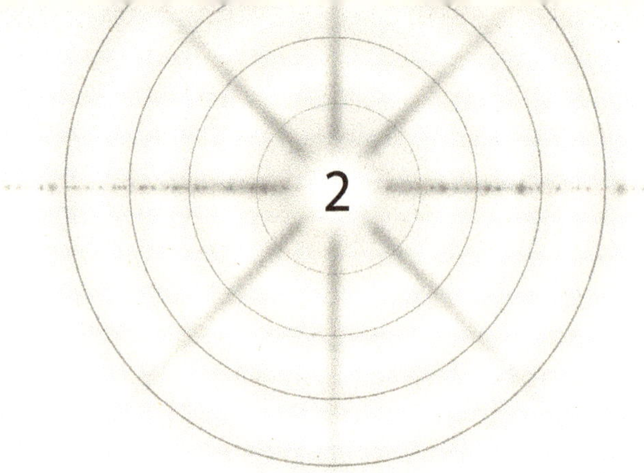

EIN DRINGENDER RUF

In den dreißig Jahren, die ich inzwischen mit den Besuchern in Kontakt stehe, habe ich mir ein Bild davon machen können, was sie von uns wollen, und ich habe auch einige Gedanken darüber formuliert, was sie uns im Gegenzug anzubieten haben.

Das Wichtigste, was sie uns anbieten, ist Wissen. Sie bringen es auch bereits zu uns, aber meist auf sehr versteckte Weise. Wir brauchen mehr von dem, was sie mit uns zu teilen bereit sind.

Ein Beispiel für einen Wissenschaftler, der von ihnen Wissen bezogen hat, ist der renommierte Mathematiker Dr. Edward Belbruno, Träger des Humboldt-Preises 2018 für Mathematik. Zu Belbrunos Büchern gehören *Fly Me to the Moon* (»Flieg mich zum Mond«) und *Capture Dynamics and Chaotic Motions in Celestial Mechanics* (»Erfasse die Dynamik und chaotischen Bewegungen in der Himmelsmechanik«). Er ist Berater der NASA und außerdem ein bekannter Künstler.

Ich traf Dr. Belbruno im Jahr 2009 und interviewte ihn für meinen Podcast *Dreamland*. Damals hatte er sich noch nicht öffentlich geäußert, weswegen sein Bericht anonym erschien. Inzwischen ist dieser außergewöhnliche Mann mit seiner Geschichte an die Öffentlichkeit gegangen.

Am 2. Oktober 1991 fuhr Dr. Belbruno eine einsame Straße in Wyoming entlang, als plötzlich vor ihm ein großes Objekt den Weg versperrte. Kurze Zeit später erhob es sich in die Luft und verschwand. Er ist der Ansicht, dass seine Forschungen zu den Flugbahnen von Raumfahrzeugen in dieser Nacht beeinflusst wurden, und die Berechnungen, die ihm daraufhin in den Sinn kamen, erwiesen sich für seine Arbeit als äußerst nützlich.

Leider kann ich einige andere mir bekannte Wissenschaftler, die auf ähnliche Weise von den Besuchern Erkenntnisse gewonnen haben, nicht nennen, vor allem, weil ihre Arbeit geheim ist, ein Aspekt, der jetzt mit größter Ernsthaftigkeit betrachtet werden muss. Angesichts der dringenden Notwendigkeit, den wissenschaftlichen, technologischen und kulturellen Fortschritt zu beschleunigen, muss es eine interne Überprüfung auf höchster Ebene geben, um festzustellen, was, wenn überhaupt, zu diesem Zeitpunkt geheim bleiben sollte. Anders als viele Verschwörungstheorien behaupten, legte die Executive Order [Durchführungsverordnung] 13526 des amerikanischen Präsidenten drei Klassifizierungsstufen fest, von denen »Top Secret«, streng geheim, die höchste ist. »*Top Secret* wird auf Informationen angewandt, deren unbefugte Weitergabe nach vernünftigem Ermessen einen ›außergewöhnlich schweren Schaden‹ für die nationale Sicherheit verursachen könnte, den die ursprüngliche Klassifizierungsbehörde klar benennen oder beschreiben kann.« Im ersten National Security Act der USA, verabschiedet 1947, wurde angeordnet, dass Situationen, die bedrohlich für die Landessicherheit sein können, der Geheimhaltung unterliegen, bis ihr Status geklärt werden konnte. Auf dieser Grundlage wurden die ersten UFO-Trümmer, die im Juli

1947 in der Nähe der Air Force Base Roswell gefunden wurden, klassifiziert. Zunächst hatte dies nichts mit Außerirdischen zu tun. Das damals auf dem Roswell-Stützpunkt stationierte 509. Bombergeschwader war das einzige Atombombergeschwader der Welt. Es war auch das Einzige, was Stalin daran hinderte, in Westeuropa einzumarschieren, was innerhalb von sechs Wochen zu einer Niederlage der Alliierten geführt hätte. Daher wurde das Auftauchen eines unbekannten Flugobjektes in der Nähe der Basis als Bedrohung eingestuft und sofort als geheim klassifiziert, als die Behörden der U.S. Air Force davon erfuhren.

General Arthur Exon, der mit meinem Onkel Colonel Edward Strieber befreundet war, sagte mir 1988: »Jeder von Truman abwärts wusste innerhalb von vierundzwanzig Stunden, dass das, was wir gefunden hatten, nicht von dieser Welt war.« Beide taten beim Air Material Command Wright Field in Dayton, Ohio, Dienst, wohin die Trümmer und biologischen Überreste zur Untersuchung gebracht wurden. Mein Onkel sagte, dass die Trümmer, die er zu Gesicht bekam, Eigenschaften aufwiesen, welche mit denen identisch waren, die Oberst Jesse Marcel in einem Video beschrieb, das in seinen späteren Jahren aufgezeichnet wurde und in dem er sagte, dass einige der gefundenen Metalle »nicht dicker als die Folie einer Zigarettenschachtel waren, aber man konnte sie nicht verbiegen, selbst ein Vorschlaghammer prallte daran ab«. Mein Onkel erzählte mir, dass das Material Beschusstests unterzogen wurde, bei denen sich zeigte, dass Kugeln es nicht durchdringen konnten.

Sowohl mein Onkel als auch General Exon sagten mir, sie hätten eine ausdrückliche dienstliche Anweisung erhalten, diese Informationen an mich weiterzugeben.

Sie verstießen also nicht gegen das Gesetz, als sie mit mir sprachen. Ich weiß nicht, wer ihnen diese Anweisung gegeben hatte, und sie waren nicht bereit, es mir zu verraten.

Seit 1947 ist die Menge an Informationen, die über dieses und viele andere im Zusammenhang mit UFOs stehenden Ereignisse geheim gehalten werden, immer mehr angewachsen. Im Grunde ergibt sich daraus, dass das Gesetz dringend geändert werden sollte. Im Moment können unbekannte Dinge wie die Roswell-Materialien und biologische Überreste geheim gehalten werden, bis man sie nicht länger als Bedrohung einstuft. Die Formulierung sollte stattdessen lauten, dass solche Dinge nur dann geheim gehalten werden dürfen, *wenn* von ihnen eine konkret zu benennende Bedrohung *ausgeht.*

Diese Änderung würde nicht zur Freigabe sämtlicher geheim gehaltenen Dokumente und Objekte zu diesem Thema führen, sie würde aber bewirken, dass künftig Informationen über Materialien wie die in Roswell gefundenen sowie über biologische Überreste veröffentlicht werden müssen.

Das Militär hält die bei diesem Thema sehr weitgehende Geheimhaltung aus drei Gründen aufrecht. Der erste ist, dass die Besucher in keiner Weise kontrolliert werden können. Wir sind ihnen gegenüber militärisch hilflos. In der Zeit von 1965 bis 2000, als häufig Entführungen stattfanden, führte die Tatsache, dass dieses Phänomen weder verstanden noch verhindert werden konnte, zu einer Steigerung der Geheimhaltung. Als das Entführungsphänomen später nur noch selten vorkam, behielt man diese Praxis trotzdem bei. Der zweite Grund ist, dass viele Kenntnisse, die bereits aus den gefundenen Materialien gewonnen wurden, zum Bau von Waffen genutzt werden können, und in der Tat gibt es einen Wettlauf zwischen Russland, China und den Vereinigten Staaten, um genau das zu erreichen. Im Mittelpunkt dieses im Verborgenen stattfindenden Wettbewerbs steht die Entdeckung des Geheimnisses der Schwerkraft, deren Beherrschung die UFOs immer wieder demonstrieren. Deshalb wird die Erforschung des UFO-Antriebs streng geheim gehalten. Allerdings ist es auch wahr, dass keiner der Spieler dieses Spiel gewonnen hat, und vielleicht ist es an der Zeit, die Geheimhaltung zu beenden, damit eine viel größere Zahl von Wissenschaftlern ihre Chance bekommt, das Rätsel des UFO-Antriebs zu lösen. Ein guter Anfang wäre es, wenn mehr Materialien und UFO-Filmaufnahmen freigegeben würden und die Nationale Akademie der Wissenschaften ihre ablehnende Haltung gegenüber einer finanziellen Förderung dieses Forschungsgebietes ändern würde.

Der dritte Grund sind die Besucher selbst, die einen gewissen Grad der Geheimhaltung aufrechterhalten, weil wir, wie die Dinge momentan stehen, nicht über das intellektuelle Rüstzeug verfügen, um vernünftig mit ihnen zu kommunizieren.

Das tun sie nicht über konspirative Geheimtreffen mit Regierungsleuten, sondern durch kulturelle und soziale Manipulation, und darin sind sie wirklich sehr gut.

Was in Roswell geschah, ist ein gutes Beispiel. Der Absturz, der wie die anderen wahrscheinlich eher eine Art Technologie-Spende als ein Unfall war, ereignete sich keine fünfzig Kilometer von der geheimsten Militäreinrichtung der Vereinigten Staaten entfernt, zu einer Zeit, als die amerikanische Atomstreitmacht der wichtigste Schlüssel für die Erhaltung der Freiheit in einem Großteil der Welt war. Natürlich versuchte die Air Force, den Zwischenfall geheim zu halten. Als dann klar wurde, womit man es zu tun hatte, herrschte völlige Verwirrung. Als das Militär in den folgenden Jahren begriff, dass es dieser vermeintlichen Bedrohung hilflos gegenüberstand, hielt man die ganze Angelegenheit geheim. In der Zwischenzeit liefen die Bemühungen, die Geheimnisse der bemerkenswerten Trümmer zu verstehen und zu nutzen, ebenso auf Hochtouren wie unsere Waffenforschung.

Mit anderen Worten, wir haben genau das getan, was die Besucher wollten, nämlich ihre Anwesenheit geheim zu halten, während wir technologisch zu ihnen aufschlossen. Sie sind nicht an Bittstellern interessiert, geschweige denn an Sklaven. Sie wollen, dass wir für sie eigenständige Partner sind, die gut für sich selbst sorgen können. Andernfalls sind wir mehr oder weniger nutzlos für sie. Im Laufe dieses Buches werde ich so deutlich wie möglich erklären, warum ich mir sicher bin, dass es so ist. An dieser Stelle möchte ich nur darauf hinweisen, dass sie mit den Fähigkeiten, die sie an den Tag legen, schon vor Jahren unsere Welt hätten erobern und uns unterjochen können. Ich bezweifle, dass sie für die Unterwerfung des gesamten Planeten mehr als eine Woche gebraucht hätten. Ich kann mir sogar vorstellen, dass es in wenigen Sekunden hätte geschehen können. Aber es ist nicht passiert, und weil es nicht passiert ist, denke ich, können wir mit Sicherheit davon ausgehen, dass sie ein anderes Motiv haben.

Ich glaube nicht, dass sie dreißig Jahre damit verbracht hätten, mir oder jemand anderem die Grundlagen der Kommunikation mit ihnen beizubringen, wenn sie nicht genau dazu hier wären. Ich denke, ihr Motiv besteht darin, mit uns in Kontakt zu treten, zu kommunizieren und schließlich zu einer tiefen Form gegenseitigen freundschaftlichen Austausches zu gelangen.

Die Kommunikation mit ihnen ist nicht wie unsere zwischenmenschliche Kommunikation. Ganz und gar nicht. Aber ich denke, es ist für uns von entscheidender Bedeutung, dass wir uns ihnen zuwenden und versuchen, uns auf eine sinnvolle Weise mit ihnen auszutauschen. Das haben wir bisher nie getan, nicht in all den Tausenden von Jahren, die sie manchmal mehr, manchmal weniger hier bei uns präsent sind.

Aufgrund der Art, wie die Natur uns geschaffen hat, haben wir die Erde überbevölkert, mit dem Ergebnis, dass die Umwelt zusammenbricht. Ein weltweites Versagen der politischen Führung und des gesellschaftlichen Willens führte dazu, dass wir das Problem zu lange ignoriert haben. Ich glaube, unsere Besucher wollen nicht, dass wir in dem Chaos versinken, das jetzt droht, geschweige denn aussterben, was auch eine Möglichkeit zu sein scheint. Sie handeln dabei nicht völlig uneigennützig. Sie wollen etwas von uns. Und wenn mein Leben mit ihnen ein Beispiel dafür ist, wie unsere Beziehungen zu ihnen generell beschaffen sein werden, dann weiß ich, was sie wollen. Es wird alle, mit denen sie in

Austausch treten, vor große Herausforderungen stellen, doch wenn unsere Beziehung zu ihnen gedeiht, wird die gesamte Menschheit davon enorm profitieren.

In gewissem Sinne war meine Erfahrung von 1985 eine Initiation. Sie brachte mich in Kontakt zu einer völlig neuen Realität, die mir bis dahin verborgen gewesen war. Mein Weltbild wurde dadurch völlig auf den Kopf gestellt.

Die Beziehung dauerte an, und ich schrieb darüber zwei weitere Bücher, *Transformation* und *Breakthrough* (»Durchbruch«).

Im September, nur einen Monat nach dem Tod meiner Frau, kehrten die Besucher auf dramatische Weise in mein Leben zurück. Ich kann es nicht beweisen, spüre aber sehr deutlich, dass dies Resultat von etwas war, das Anne tat – nach ihrem Tod.

Irgendwann in den frühen 1990er Jahren sagte Anne etwas, das für mich das Wichtigste ist, was je über diese Erfahrungen gesagt wurde. Eines Nachmittags kam sie, nachdem sie zwei oder drei Stunden lang Briefe gelesen hatte, aus ihrem Arbeitszimmer und sagte ziemlich erstaunt: »Ich glaube, diese Sache hat etwas mit dem zu tun, was wir Tod nennen.« Sie sagte dies, weil wir einen ständigen Strom von Briefen erhielten, in denen die Toten zusammen mit den angeblichen Außerirdischen auftauchten. Auch wenn die Besucher in unserem Blockhaus auftauchten, waren fast jedes Mal menschliche Tote bei ihnen.

Innerhalb von zwei Stunden nach Annes Tod begann sie, Signale zu übermitteln, mit denen sie zeigte, dass sie noch existierte und sich dieser Welt bewusst war. Sie tat dies nicht, indem sie mich kontaktierte, sondern indem sie Freunde bat, mich anzurufen. Die erste von ihnen, Belle Fuller, hatte keine Ahnung, dass Anne tot war, als sie gegen 21:30 Uhr Annes Stimme in ihrem Ohr hörte, die sie bat: »Sag Whitley Bescheid, dass es mir gut geht.« Als Belle mich dann anrief, saß ich gerade völlig aufgelöst im Wohnzimmer und hatte Anne hilflos um irgendein Zeichen gebeten, dass sie noch existierte.

Sie nahm auch weiterhin über andere Freunde und Bekannte Kontakt zu mir auf, aber nie direkt. Am Ende des Monats stand für mich zweifelsfrei fest, dass sie nicht nur noch existierte, sondern außerdem bereit war, unsere Beziehung fortzusetzen.

Ich denke, dass diese Ereignisse auf eine grundlegende Veränderung in der Erfahrung des Menschseins hindeuten. Im Moment können wir nicht vertrauensvoll mit unseren Toten kommunizieren. Unsere ganze religiöse Reise ist im Kern ein Versuch, uns zu vergewissern, dass der Tod des Körpers nicht unsere Auslöschung bedeutet. Eine der grundlegenden Veränderungen, auf die unsere Beziehung zu den Besuchern hindeutet, ist, dass die Barriere zwischen uns und unseren eigenen Toten fallen wird.

Es werden empirische Beweise auftauchen, die es uns ermöglichen, der Falle jener Glaubensvorstellung zu entkommen, wonach das physische Leben das einzige Leben ist. Auf der anderen Seite der Todesmauer liegen eine neue Freiheit und ein neues Leben und damit Möglichkeiten für eine reichere, erfülltere Existenz, die uns derzeit noch kaum vorstellbar erscheinen.

Meine Beobachtungen der Besucher deuten für mich darauf hin, dass sie in erster Linie in einem nicht-physischen Zustand existieren. Es ist nicht so, dass sie keine physischen Körper hätten, aber sie sind nicht so an diese gebunden, wie es bei uns der Fall ist. Das ist der Grund, warum so etwas wie die »Roswell-Spende« auch physische Körper beinhaltet haben könnte. Es handelte sich dabei nicht um körperliche Wesen wie wir, sondern um biologische Gefäße, die benutzt wurden, um sich in unserer Welt zu bewegen.

Es ist aber nun nicht so, dass die Seelenebene nicht auch materiell wäre. Sie ist es, doch auf eine Weise, die wir noch nicht erkennen und messen können. Sie ist, wie alles, ein Teil der Realität, womit ich alles meine, was materiell oder energetisch existiert. Die säkulare Kultur hat recht, wenn sie glaubt, dass es nichts Übernatürliches gibt. Sie irrt jedoch, wenn sie die Teile der natürlichen

Welt, die sie noch nicht nachweisen kann, für nicht existent erklärt, nur weil diese sich bisher der Messbarkeit entziehen.

Wenn es Ihnen schwerfällt, sich für die Vorstellung zu öffnen, dass wir nach dem Tod weiterleben, bitte ich Sie, die enorme Literatur, die zu diesem Thema existiert, zu erforschen. Es gibt eine Energie, die wir noch nicht entdeckt haben, von der die Beziehung zu allem in dieser anderen Realität, einschließlich der Besucher und unserer eigenen Toten, abhängt.

Wie in der gesamten Geschichte der Wissenschaft wird die Existenz von Aspekten der Realität, die aktuell wissenschaftlich nicht messbar und nachweisbar sind, stets heftig bestritten. Dafür gibt es zwei Gründe. Der erste besteht darin, dass das Gehirn so konstruiert ist, dass es die für uns unmittelbar nützlichen Dinge wahrnimmt und nicht das, was sich dahinter verbergen und von ganz anderer Natur sein könnte. Wir müssen uns also mit Hilfe von Messinstrumenten an die Wahrheit herantasten. Ohne das richtige Instrument können wir etwas, das durchaus real sein könnte, nicht entdecken, und allzu oft tappen wir dann in die Falle, zu leugnen, dass es da ist, selbst wenn es Beweise gibt, die diese Annahme in Frage stellen. Der zweite Grund ist, dass die Wissenschaft mit der Strategie, die sie anwendet, enormen Erfolg hatte, was unsere Tendenz verstärkt hat, das, was wir bislang nicht wissenschaftlich nachweisen können, als nicht existent zu verwerfen. Warum nach Dingen suchen, die es vermutlich gar nicht gibt, wenn wir doch so viel lernen können, indem wir die Dinge untersuchen, *die* es gibt?

Aus der Beobachtung der Art, wie die Besucher mit mir kommunizieren, habe ich den Eindruck gewonnen, dass sie die Welt nicht so sehen wie wir, und zwar auf ganz fundamentale Weise. Wir verwenden das, was ich eine Output-Strategie nenne. Unsere Sinne liefern uns eine reichhaltige und detaillierte Sicht der Welt um uns herum. Das heißt, wir sehen, was an der Oberfläche ist, aber die Oberfläche ist nicht der Ort, an dem die Realität beginnt.

Wir müssen Instrumente verwenden, um zu erkennen, was sich darunter befindet. Wir sehen einen Apfel, aber wir müssen ein Elektronenmikroskop benutzen, um seine molekulare Struktur zu beobachten, und noch empfindlichere Instrumente, um die Atome zu erkennen, aus denen diese Moleküle bestehen. Wir können die Mathematik, die sie organisiert, extrapolieren, aber wir können sie nicht sehen. Im Gegensatz dazu gibt es meines Erachtens Beweise dafür, dass die Besucher zuerst die Prinzipien sehen und *danach* den Apfel. Sie verwenden eine Input-Strategie, um die Realität gedanklich zu organisieren. Mit anderen Worten, sie denken genauso wie eine Maschine. Dass sie daher Maschinen sein könnten, scheint mir nicht ausgeschlossen, ebenso wenig wie die Idee, dass eine Maschine bewusst sein könnte.

Ich glaube, dass wir selbst auf dem besten Weg sind, bewusste Maschinen zu konstruieren. Ich sehe Bewusstsein als das, was stattfindet, wenn etwas, das denken kann, sich selbst betrachtet, wie es jeder denkende Geist muss. Mit anderen Worten, es gibt eine Art Spiegelung von uns in uns selbst, und diese Spiegelung ist es, die uns ein Gefühl eigenständiger Existenz gibt. Wenn das stimmt, dann können wir sicherlich eine Maschine entwickeln, die dazu in der Lage ist, und es würde mich überhaupt nicht wundern, wenn andere in diesem Universum das bereits getan haben.

Verstehen Sie bitte, dass ich Seele nicht mit Bewusstsein gleichsetze. Ich habe nicht nur meinen Körper verlassen, ich wurde in diesem Zustand von anderen gesehen und habe in einem Fall mit der Person, die mich beobachtete, kommuniziert, also halte ich es für ausgeschlossen, dass ich vollständig auf meinen Körper beschränkt bin. Wenn ich mich in diesem Zustand befinde, ist mein Bewusstsein jedoch nicht dasselbe. Am ehesten lässt es sich wohl so beschreiben, dass es eine weniger begrenzte Selbstwahrnehmung hat.

Ich werde den Moment im Februar 1986 nie vergessen, als ich mich von einer Gruppe von Besuchern abwandte, die auf einer

Lichtung in der Nähe unseres Blockhauses auf mich warteten. In dem Moment, als ich mit der Hand den Türknauf berührte, um wieder ins Haus zu gehen, kamen von oben aus dem Wald drei Schreie, die ich als die perfektesten und doch emotional komplexesten Klänge beschrieben habe, die ich jemals hörte. Wenn eine Maschine Emotionen hätte, würde sie sich so anhören.

Auch bei anderen Gelegenheiten habe ich einen seltsamen Sinn für Perfektion bemerkt, der den Geräuschen und Bewegungen der Besucher anhaftet. Es ist wirklich unheimlich, und jedes Mal, wenn ich es sehe, kommt mir die Idee, dass ich es mit einer bewussten Maschine zu tun habe.

Eines dieser Wesen machte einmal eine sehr aufschlussreiche Bemerkung zu einer Kontaktperson. Es sagte zu der Frau: »Wir ordnen Atome neu an.« Das ist der heilige Gral der Technik. Wenn wir dazu in der Lage wären, könnten wir aus allem alles herstellen. Wir könnten völlig neuartige Materialien erschaffen. Tatsächlich gäbe es dann nichts, was wir nicht tun könnten. Ich denke, dass sie in der Lage sind, das auf natürliche Weise zu tun, und zwar aufgrund der Art, wie ihre mentalen Prozesse funktionieren. Wenn sie die Welt sozusagen von innen heraus sehen, ist es nicht allzu schwer sich vorzustellen, dass sie auch in der Lage sein könnten, sie von innen heraus so einfach zu verändern, wie wir Blumen in einer Vase neu arrangieren.

Einen weiteren Hinweis, dass dies wahr sein könnte, liefert uns ein viel geschmähtes Phänomen: die Kornkreise. Natürlich sind einige von ihnen von Menschen gemacht. Das ist kein Geheimnis. Aber viele sind es nicht –was für Debatten sorgt, weil ein ungeklärter, nichtmenschlicher Ursprung von vielen Leuten nur ungern akzeptiert wird. Einige der frühen Formationen, wie zum Beispiel das Julia Set, das an einem Nachmittag im Jahr 1996 neben Stonehenge entstand, kurz darauf gefolgt von der Triple Julia am Windmill Hill im selben Jahr, waren kunstvoll ausgearbeitete Fraktale. Viele Formationen spiegeln geometrische Prinzipien und mathematische Formeln wider. Bei diesen frühen, erstaunlich komplexen Kornkreisformationen lässt sich nur schwer widerlegen, dass sie bislang unerklärliche Anomalien sind. Wie bei fast allen Kornkreisen dieser Art handelt es sich um mathematische und geometrische Darstellungen. Bilder im eigentlichen Sinn sind nur wenige darunter.

Liegt das daran, dass sie von jemandem erzeugt werden, der zuerst in mathematischen Begriffen denkt und deshalb versucht, mathematisch zu kommunizieren, aber auf eine Art, die wir mit unserem Output-bezogenen Gehirn sehen und, hoffentlich, interpretieren können? Das scheint mir durchaus möglich zu sein. Vielleicht erklärt das auch, warum der erste Wissenschaftler, der Informationen von ihnen empfing und sich nicht hinter der Mauer der Geheimhaltung verbirgt, einer der weltweit führenden Mathematiker ist und seine Informationen in Gestalt einer mathematischen Formel erhalten hat.

Der eine Ansatz ist nicht besser oder schlechter als der andere, aber sie führen zu radikal unterschiedlichen Arten, die Welt zu verstehen. Wenn ich recht habe, dann ist dieser Unterschied die Erklärung für die Kommunikationshindernisse zwischen ihnen und uns und wahrscheinlich der Hauptgrund, warum sie in unserem Leben nicht präsenter sind. Sie können erst dann kohärent mit uns kommunizieren, wenn wir – und damit meine ich beide Seiten – eine klare Vorstellung davon entwickeln, worin die Unterschiede zwischen ihrer und unserer Art liegen, die Welt zu sehen und zu verstehen.

Der Grund, warum wir eine Output-Strategie verwenden, ist, dass unser dichter, komplexer Körper die Welt auf eine praktische, nützliche Weise sehen muss. Wenn wir eine Input-Strategie verwenden würden, hätten wir vielleicht eine genauere Sicht auf die Realität, aber es würde uns viel schwerer fallen, Nahrung zu finden. Vielleicht haben unsere Besucher, die weniger dicht sind, nicht viele physische Bedürfnisse, möglicherweise gar keine. Sie hatten also keinen Grund, eine Output-first-Strategie zu entwickeln. Basierend auf meinen Beobachtungen dazu, wie sie auf mich reagieren und wie sie auf so viele Menschen reagiert haben, die uns Briefe über den Kontakt mit ihnen schrieben, denke ich, es ist möglich, dass sie wirklich zuerst die zugrundeliegende Wahrheit sehen und dann – und nur wenn es aus irgendeinem funktionalen Grund notwendig ist – das Ergebnis. Das würde bedeuten, dass sie zuerst die Kräfte und die Mathematik sehen, die hinter dem Apfel liegen, und erst wenn nötig die eigentliche Form.

Ich habe keine Möglichkeit, dies zu beweisen, aber wenn ich die Unterschiede zwischen der Art und Weise betrachte, wie ich und sie auf die Welt um uns herum reagieren, denke ich, dass dies der fundamentale Grund dafür sein könnte, dass wir so verschieden sind.

Ich weiß von einem Menschen, der zu einer Input-Strategie überging, demnach ist es also möglich. Dabei handelt es sich um den Fall von Jason Dwain Padgett. Nach einer schweren Prügelattacke im Dezember 2002 wachte er im Krankenhaus auf und sah die Welt als mathematisches Phänomen. Mit anderen Worten: Durch die Schläge erlebte er das, was als »erworbenes Savant-Syndrom« bekannt ist. Statt einen Apfel zu sehen, sah er die Mathematik dahinter in fraktaler Form. Er hatte eine mathematische Synästhesie erworben. In seinem 2014 erschienenen Buch *Struck by Genius: How a Brain Injury Made Me a Mathematical Marvel* (»Vom Genie getroffen: Wie eine Hirnverletzung mich zu einem mathematischen Wunder machte«) beschreibt er seine neue Wahrnehmungsperspektive. Linda Moulton Howe hat ihn interviewt, und einige seiner bemerkenswerten fraktalen Zeichnungen, die auf ihrer Website www.earthfiles.com zu sehen sind, geben, so würde ich meinen, eine Vorstellung davon, wie die Besucher die Realität sehen. Wenn dem so ist, dann ist die Kluft zwischen uns tiefgreifend.

Im Versuch, diese Kluft zu überbrücken, übermitteln sie Informationen auch durch Bilder und durch Bezugnahme auf natürliche Vorgänge, indem sie diese als Beispiele für das verwenden, was sie vermitteln wollen. Mit anderen Worten, sie kommunizieren auf eine sehr alte Art und Weise, die den altägyptischen Hieroglyphen ähnelt. Es ist, als müssten sie in der Welt um sie herum Dinge finden, die zu den Konzepten passen, die sie zu kommunizieren versuchen, und ich glaube nicht, dass sie das tun müssten, wenn sie nicht eine Vision, die in den zugrunde liegenden Strukturen der Realität begründet ist, in eine übersetzen würden, die auf der Ebene des Ergebnisses Bedeutung hat.

Wenn das stimmt, dann ist es dieser fundamentale Unterschied in der Arbeitsweise unseres Verstandes, der die massive Kommunikationslücke erzeugt, die wir ihnen gegenüber erleben. Wie wir später sehen werden, haben sie sich einige clevere Strategien einfallen lassen, die eine zuverlässige und sogar reichhaltige Kommunikation ermöglichen, aber sie beinhalten nicht, dass man sich an einen Tisch setzt und miteinander redet, wie wir es untereinander tun würden.

Da es in diesem Buch um Wesen und Dinge geht, die heute nicht mehr erkannt und gemessen werden können, handelt es sich um abgelehntes Wissen. Das heißt aber nicht, dass es nicht wahr ist. Voltaire tat Fossilien als Fischgräten ab, die von Reisenden weggeworfen wurden. 1895 schloss Lord Kelvin kategorisch aus, dass es jemals möglich sein würde, Flugapparate zu konstruieren, die schwerer als Luft sind. In ähnlicher Weise wird heute die Existenz des Unbekannten, das mein eigenes Leben und das vieler anderer Menschen bestimmt, geleugnet.

Es ist zu einfach, dies lediglich der Art unserer intellektuellen Kultur zuzuschreiben. Es geht tiefer als das, bis hin zur Frage unserer Verwendung von Output-Strategien.

Nach meiner Erfahrung und der von so vielen Menschen sind die Besucher real. Die Toten sind bewusste Wesen. Mit beiden zu kommunizieren ist weder ein Mysterium noch ein Wunder. Aber weil es hier nichts zu messen gibt, zumindest noch nicht, ist es unmöglich, diese Dinge mit etablierten wissenschaftlichen Methoden zu beweisen. Daher können sie nicht in den Kanon der Ereignisse aufgenommen werden, die als »real« gelten. Meine Absicht ist es nicht, diesen Beweis zu erbringen. Er wird zu seiner eigenen Zeit und auf seine eigene Weise kommen. Was ich tun kann, ist zu beschreiben, wie ich gelernt habe, diese Kommunikation zu praktizieren, und wie mir das den Zugang zu Aspekten der größeren Welt, von der wir ein Teil sind, eröffnet hat.

Zurückblickend auf das, was ich war, bevor die Besucher Teil meines Lebens wurden, im Vergleich zu dem, was ich jetzt bin, ist es schwer, den unbeholfenen, ängstlichen, vorsichtigen Mann von damals wiederzuerkennen. Das Kommen der Besucher hat mich am Boden zerstört, aber auch befreit. Hätte ich mich nicht entschlossen, mich mit der Angst, die der Vorfall von 1985 in mir auslöste, bewusst auseinanderzusetzen, wäre ich nie in der Lage gewesen, weiterzugehen.

Ich war verletzt worden, und ich war wütend. Aber als ich nach der Sitzung mit Dr. Donald Klein, in der alles zutage gefördert wurde, aus seinem Büro ging, dachte ich mir, dass ich das Abenteuer fortsetzen wollte. Ich wollte es einfach.

Damals, als ich *Communion – Die Besucher* veröffentlichte, war es leicht, solche Kontakterlebnisse zu verspotten. Während sie immer noch abgetan werden, ist es jetzt viel schwieriger, das zu tun, was damals getan wurde, und zu behaupten, dass die Zeugen einfach unter Wahnvorstellungen leiden. Die Briefe, die Anne gesammelt hat, erzählen nicht von Geisteskrankheit, sondern von normalen Menschen, die eine ungeheure Vielfalt an ungewöhnlichen Erlebnissen haben, die sich alle um ein grundlegendes Ereignis drehen: die Annäherung und Anwesenheit von kleinen menschenähnlichen Wesen mit großen, starrenden Augen und übergroßen Köpfen, oft in Begleitung von dunkelblauen Trollen. Nicht selten, wie in meinem Fall, sind auch verstorbene Menschen anwesend, die lebendig zu sein scheinen.

Die Berichte dieser Menschen darüber, was mit ihnen geschah, bilden eine der komplexesten Formen menschlicher Erfahrung, die jemals aufgezeichnet wurde.

Aber gibt es irgendwelche harten Beweise?

Wenigstens einen einzigen?

Abgesehen von den vielen Fällen, in denen es mehrere Zeugen gab, darunter auch einige herausragende in dem Blockhaus, in dem ich meine Erlebnisse hatte, kenne ich nichts, das zum Beispiel die Aussagekraft eines echten Videos hätte, auf dem zu sehen wäre, wie Außerirdische jemanden entführen. Persönlich habe ich jahrelang und auf viele verschiedene Arten versucht, Video- oder Fotobeweise zu erhalten. Ich habe viele Videos angeschaut und einige besonders vielversprechende professionell analysieren lassen. Es gibt drei, die überzeugend sind, zwei davon sind fast sicher authentisch. Keines von ihnen zeigt die Art von Wesenheiten, die in der Literatur beschrieben werden und die so viele von uns gesehen haben. Stattdessen zeigen sie extrem seltsam aussehende Strichmännchen, die vorsichtig vorbeigehen. Diese Videos finden Sie auf www.unknown-country.com in der Rubrik *Out There*. Geben Sie in die Suchmaschine der Seite den Begriff »stick figure« ein.

Während echtes Filmmaterial von andersweltlichen Entitäten ziemlich selten zu sein scheint, bedeutet dies nicht, dass es keine harten Beweise für anomale Objekte oder Materialien gibt, die mit dem Kontakt-Narrativ in Verbindung gebracht werden können. Es gibt eine große Menge UFO-Videos, darunter Videos von ähnlichen Objekten, die an verschiedenen Orten und zu verschiedenen Zeiten auf der ganzen Welt aufgenommen wurden. Darüber hinaus hat die Veröffentlichung von Videos der U.S. Navy in den Jahren 2017 und 2018 bestätigt, dass UFOs ein echtes unbekanntes Phänomen sind. Im September 2019 erklärte die Navy, dass es sich tatsächlich um unbekannte Objekte handelt. Aber sind es Raumfahrzeuge außerirdischen Ursprungs? Möglicherweise.

Sie könnten auch Eindringlinge aus einer anderen Realität sein, was eine wichtige Möglichkeit ist, die es zu erforschen gilt. Oder es könnte sich um etwas für uns so Fremdartiges handeln, dass wir es derzeit einfach nicht sinnvoll einordnen können. Ich sehe nicht viele Hinweise darauf, dass eine irdische ausländische Macht dahintersteckt. Der Grund dafür ist, dass es so viele gute Videos gibt, die bereits viele Jahre alt sind. Würde irgendeine Nation über Geräte von solch unglaublicher Macht verfügen, wäre unsere Welt nicht so, wie sie momentan ist.

Andererseits gibt es durchaus Hinweise auf die Möglichkeit, dass eine andere Realität involviert sein könnte – ein Paralleluniversum. Es wurden wissenschaftliche Analysen höchster Qualität eines aus einem UFO stammenden Metalls veröffentlich, wonach dessen Isotopenverhältnisse nicht nur nicht von der Erde stammen, sondern in diesem Universum überhaupt nicht erzeugt werden können – es sei denn, es gibt in unserem Universum Zonen, deren physikalische Gesetze derartig von den uns bekannten abweichen, dass es sich ebenso gut um ein anderes Universum handeln könnte.

Zugegeben, es ist denkbar, dass es sich bei dem, was wir beobachten oder womit wir in Kontakt treten, um Außerirdische aus diesem Universum handelt. Nachdem ich in ihren Armen gelegen habe und in ihre sehr seltsamen Gesichter geschaut habe, kann ich mir das vorstellen. Aber nach all den Jahren der Erfahrung mit ihnen betrachte ich es, auch wenn physische Aliens möglicherweise durchaus ein Bestandteil der Erfahrung sein können, als etwas, das in erster Linie einen anderen Bezug zur Realität hat als wir. Um zu vermeiden, dass sie mit einem unter Umständen nicht zutreffenden Etikett belegt werden, habe ich sie immer einfach Besucher genannt. Diese Konvention werde ich in diesem Buch beibehalten. Ich denke jedoch, dass hinter ihnen ein weiteres Phänomen existiert, vermutlich von ganz anderer Natur, das eine viel größere Rolle in unserer Entwicklung gespielt hat als die Besucher selbst. Dieses Phänomen werde ich »die Präsenz« nennen.

Die Beschäftigung mit den Besuchern läuft auf eine neue Art von Erfahrung hinaus. Es gibt eine Kluft zwischen uns und ihnen, die, denke ich, mit der unterschiedlichen Art und Weise zu tun hat, wie jede Seite Teil der Realität ist. Wenn sie sich auf einem anderen Planeten in diesem Universum entwickelt haben, kann man sicher erwarten, dass sie anders aussehen, handeln und denken als wir. Wenn man dazu noch ihre außergewöhnlichen Fähigkeiten berücksichtigt, die uns wie Magie erscheinen, zum Beispiel sich unsichtbar zu machen, könnte es zu einer ziemlichen Herausforderung für uns werden, die Besucher zu verstehen und uns mit ihnen zu verständigen. Handelt es sich um Außerirdische, die sich unsichtbar machen können und über weitere für uns außerordentliche Fähigkeiten verfügen, oder stammen sie gar nicht aus diesem Universum und benutzen natürliche Mittel oder technologische Fähigkeiten, um in dieses einzudringen?

Das sind Fragen, die wir erst beantworten können, wenn wir über mehr Daten verfügen. Aber solange die Mauer der Geheimhaltung, die unser Wissen umgibt, nicht bis zu einem gewissen Grad durchbrochen ist, werden wir nicht in der Lage sein, diesen Fragen wirklich auf den Grund zu gehen.

Es gab in unserer Geschichte seltene, aber wichtige Ereignisse, bei denen jene größere Präsenz, die hinter alledem zu stecken scheint, in Erscheinung trat und die Welt veränderte. Alle diese Fälle betrafen die Religion, und es ging dabei um die Etablierung der Vorstellung, dass es nur einen einzigen Gott gibt. Weil dabei Lichtblitze, seltsame Feuer oder leuchtende Wesen auftraten, nenne ich sie »Lichtereignisse«.

Die Reise begann, als der ägyptische Pharao Echnaton zu der Überzeugung gelangte, die Sonne selbst sei Gott, und zwar der einzige Gott. Darauf folgten eine Reihe von Interventionen direkterer Natur.

Irgendwann um 1500 v.Chr. begegnete der Perser Zarathustra Spitama, der auf der Suche nach Erleuchtung umherzog, einer

Licht ausstrahlenden Gestalt, die sich Vohu Mana nannte und ihm beibrachte, dass Gott zwar eine einzige Entität ist, aber unterteilt in zwei Formen: Ordnung und Chaos. Zarathustra verbrachte den Rest seines Lebens damit, die Menschen dazu zu bringen, die Ordnung zu verehren. Etwas später begegnete Moses dem brennenden Busch, der ihn anwies, das Volk Israel in das Land Kanaan zu führen. Dann begegnete der Apostel Paulus, kurz nach dem Tod Jesu, auf der Straße nach Damaskus einer leuchtenden Kugel und wurde der erste nichtjüdische Fürsprecher des Christentums. Noch später fand sich Mohammed von einem leuchtenden Engel in einer Höhle belehrt, und der Islam war geboren.

Obwohl ich nicht die Auffassung vertrete, dass auch nur eines dieser Lichtereignisse sich genauso zutrug, wie es in den alten Quellen beschrieben wird, repräsentieren sie doch die Bedeutung des Lichts für den menschlichen Geist und spiegeln, so glaube ich, eine Art tiefe, grundlegende Absicht wider, der Menschheit eine immer kohärentere Vision des Heiligen und ein immer nützlicheres Verständnis von Moral zu vermitteln.

Einmal abgesehen davon, dass sich das Ereignis in Fatima 1917, als die Sonne vor 50.000 Menschen tanzte, ja wohl als Lichtereignis qualifizieren ließe, haben wir es zumeist mit einzelnen Wesen zu tun, in der Regel klein und ungemein fremdartig. Unsere Besucher nehmen uns mit in ihr eigenes unheimliches Reich und haben dies seit Äonen gelegentlich getan. Das zeigt sich im Volksglauben an die Feen und an den zahlreichen Geschichten über Entführungen durch diese Wesen. In der Mitte des zwanzigsten Jahrhunderts kam es dann zu einer dramatischen Veränderung, denn nun gibt es nicht nur einige wenige Geschichten über rätselhafte Entführungen, sondern Tausende und Abertausende davon, die von Menschen auf der ganzen Welt berichtet wurden. Dabei handelt es sich nicht um eine Fortsetzung des alten Märchenglaubens. Es ist vergleichbar, nahm aber viel größere Ausmaße an. Gewaltige Ausmaße.

Das ist die Realität, mit der wir heute konfrontiert sind. Sie führt zu der Frage, die das Herzstück dieses Buches bildet: Wie sollen wir das verstehen? Was hat es mit dem Kontakt auf sich, und welche Art von Veränderung bringt er für uns und unsere Welt? Denn er bringt Veränderung, das ist gewiss. Große Veränderungen, sogar erschütternde Veränderungen.

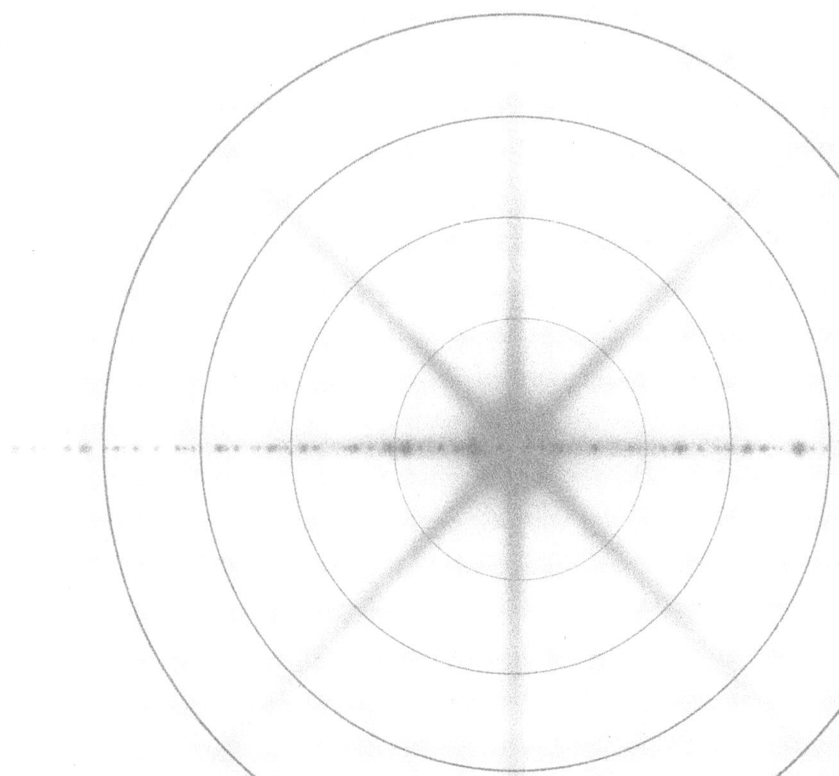

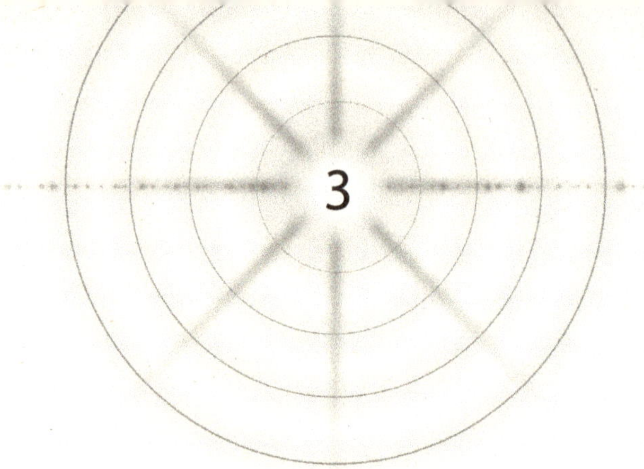

WARUM BESTIMMTE MENSCHEN?

Ist es so, dass nur bestimmte Menschen die Anwesenheit der Besucher bemerken, oder werden nur bestimmte Menschen von ihnen kontaktiert? Als wir nach der Veröffentlichung von *Communion – Die Besucher* immer mehr Briefe erhielten, in denen uns Leser ihre eigenen Erfahrungen schilderten, wurde Anne und mir klar, dass der Kontakt eine Familienangelegenheit ist. Oft spielen sich die Kontakte innerhalb von Familien ab. Überraschenderweise berichten manche Zeugen, das ihnen bei ihren Nahbegegnungs-Erlebnissen mitgeteilt wurde, sie wären Mitglieder der Familie der Besucher, oder sie gelangten selbst zu dem Schluss, dass dies der Fall war.

Manchmal kommt das Erlebnis aber auch einfach aus dem Nichts. Ein Beispiel stammt von einer Zeugin in Australien.

Sie schrieb uns: »1976 staubsaugte ich gegen Mittag in meinem Wohnzimmer. Ich fühlte mich ziemlich krank und dachte, ich müsste mich übergeben, also setzte ich mich auf die Couch, um zu sehen, ob die Übelkeit nachließ. Dann bemerkte ich, dass ich nicht allein war. Neben der Couch standen drei seltsame kleine Leute und schauten mich an. Zwei von ihnen waren klein und dick, etwa 1,20 bis 1,35 Meter groß, mit breiten Gesichtern und riesigen schwarzen Augen. Nase und Mund waren dagegen nur andeutungsweise vorhanden.« Weiter beschreibt sie, dass die kleinen Wesen braune Kleidung trugen und wie Arbeiter oder Handwerker wirkten. Es stand noch eine weitere Gestalt in ihrem Wohnzimmer, etwa 1,50 Meter groß und offenbar weiblich. Sie trug »ein schwarzes Leichentuch und hatte schwarzes, strähniges Haar am Hinterkopf. Ihr Gesicht war sehr langgezogen mit großen, dunklen, stechenden Augen …« Sie verlangten von ihr, dass sie mit ihnen gehen solle. Als sie sich weigerte, folgte eine Art mentales Tauziehen, das schließlich damit endete, dass sie dachte, ihr Mann sei nach Hause gekommen und hätte sie gerettet. Doch als er tatsächlich zurückkam, waren unerklärlicherweise vier Stunden vergangen. Sie schließt mit einer Aussage, die auch ein Hilferuf aus dem Herzen eines jeden Menschen mit Kontakterfahrungen ist, den ich je kennenlernte: »Ich frage mich, was ist in der fehlenden Zeit geschehen?« Durch nichts vermochte sie das für ihre fehlenden vier Stunden zu klären – Gespräche, regressive Hypnose, nichts half. Sie starb einige Jahre später, und das Rätsel blieb ungelöst.

Eine dritte Art des Kontakts, die von Zeit zu Zeit vorkommt, ist eine, die von den Zeugen absichtlich herbeigeführt wird. Ich erfuhr davon zum ersten Mal durch Marie »Bootsie« Galbraith, die eine Auswahl von Fällen vorbereitet hatte, die unter dem Titel *The UFO Briefing Document: The Best Available Evidence* (»Das UFO-Briefing-Dokument: Die besten verfügbaren Beweise«) herausgebracht wurde, finanziert von Laurence Rockefeller und wiederveröffentlicht in meiner bei Dell Books erschienenen Buchreihe *Hidden Agendas*. Bootsie berichtete von einigen erfolgreichen Versuchen, UFOs mit Laserpointern »herbeizurufen«, aber diese Sichtungen führten nicht zu Kontakten mit den UFO-Besatzungen.

Manchmal gelingt es aber, solche »Close Encounters«, also Nahbegegnungen mit den Besuchern, aktiv herbeizuführen, und wenn die Kommunikation zwischen uns und ihnen strukturierter wird, denke ich, dass es öfter funktionieren könnte. Hier muss ich allerdings eine Warnung aussprechen. In ihrem Buch *Extraterrestrial Contact* (»Extraterrestrischer Kontakt«) berichtet Kathleen Marden, die Leiterin der Zeugen-Forschung des UFO-Forschungsnetzwerkes MUFON, über den Fall von »Matt«. Der Besitzer eines kleinen Flugplatzes wurde neugierig auf UFOs, nachdem er auf seiner Landebahn eines gesehen hatte. Daraufhin signalisierte er sein Interesse an einem Kontakt, indem er auf der Landebahn mit roten Lichterketten ein X auslegte und eine alte Marine-Signallampe blinken ließ. Dies funktionierte bis zu einem gewissen Grad, aber die stärkste Reaktion erfolgte, wenn er einen Laserpointer in den Himmel richtete und ihn ein- und ausschaltete. Rasch tauchten UFOs über seiner Landebahn auf. Sobald er jedoch das Laserlicht auf sie richtete, gingen sie plötzlich tiefer und schossen genau auf ihn zu, wobei sie mehrfarbig blinkten. Bei seinem letzten Experiment verursachten diese sich rasant nähernden Flugobjekte bei ihm Blutungen aus Nase und Ohren. Damit endete seine Bereitschaft, weitere Versuche dieser Art zu unternehmen.

Die Besucher blieben aber weiter an ihm interessiert, und bald hatte er persönliche Begegnungen mit fremden Wesenheiten, die ähnlich aussahen wie von der australischen Zeugin beschrieben. Er konnte nichts gegen diese zunehmend bedrohlicher werdenden Begegnungen unternehmen. Er begann, mit einer Pistole in der Hand zu schlafen. Eines Nachts wachte er auf und sah ein 1,80 Meter großes Wesen am Fußende seines Bettes stehen. Er schoss mit der Pistole auf es, worauf es in einem Lichtblitz verschwand und eine gelbe Substanz auf dem Boden zurückließ. Leider war er zu geschockt, um sie einzusammeln und analysieren zu lassen. Es folgte eine Veränderung hin zu unheimlichen Spukphänomenen, die – wie einige der Ereignisse auf seiner Landebahn – von anwesenden Zeugen bestätigt wurden.

Als er von seinen Erfahrungen berichtete, wollte seine Familie ihn zwingen, sich in psychiatrische Behandlung zu begeben. Doch dann erlebte seine Mutter mit ihm zusammen, wie am Ende der Landebahn eine andere Version der Welt sichtbar wurde: eine Savanne, in der Wollmammuts grasten. Ein Jahr voller bizarrer Ereignisse und Heimsuchungen gab ihm das Gefühl, in einer Art Hölle zu leben. Er begann, schreckliche Wesen zu sehen, und sein Gesundheitszustand verschlechterte sich zusehends. Gerade als Kathleen Marden versuchte, für ihn Hilfe durch einen mitfühlenden Pfarrer zu organisieren, wurde Matt ins Krankenhaus eingeliefert und starb.

Die Lektion hier könnte nicht klarer sein: Wenn Sie neugierig werden und versuchen, die Wesenheiten in Ihr Leben zu holen, müssen Sie sich darüber im Klaren sein, dass sie nicht wie wir sind und nicht die gleiche Verbindung zur Realität haben wie wir. Gewalttätig auf sie zu reagieren, ohne irgendetwas über sie zu verstehen, nicht einmal, was sie sind, ist töricht.

Im Gegensatz zu uns verlieren sie, wenn sie getötet werden, nicht den Kontakt mit der physischen Welt. Sie können von der nicht-physischen Ebene aus weiter in ihr agieren. Matt hatte einem von ihnen den Körper genommen, aber diesen Wesen verlor damit nicht den Zugang zur physischen Welt. Was daraufhin geschah, war im Wesentlichen ein Akt der Wut. Dieses Individuum hatte das verloren, was es als ein Tor betrachtet – den Körper. Er ist für sie vielmehr ein Transportvehikel, nicht ein »Selbst«. Wir leben in der Illusion, wir wären unsere Körper. Das ist nicht der Fall. Wir nehmen an, dass der Tod des Körpers den Zugang eines Individuums zum physischen Leben beendet. So ist es aber nicht, und wenn man diese Wesen angreift, verletzt oder verärgert, werden sie wahrscheinlich weiterhin in der physischen Welt gegen ihre Angreifer agieren, und für den Angreifer wird das wie die Art von bizarrem Spuk aussehen, den Matt erlebte.

Im Laufe der Jahre ist das auch Tausenden von Militärangehörigen passiert, die sich aggressiv gegenüber den Besuchern verhalten haben. Sie führen ihre aggressiven Handlungen gegen die Besucher aufgrund von Befehlen aus, erteilt von Vorgesetzten, die wenig Verständnis für das Tun der Soldaten und die möglichen Konsequenzen aufbringen. Man befiehlt ihnen, »Verteidigungsmaßnahmen« gegen die Besucher zu ergreifen, was unmöglich ist, wenn man keinen Zugang zum Nicht-Physischen hat. Man warnt sie nicht, dass ihnen und ihren Familien ähnliche Dinge widerfahren können wie das, was mit Matt geschah. Und schon gar nicht sagt man ihnen, dass ihre Seelen sich später, nach ihrem Tod, mit denjenigen auseinandersetzen müssen, die von ihnen angegriffen wurden, denn das wird auf offizieller Ebene überhaupt nicht verstanden.

Der Milliardär Robert Bigelow arbeitete mit bestimmten Stellen innerhalb der US-Regierung zusammen, die sich gegenüber den Besuchern feindselig verhielten. Am 28. Mai 2017 berichtete er in *60 Minutes*, einem Nachrichtenmagazin des amerikanischen Fernsehens, dass er eine Konfrontation von Angesicht zu Angesicht mit den Besuchern erlebt habe. Das sei keine angenehme Erfahrung für ihn gewesen. Zwei Vorstandsmitglieder der *To The Stars Academy*, einer Organisation, die sich zu einem wesentlichen Teil der Erforschung der Folgen aggressiver Aktionen gegen die Besucher widmet, haben in ähnlicher Weise direkte und sehr erschreckende Erfahrungen gemacht. Im einen Fall führte das zu einer Familientragödie. Die andere Erfahrung war glücklicherweise nur beängstigend. Diese Organisation wird, um mehr Aufmerksamkeit in den Medien zu erhalten, werbewirksam von einem bekannten Rockmusiker unterstützt. Sie hat sich zum Ziel gesetzt, mehr Öffentlichkeit herzustellen und einen größeren Kreis von Wissenschaftlern in die Bemühungen einzubeziehen, Waffen zu entwickeln, die eine effektive Verteidigung gegen die Besucher ermöglichen – in der Hoffnung, auf diese Weise einen Durchbruch zu erzielen. Alles in allem waren die seit mehreren Generationen laufenden geheimen militärischen Bemühungen in dieser Richtung bisher nicht von Erfolg gekrönt.

Sie scheiterten, weil die Verteidigung auf physischer Ebene, offen gesagt, so sinnlos ist, wie wenn ein Hund in den Stiefel des Mannes beißt, der ihn tritt. In der Anfangszeit meiner Beziehung zu den Besuchern hatte ich ein Gespräch mit einem von den blonden Leuten, die nicht von dieser Welt sind und die auch als Berater auf Regierungsebene agieren. Er erklärte mir: »Wenn du einen Krieg mit den Greys anfängst, werden sie dich nie aufhören lassen zu kämpfen und sie werden dich nie gewinnen lassen.« Das ist es, was auf offizieller Seite hinter dem Schleier der Geheimhaltung geschieht, aber es ist sicherlich nicht das, was den Mitgliedern unserer Regierung in den Briefings gesagt wird, die sie erhalten, wenn sie Geheimdienst- und Militärbeamte danach fragen, was zu diesem Thema geheim gehalten wird. Man erzählt ihnen Geschichten darüber, was unseren Militärangehörigen zugestoßen ist, aber nicht, dass wir selbst den Konflikt angezettelt haben. Einige dieser Geschichten sind wirklich grauenhaft. Dann wird erklärt, dass wir zwar an Waffen arbeiten, aber noch keine Kontrolle darüber haben und das Ganze so lange geheim gehalten werden muss, bis wir sie haben. Niemandem, der das Briefing erhält, kommt es in den Sinn zu fragen, warum die Besucher die Dinge ebenfalls geheim halten.

Aus meiner Sicht ist die offizielle Reaktion, so ungeschickt sie auch ist, durchaus verständlich. Die Besucher sind unglaublich beängstigend. Es gibt einfach keinen anderen Weg, es zu sagen. Während des Sommers und Herbstes 1985, als ich spürte, wenn auch nicht bewusst, dass sie da waren, bewaffnete ich mich und hätte möglicherweise genauso gehandelt wie Matt und das Militär, wenn einer von ihnen in meiner Schussweite aufgetaucht wäre. Ich nehme an, das hätte zu ähnlichen Resultaten geführt. Zu meinem Glück gab es nie eine persönliche Begegnung mit ihnen während dieser Zeit, als ich eine Waffe bei mir trug und bevor ich zu verstehen begann, warum sie hier sind und was sie wollen.

Sobald ich erkannte, dass sie real sind, siegte meine Neugierde über meine Angst, und die Schusswaffen spielten keine Rolle mehr. Nach der spannungsreichen Anfangsphase fanden wir in der spirituellen Suche eine gemeinsame Basis. Sie reagierten auf meine nächtlichen Meditationen und nahmen an ihnen teil. Im Laufe der Zeit hat sich daraus eine fruchtbare Beziehung entwickelt, die mein Leben bereichert, und ich hoffe, dass sie auch ihnen das gibt, was sie suchen.

Gegenwärtig ist meine Beziehung zu ihnen so kohärent und organisiert wie zu jedem Menschen, den ich im normalen Verlauf meines Lebens kennenlernen würde. Es gibt aber doch Unterschiede. Miteinander und Kommunikation sind bei ihnen so ganz anders als bei uns. Sie sind beängstigend für mich und werden es in gewisser Weise immer sein. Das liegt daran, dass sie Seelen beherrschen können. Meine Seele weiß das und spürt angesichts einer solch gewaltigen Macht die Angst des Hilflosen und Verletzlichen in der Gegenwart des Aggressiven.

Ich befinde mich in meiner Beziehung zu ihnen, um zu lernen und zu berichten, was ich gelernt habe. Sie wirken mit, um zu lehren. Ihr Ziel ist ganz klar: Sie wollen, dass die Beziehung funktioniert, und zwar nicht nur für mich. Sie wollen, dass sie funktioniert, Punkt. Sie wissen auch, wie schwer es für uns – und für sie – sein wird, dieses Ziel zu erreichen. Wir sind wie brillante Tiere aus zwei verschiedenen, sehr bemerkenswerten Spezies, die sich gegenüberstehen. Sie sind groß, wir sind klein. Beide sind wild, beide sind wachsam.

Wie geht es also weiter? Umkreisen wir einander weiter oder finden wir eine gemeinsame Basis? Da wir Menschen hilflos die

Ressourcen unseres Planeten aufbrauchen, stehen wir im Grunde genommen mit dem Rücken zur Wand. Entweder schaffen wir die Kehrtwende oder wir gehen dorthin, wohin uns die Natur und das Versagen unserer Umwelt vermutlich führen werden, nämlich in einen Zustand, in dem unser Planet weitgehend unbewohnbar ist und wir keinen Zugang mehr zu physischen Körpern und all den Möglichkeiten haben, die sie für sich entwickelnde Seelen bieten.

Ich glaube, dass meine eigene Beziehung zu den Besuchern teilweise damit zusammenhängt, dass ältere Mitglieder meiner Familie an militärischen Operationen im Zusammenhang mit ihnen beteiligt waren. Ich kann dazu zwar keine statistischen Beweise vorweisen, habe aber Grund zu der Annahme, dass dies ein Faktor sein kann. Sobald ein Mitglied einer Familie in irgendeiner Weise im militärischen Kontext mit ihnen involviert ist, sei es konfrontativ oder nicht, scheinen sie eine Tendenz zu haben, dieser Familienlinie zu folgen.

Mein Onkel war in den Roswell-Zwischenfall verwickelt und mein Vater hatte vielleicht etwas mit der Anwesenheit von Colonel Guy Hicks zu tun, der in unserer Nachbarschaft wohnte. Colonel Hicks war der kommandierende Offizier von Goodman Field in Kansas, als Captain Thomas Mantell, der dort stationiert war, 1947 mit seinem Flugzeug bei der Verfolgung eines UFOs abstürzte. Das kam alles ans Licht, aber ich glaube, dass mein Vater und ein FBI-Agent, der ein paar Häuser weiter wohnte, Colonel Hicks und einige andere Männer in unserer Straße beobachteten. Ich kann nicht mit Bestimmtheit sagen, dass mein Vater zum Geheimdienst gehörte, aber ich habe immer gespürt, dass er irgendwie beteiligt war. Er war in gewisser Weise noch geheimnisvoller als mein Onkel.

Ein weiterer Grund für meine Beziehung zu den Besuchern könnte ein Kindheitstrauma sein. Wie Dr. Kenneth Ring in einer Studie über Zeugen von Nahbegegnungen gezeigt hat, die in seinem Buch *The Omega Project* (»Das Omega-Projekt«) veröffentlicht wurde, erhöhen psychologisch belastende Erfahrungen in der Kindheit, wie zum Beispiel Kindesmissbrauch, ebenfalls die Wahrscheinlichkeit, dass Nahbegegnungen stattfinden. Ich denke, der Grund dafür ist, dass der Missbrauch die Erwartungen des Kindes erschüttert und so die Chance erhöht, dass Dinge gesehen werden, die nicht da sein sollten, aber da sind.

Zwischen August und Oktober 1952 war ich an einem sonderpädagogischen Projekt auf der Randolph Air Force Base beteiligt, bei dem eine sogenannte Skinner-Box für Experimente zur Lernsteigerung eingesetzt wurde. Dieses von dem Psychologen B. F. Skinner entwickelte Gerät sollte, indem die Versuchsperson von der Umwelt isoliert wurde, ein schnelles und besseres Lernen herbeiführen.

Der Prozess war extrem stressig für mich, was dazu führte, dass ich auch im regulären Schulunterricht Angst bekam, und zudem, aus Gründen, die ich mir nicht erklären konnte, Angst vor meiner Lehrerin, einer Nonne. Und ich wurde immer wieder krank. Mein Kinderarzt stellte fest, dass ich fast keine weißen Blutkörperchen hatte, und meine Schwester und ich wurden im Oktober aus dem Programm genommen. Ich wurde im Brooke General Hospital isoliert, bekam Gammaglobulin gespritzt und blieb dann bis Januar 1953 zu Hause und kehrte anschließend in die zweite Klasse zurück.

Meine direkten Erinnerungen an diese Erfahrung sind ziemlich verworren, und meine Schwester erinnerte sich zu Lebzeiten überhaupt nicht daran, aber ein enger Freund erinnert sich an ein bei der Air Force beschäftigtes Paar, das Kinder für dieses Programm rekrutierte. Diese beiden Personen kamen zu ihnen nach Hause. Tatsächlich verkehrten seine Eltern eine Zeitlang mit ihnen. Seine Teilnahme an dem Programm erlaubten seine Eltern aber nicht, was sie damit begründeten, dass dabei eine Skinner-Box eingesetzt wurde.

Ich erinnere mich an furchtbare Enge, Dunkelheit und ein schreckliches Geschrei, das scheinbar endlos weiterging. Würde mein Freund sich nicht an das Rekrutierungsgespräch erinnern, an dem er mit seinen Eltern teilnahm, könnte ich denken, das wäre nur ein Albtraum und mein einziges Problem meine Angst vor der Nonne gewesen.

Es gab bei mir also zwei Faktoren, die zu einer Entführung führen können: ungewöhnlicher Stress in der Kindheit und die Zugehörigkeit zu einer Familie, in der ältere Angehörige in irgendeiner Weise mit dem Kontakt-Phänomen zu tun hatten.

Wie ich in *The Secret School* (»Die Geheimschule«), meinem Buch über meine Kindheit, beschrieben habe, scheint es mir, dass die Besucher irgendwann in meinem Leben auftauchten, nachdem ich aus dem Programm in Randolph entfernt worden war. Sie blieben, bis ich die Pubertät erreichte, dann zogen sie sich zurück, oder ich hörte auf, mir ihrer Anwesenheit bewusst zu sein. Als ich ihnen Ende 1985 begegnete, hatte ich überhaupt keine Erinnerung mehr an meine Begegnungen in der Kindheit.

Die Tiefe und der Umfang meiner Beziehung zu den Besuchern ist, wie ich glaube, nicht nur darauf zurückzuführen, dass ich mich ihnen damals in einer Nacht draußen im Wald anbot und ihnen mitteilte, an einer Vertiefung unserer Kontakte interessiert zu sein, sondern auch durch etwas, das ich seit 1969/1970 praktiziere, die sogenannte Wahrnehmungsübung.

Im Herbst 1969 arbeitete ich im Rahmen einer Regisseur-Ausbildung zum ersten Mal als Regieassistent bei einem Film mit, der in New York gedreht wurde. Einer der anderen Produktionsassistenten brachte mich mit etwas für mich völlig Neuem in Berührung, denn er war ein spirituell Suchender. Er empfahl mir *Auf der Suche nach dem Wunderbaren,* P. D. Ouspenskys Buch über G. I. Gurdjieff und dessen Werk. Anne und ich kauften uns jeder ein Exemplar, waren fasziniert und verschlangen es. In dem Buch wurde die These vertreten, dass die menschliche Aufmerksamkeit meist automatisch auf Erfahrungen und Empfindungen gelenkt wird, dass sie aber tatsächlich vom Individuum selbst gesteuert werden kann, da wir in der Lage sind, unsere Aufmerksamkeit bewusst zwischen dem, was von außen hereinkommt, und unserem Inneren aufzuteilen. Das nennt man den Doppelpfeil, das gleichzeitige Hinaus- und Hineinschauen. Als wir damit experimentierten, entdeckten wir, dass es in der Tat eine deutliche Erweiterung bewirkte, nicht unbedingt des Bewusstseins selbst, aber dessen, was ich Sensibilität nennen würde. Diese frühen Experimente waren die ersten kleinen Anklänge dessen, was seitdem zu einem durchschlagenden Chor in unserem Leben geworden ist, der die Brücke zwischen den Welten überquert und den Geist für geheimnisvolle neue Ebenen der Wirklichkeit öffnet.

Gleich zu Beginn erlebten wir eine unmittelbare Veränderung, die wir als sehr angenehm empfanden. Wir begannen, die Welt und unseren Platz darin auf eine neue Weise zu sehen, nämlich gleichzeitig als Teilnehmer wie auch als Beobachter. Das Leben wurde lebendiger und intensiver. Die Erfahrung, die Welt auf diese neue Weise wahrzunehmen, verwandelte das gewöhnliche Leben in eine außergewöhnliche Kunstform, so dass es uns als ein sich ständig entfaltendes Wunder erschien, das in die vertraute Welt unserer gewöhnlichen Realität eingebettet ist.

Wir traten der New Yorker Gruppe der Gurdjieff Foundation bei. In den Gruppentreffen dort begannen wir, regelmäßig die Wahrnehmungsübung zu praktizieren. Dabei geht es darum, die eigene Aufmerksamkeit zu spalten, indem ein Teil von ihr in der körperlichen Empfindung verankert wird, während der andere Teil äußere Eindrücke aufnimmt.

Jetzt, fünfzig Jahre später, praktiziere ich das immer noch, und diese Übung bildet das Zentrum meiner Beziehung zu den Besuchern. Ich nehme nicht mehr aktiv an Gruppentreffen in der Foundation teil, und ich selbst halte auch keine Gruppentreffen ab. Die Gurdjieff Foundation ist der Erbe der Lehre, und ich betrachte die Arbeit innerhalb der Foundation als wesentlich, um ein nützliches Verständnis zu erlangen und eine starke persönliche Praxis zu etablieren. Ich muss allerdings hinzufügen, dass die Stiftung nichts mit Nahbegegnungen und der Herbeiführung solcher Begegnungen zu tun hat. Tatsächlich betrachten die Mitglieder, mit denen ich in Kontakt geblieben bin, meine Geschichten als ziemlich bizarr und überspannt. Die Wahrnehmungsübung ist ein Hilfsmittel, das dazu dient, uns auf eine neue Art und Weise für die Realität zu sensibilisieren. Dass die Wahrnehmungsübung die Kontaktaufnahme zu den Besuchern erleichtert, ist reiner Zufall und steht nicht mit dem Ziel der Foundation in Zusammenhang.

Oberflächlich betrachtet ist die Wahrnehmungsübung ziemlich einfach. Inzwischen habe ich aber begriffen, dass es sich dabei um eine einzigartig kraftvolle Form der Meditation handelt. Man praktiziert sie, indem man sich hinsetzt und die Aufmerksamkeit auf körperliche Empfindungen richtet. Ich gehe dabei so vor, wie ich es in der Foundation gelernt habe. Ich konzentriere mich zuerst auf einen Fuß, dann auf den Unterschenkel, dann auf das ganze Bein, dann auf das andere Bein, die Arme und den Rumpf. So lenke ich meine Aufmerksamkeit nacheinander auf alle Teile meines Körpers, und dann dehne ich dieses Empfinden auf den Körper als Ganzes aus.

Als Anne noch lebte, haben wir das oft gemeinsam geübt. Es kann auch eine kraftvolle Erfahrung im Rahmen einer Gruppe sein, wozu die Foundation ausgezeichnete Angebote macht.

Als unser Sohn geboren wurde, habe ich eine Zeitlang mit dem Üben aufgehört. Ich war zu beschäftigt und müde, weil ich Vater eines Babys war. Aber als er heranwuchs, kehrte ich zu dieser Praxis zurück und machte sie jeden Abend um elf. Jetzt mache ich sie um elf Uhr abends und um drei Uhr morgens, und es gibt eine interessante Geschichte, warum ich die zweite Sitzung in den frühen Morgenstunden hinzugefügt habe.

Anfangs war uns kaum bewusst, dass wir nicht allein waren – dass die Übung mich und Anne für ganz andere Augen sichtbar machte. Ich habe in anderen Büchern (*The Super Natural, Die Seele im Jenseits*) erzählt, wie gleich zu Anfang unserer Beziehung seltsame Dinge mit Anne und mir zu geschehen begannen, lange bevor wir eine Ahnung davon hatten, dass so etwas wie Nahbegegnungen der dritten Art überhaupt möglich sind. Ich möchte hier erwähnen, dass die ersten dieser Ereignisse wahrscheinlich etwa sechs Monate, nachdem wir mit der Übung begonnen hatten, stattfanden. Sie betrafen gespenstische Ereignisse in unserer Wohnung in Manhattan und ein bemerkenswertes Erlebnis, bei dem wir sahen, wie Kobolde offenbar einen Mann entführten, der in ein stillgelegtes Ladenlokal gegangen war, in dem manchmal Prostituierte saßen. Wir nannten den Ort den »Hurenladen« und lachten immer darüber. Wir waren erstaunt über den Anblick von etwas, das für uns wie blaue Zwerge aussah, die einen wild zappelnden Mann hinter einen Vorhang zogen. Es war erschreckend, und wir rannten nach Hause. Wir riefen nicht die Polizei, weil wir nicht wussten, was wir sagen sollten. Wir sind nie wieder an dem Laden vorbeigekommen.

Ein weiteres wichtiges Ereignis aus diesen frühen Tagen kam mir damals zunächst vor wie ein Traum. Ich fühlte mich in eine andere Welt versetzt. Ich befand mich in Begleitung von *Kobolden*. Wir gingen einen Weg entlang, der unter einem großen Bogen hindurchführte. Vor uns, auf einem Bergrücken, konnte ich hohe Bäume sehen, die wie Libanonzedern aussahen. Zu meiner Linken fiel das Land ab, so dass sich ein weiter Blick auf eine weglose Wüste auftat. Auf einem Felsen, der diese Wüste überragte, stand ein rundes, dunkelblaues Gebäude, das sehr baufällig war. Mir wurde gesagt, das sei eine Universität, aber in schlechtem Zustand, weil »die Gelehrten nicht gut in der Instandhaltung« sind. Ich ging sofort darauf zu und wollte mich immatrikulieren. Ich wollte auf jeden Fall an einer Millionen Jahre alten Universität studieren!

Als ich mich näherte, wurde ich von seltsamen Kreaturen mit großen schwarzen Augen aufgehalten, die ich später als Greys oder »Graue« verstand und die ich im Dezember 1985 wiedertreffen sollte. Ich war furchtbar enttäuscht, als sie mir den Zutritt verweigerten. Später habe ich verstanden, dass dies eigentlich meine Immatrikulation war und dass die Enttäuschung, die ich erlebte, dazu gedacht war, mich zu testen, um mich entweder anzuspornen oder mich zum Aufgeben zu bewegen.

Diese Art von Reibung zu erzeugen ist von zentraler Bedeutung für die Weise, wie die Besucher uns Unterricht erteilen, und tatsächlich spielt auch in der Gurdjieff-Arbeit das Erzeugen von Reibung oder Widerstand eine wichtige Rolle. Gurdjieff schuf Situationen, die die Egos seiner Schüler herausforderten und sie zwangen, sich mit sich selbst auseinanderzusetzen, was sie entweder vertrieb oder anspornte. Gurdjieff nannte das: den »heißen Luftkuchen« des Egos durchstechen. Auf meinem heißen Luftkuchen trampeln seit vielen Jahren unhöfliche kleine Männer herum, und das hat meiner Entwicklung sehr auf die Sprünge geholfen. Wie ich später erörtern werde, wenn ich erkläre, wie man durch den Aufbau einer starken Seele seine Angst vor den Besuchern meistern kann, war die allererste Lektion, die sie mir erteilten, eine über die Gefahren der Arroganz und die Bedeutung der Demut.

Ich glaube, dass ich seit diesem Traum von ihnen ausgebildet werde. Als ich das damals erlebte, waren die Greys noch kein Thema in den Medien, und ich wusste nichts von ihrer Existenz. Aber da waren sie und verwiesen mich von der Universität, an der ich seitdem studiere!

So wie in der Gurdjieff-Arbeit das Aufrechterhalten des Doppelpfeils dazu dient, die Lebenserfahrung zu bereichern, ermöglicht das Praktizieren der Wahrnehmungsübung die Aufteilung des Selbst. Während dieser Übung können die Besucher in die Stille ihres Geistes eintreten und sich an ihrer Lebenserfahrung beteiligen. Das bereitet ihnen außerordentliches Vergnügen. Ich vermute, dass es, wenn sie sich in ihrem normalen Zustand befinden, eine große Freude für sie ist, und ich nehme an, dass sie es mit so vielen von uns wie möglich erleben wollen. Ich vermute, dass Anne das schon früh geahnt hat, weshalb sie darauf bestand, dass unser Buch *Communion* (»Die Besucher«) heißen sollte. Es geht darin nicht nur darum, dass wir neue wissenschaftliche Erkenntnisse gewinnen und neue soziale und kulturelle Entdeckungen machen. Es geht vor allem um dieses Teilen des Selbst. Und übrigens hat das nichts mit dem zu tun, was man Besessenheit nennt. Sie ist das genaue Gegenteil von dem, was die Besucher erreichen wollen.

Für die Besucher ist meiner Meinung nach nichts mehr neu. Für uns ist alles immer neu. Vermutlich kennen sie die Realität außerhalb der Zeit. Wir wissen nicht wirklich, was die nächste Sekunde bringen wird. Sie hungern danach, unser Gefühl des Neuen miterleben zu dürfen.

Ich denke, warum das so ist, erklärt ein Artikel in der April-Ausgabe 1977 der Zeitschrift *Science*. D. B. H. Kuiper und Mark Morris gelangten zu dem Schluss, dass jede intelligente Entität, die aus einer anderen Welt in unsere kommt, im Wesentlichen nichts von uns zu gewinnen hätte, außer den Ergebnissen unseres eigenen unabhängigen Denkens. Sie wären auf der Suche nach Neuem, und deshalb müsste ihnen daran gelegen sein, unsere Bereitschaft zu fördern, sich mit ihnen einzulassen. Kuiper und Morris spekulierten damals: »Wir glauben, dass es dabei eine kritische Phase gibt. Bevor eine bestimmte Schwelle erreicht ist, würde ein vollständiger Kontakt mit einer überlegenen Zivilisation (bei dem uns ihr Wissensschatz zur Verfügung gestellt wird) einen ›Kulturschock‹ auslösen, der zu einem Abbruch der Entwicklung führt. Würden wir kontaktiert, bevor wir diese Schwelle erreichen, würden wir den galaktischen Wissensschatz nicht bereichern, sondern ihn nur absorbieren.« Sie fahren fort: »Indem sie sich zu früh in unseren natürlichen Fortschritt einmischen, könnten Mitglieder einer außerirdischen Gesellschaft leicht die einzige Ressource auf diesem Planeten auslöschen, die für sie von Wert sein könnte.« Nachdem ich nun schon so viele Jahre mit ihnen zu tun habe – eigentlich den größten Teil meines Lebens –, betrachte ich genau dies als den tatsächlichen Grund für ihre Strategie der Geheimhaltung. Aber momentan befinden sie sich in einer Zwickmühle: Unser Planet geht so schnell zugrunde, dass, wenn sie sich weiterhin verstecken und darauf warten, dass wir aufholen, wir vielleicht zuerst aussterben oder in eine Periode des Chaos eintreten, die den Fortschritt, den wir gemacht haben, zerstören wird, wodurch für sie noch mehr Verzögerung entsteht.

Glücklicherweise ist nicht klar, ob der Grad unseres wissenschaftlichen Fortschritts das Einzige ist, was sie bislang von intensiveren Kontakten abhält. Ich denke, dass das, was ich als psychospirituellen Fortschritt bezeichnen würde, mindestens genauso wichtig ist, und wahrscheinlich sogar noch wichtiger.

Das wäre die Erklärung, warum sie diesem nicht-wissenschaftlichen spirituellen Sucher so viel mehr Aufmerksamkeit geschenkt haben als irgendeinem der mir bekannten Wissenschaftler. Ich lernte, zuerst durch meine Gurdjieff-Arbeit und dann durch die direkte Arbeit mit den Besuchern, eine Grammatik der Kommunikation, die sowohl effizient ist, in dem Sinne, dass der Fortschritt stetig ist, als auch fruchtbar, in dem Sinne, dass der Reichtum der Kommunikation schnell zunimmt.

Die Wahrnehmungsübung öffnet uns nicht nur für sie und ermöglicht die Kommunikation, sie sendet ein Signal aus, das weitaus mehr übermittelt als ein Laserpointer. Wenn wir unsere Aufmerksamkeit auf das Nervensystem richten, leuchtet es in ihrer Realitätsebene auf wie ein kleines glühendes Stück Kohle. Auch unsere Toten können das sehen.

Das wurde mir klar, als ich im September 2015, kurz nach Annes Tod, eine von William und Clare Henry organisierte Konferenz in Nashville besuchte. Während einer Pause kam eine Frau zu mir und erzählte, sie hätte Anne ihr ins Ohr sprechen hören: »Teile Whitley bitte mit, dass ich ihn sehen kann, wenn er in dem Sessel sitzt.« Ich verstand sofort, dass sie den Sessel meinte, auf dem ich sitze, wenn ich die Wahrnehmungsübung praktiziere. Ich dachte an etwas, das die Besucher ungefähr 1987 oder 1988 sagten, als ich sie fragte, warum sie gekommen waren: »Wir haben ein Glühen gesehen.« Damals dachte ich, damit sei das Leuchten von Städten gemeint, aber in diesem Moment verstand ich, dass sie von dem Licht sprachen, das das Nervensystem aussendet – Licht, von dem ich schon seit Langem weiß, dass sie es sehen können. Und nicht nur sie. In der Vergangenheit konnten auch wir es sehen, wie sich in Kapitel 10 zeigen wird, wo wir uns mit dem ältesten religiösen Dokument der Welt, dem Text in der Pyramide von Unas in Ägypten, und mit der Frage beschäftigen werden, was sein außergewöhnlicher Inhalt mit den modernen Kontakterfahrungen zu tun hat.

Als ich von der Konferenz nach Hause kam, setzte ich mich sofort in den Sessel und machte die Wahrnehmungsübung. Nach ein paar Tagen kamen meine Lehrer, um zu assistieren, und schon bald erlebte ich eine an ein Wunder grenzende Beziehung mit Anne. Es war nicht das, was man Channeling nennt, sondern eher eine Kommunikation, die auf einer Vorbereitung beruhte, die Anne, ohne dass ich es wusste, seit ihrem Schlaganfall im Januar 2015 gemacht hatte.

An diesem Punkt begann sie darauf zu bestehen, dass ich das Gedicht »Das Lied des wandernden Aengus« von W. B. Yeats auswendig lerne. In diesem Gedicht kommt die Zeile vor: »Es tanzten weiße Falter still, faltergleich Stern für Stern aufging …«

Dies erwies sich als die Achse all meiner zukünftigen Kommunikation mit ihr. Nach ihrem Tod erinnerte ich mich auch daran, dass sie von meinen Kurzgeschichten besonders »Die weißen Nachtfalter« liebte, die wir deshalb in unser gemeinsames Buch *Die Seele im Jenseits* mit aufgenommen haben. In dieser Geschichte geht es um eine Frau, die herausfindet, dass sie gestorben ist.

Was dann folgte, war bemerkenswert: Wenn ich nicht zu Hause war, schickte mir das Überwachungssystem, wenn ich irgendwo von Anne erzählte, eine automatische Nachricht mit einem Video, auf dem ich einen weißen Nachtfalter vor der Wohnzimmerkamera vorbeiflattern sah. Das passierte immer wieder, manchmal, wenn ich auf Konferenzen von Anne sprach, manchmal, wenn ich mich mit Freunden über sie unterhielt. Jedes Mal flog der Nachtfalter vor der Kamera hin und her und verschwand. Im Haus fand ich nirgendwo ein solches Insekt, obwohl die Fenster geschlossen waren, und während ich mich dort aufhielt, zeigte sich der weiße Nachtfalter nie. Aber einmal, als ich an einem Bankett zum Abschluss einer Konferenz über das Leben nach dem Tod teilnahm, tauchte der Falter sogar physisch auf und landete auf dem Kopf eines Gastes! Dann flog er davon und löste sich vor den Augen der vielen Anwesenden, die ihn erstaunt beobachteten, einfach in Luft auf.

Es gilt zu begreifen, dass der Kontakt mit den Besuchern in all ihrer Fremdartigkeit und Kraft zugleich auch der Kontakt mit jenem Teil der Menschheit ist, der in einer nicht-physischen Form existiert – also den Toten. Aber hier geht es nicht nur um eine psychospirituelle Ebene der Beziehung. Wie wir noch sehen werden, sind auch physische Materialien beteiligt und werden wissenschaftlich untersucht, mit erstaunlichen Ergebnissen.

Je tiefer man in diese Erfahrung eindringt, desto schwieriger wird es, sie zu verstehen. Sie umfasst menschliche und nichtmenschliche Wesen sowohl in physischen als auch in nicht-physischen Zuständen. Sie existiert sowohl innerhalb als auch außerhalb von Zeit und Raum, wie wir sie verstehen. Sie ist größer als der physische Raum und tiefer als die Zeit. Sie ist hoch energetisiert und anregend. Aber sie ist auch herausfordernd, schwierig und kann gefährlich sein.

Es ist alles andere als einfach. Wenn ich zum Beispiel über die Wahrnehmungsübung spreche, wollen die Leute für gewöhnlich wissen, wie lange es dauert, bis sie eine Antwort erhalten.

Ich kann nur berichten, was mir passiert ist, nämlich dass ich 1970 mit dem Üben begonnen habe und fünfzehn Jahre später, 1985, durch das in *Communion – Die Besucher* geschilderte Erlebnis initiiert wurde.

Weil wir so sehr auf die materielle Welt fokussiert und physisch darauf ausgerichtet sind, nur das zu sehen, was wir von ihr verstehen, müssen sie sich ihren Weg in unser Leben erkämpfen. Ich denke, dass sie anfingen, mich auf ihre Anwesenheit aufmerksam zu machen, als wir in das Blockhaus zogen und sie sahen, dass ich meine Meditation in einer abgelegenen Gegend durchführte, die aber gleichzeitig nicht weit von jenem Gebiet entfernt lag, wo sie eine gewaltige Operation durchführten, die zu Hunderten von UFO-Sichtungen entlang des Hudson River führte. Ich hatte keine Ahnung, dass es keine fünfzig Kilometer von dem Blockhaus entfernt geschah, in der ich diese unerklärlich unruhigen Nächte verbrachte. In ihrem Buch *Night Siege: The Hudson Valley UFO Sightings* (»Nächtliche Belagerung: Die UFO-Sichtungen vom Hudson Valley«) haben Dr. J. Allen Hynek, Philip Imbrogno und Bob Pratt diese Ereignisse ausgezeichnet beschrieben.

Von dem Zeitpunkt an, als wir das Blockhaus kauften, war ich schockiert darüber, dass dort nachts jemand draußen herumlungerte. Ich installierte Alarmanlagen, kaufte Gewehre und so weiter – all das ist in *Die Besucher* und anderen Büchern dokumentiert. Nicht dokumentiert ist jedoch, dass mich im Sommer 1985 schreckliche Kopfschmerzen quälten. Heute denke ich, die Ursache der Schmerzen war, dass ich mein Gewahrsein der Anwesenheit der Besucher unterdrückte. Ich sage das nicht so sehr wegen irgendwelcher spezifisch wissenschaftlichen Beweise, wonach Verdrängen und Unterdrücken Kopfschmerzen wie diese verursacht, sondern weil ich so etwas auch bei einem Erlebnis beobachtet habe, das sich in der Nähe unseres Blockhauses ereignete. Der Wissenschaftler Dr. John Gliedman, ein guter Freund, war zusammen mit mehreren anderen Zeugen dort und sah einen sehr dramatischen Strahl aus goldenem Licht von oben herabkommen. Doch als einziger von zehn Anwesenden konnte er das Phänomen nicht bewusst wahrnehmen, obwohl es direkt vor seinen Augen geschah. Es zu sehen, hätte sein Weltbild zerstört, und das konnte er nicht ertragen. Die Folge war, dass ihn unmittelbar danach eine Migräne außer Gefecht setzte. Meine Kopfschmerzen im Sommer davor waren so schlimm gewesen, dass ich deswegen einen Arzt aufsuchte.

Im Oktober geschah es dann, dass die Besucher sich, offenbar wegen meiner Verschlossenheit ihnen gegenüber, zu einem aggressiveren Vorgehen genötigt fühlten. Wenn unsere Beziehung wachsen sollte, musste meine Weigerung, mir einzugestehen, dass sie überhaupt existierten, überwunden werden. Am Abend des 4. Oktober hatten wir unsere Freunde Annie Gottlieb und Jacques Sandulescu zu Besuch. Wir aßen in einem Restaurant zu Abend und kehrten dann zum Blockhaus zurück. Wir gingen alle sofort ins Bett. Dann, ich habe in *Die Besucher* davon berichtet, »wurde ich wachgerüttelt und sah zu meinem Entsetzen ein deutliches blaues Licht an der Wohnzimmerdecke«. Ich beobachtete, wie das Licht von oben nach unten zu kriechen schien, und kam zu dem Schluss, dass es sich um einen Brand im Kamin unseres Holzofens handeln musste. »Dann«, fuhr ich fort, »fiel ich in einen tiefen Schlaf!« Die Besucher haben mich nicht in Schlaf versetzt. Das war ich selbst. Nur so konnte ich vermeiden, mich ihnen stellen zu müssen. Sie warteten wohl einige Zeit, um zu sehen, ob ich wach wurde und aufstand. Als das nicht geschah, weckten sie mich mit einem lauten Knall, als würde vor meinem Gesicht ein Feuerwerkskörper explodieren. Als ich die Augen öffnete, sah ich »fassungslos, dass das ganze Haus von einem Glühen umgeben war, das sich bis in den Nebel hinein erstreckte«. (Es war eine sehr neblige Nacht.)

Vor Schreck über die Explosion schrie Anne laut, und unser Sohn, damals sechs Jahre alt, schrie in seinem Kinderzimmer im Obergeschoss. Annie Gottlieb berichtete später, sie hätte Füße über den Boden unseres Schlafzimmers im Obergeschoss »huschen« hören, und Jacques beobachtete Licht im Haus. Es war so hell, dass er dachte, er hätte verschlafen und es sei bereits Morgen.

Dann hörten sie mich vor ihrer Zimmertür sagen, dass nichts geschehen sei und sie einfach weiterschlafen sollten. Das Licht war nämlich inzwischen erloschen, was für mich bedeutete, dass wir es nicht mit einem Kaminbrand zu tun hatten. Damals dachte ich, ich würde einfach alle im Haus beruhigen, indem ich ihnen versicherte, dass alles in Ordnung war.

Aber in Wahrheit verdrängte ich, was ich ganz genau wusste: dass die Besucher von oben herabgekommen waren und ich aufgewacht war und sah, dass sich eine ganze Schar von ihnen im Zimmer befand. Als ich aus dem Bett sprang, wahrscheinlich direkt auf sie zu, rannten sie weg. Und das hatte die huschenden Geräusche verursacht, die Annie Gottlieb hörte.

Im Nachhinein denke ich, dass der Umstand, dass ich sie in dieser Nacht wenigstens ein wenig bemerkt und wahrgenommen hatte, sie ermutigte, weiter zu versuchen, mich aus der Fixierung meines Körpers auf das Leben im Zeitstrom aufzurütteln. Sich ihnen zu stellen bedeutet, sich daraus zu erheben, wodurch das Ego dazu gezwungen wird, sich seiner Sterblichkeit zu stellen, gegen die es, so hat es die Natur eingerichtet, mit aller Kraft ankämpft.

Am 26. Dezember war mein Widerstand endlich gebrochen.

Sie sind nicht unsere Feinde. Sie sind nicht unsere Freunde. Ich bin mir so gut wie sicher, dass sie hierher kommen, um unsere Lehrer zu werden und im Gegenzug mit dem Austausch belohnt zu werden, den sie suchen.

Ich finde sie herausfordernd und anspruchsvoll, aber sie gehen auch hervorragend auf meine Bedürfnisse als ihr Schüler ein. Sie kennen die Wege, die ich gehen muss, aber sie sagen mir nie einfach, welchen ich einschlagen soll. Ihre Fähigkeit als Lehrer besteht darin, mich in die Lage zu versetzen, meinen eigenen Weg zu finden, statt mir zu zeigen, was ich ihrer Meinung nach tun sollte. Ich weiß, dass ich sie frustriere. Ich habe es gespürt und gesehen. Aber egal, wie dumm ich mich manchmal anstelle, ich bin mir ziemlich sicher, dass sie mich nicht aufgeben werden, solange ich mich nicht selbst aufgebe. Mehr als einmal in meinem Leben habe ich mich von ihnen abgewandt und bin ihnen aus dem Weg gegangen. Aber wenn ich zurückkommen wollte, waren sie immer da.

Jeden Abend während der ersten Meditation vergegenwärtige ich mir die Kinder der Welt. Ich lebe in einer jungen Nachbarschaft und sehe jeden Tag Kinder. Ich sehe das Staunen in ihren Augen, die Freude, die Hoffnung.

Während der 3-Uhr-Meditation öffne ich mich für die Besucher, und im Gegenzug übermitteln sie mir Wissen und unterrichten mich. Ich glaube, sie sind froh über das, was zwischen uns geschieht, manchmal fühle ich es. Ich weiß, sie haben eine Menge auf diese eine Karte gesetzt, denn es ist das einzige Zeugnis eines solchen Austauschs, das jemals niedergeschrieben wurde.

Bei der *Communion*, diesem intensiven Austausch, geht es nicht nur um den Kontakt zwischen uns und den Besuchern. Es geht auch darum, dass der Schleier zwischen den Welten fällt und wir, die wir in Körpern existieren, in echte Beziehung zu der ungebundenen Menschheit treten, diesem großen, schwebenden Wunder, das wir »die Toten« nennen.

Wenn das geschieht, wird sich unsere Lebenssicht wieder darauf konzentrieren, wie wir so leben können, dass wir mit einer starken Seele sterben, das heißt ohne Reue und nicht belastet mit der Erinnerung an Taten, die andere verletzt haben.

Damals wusste ich es noch nicht, aber als das Jahr 1989 anbrach, stand ich kurz davor, in eine neue Phase der Beziehung zu den Besuchern einzutreten, die mir eine Tür zu Erfahrungen öffnete, wie man sie sich rätselhafter kaum vorstellen kann, und zu einer ganz neuen Art, das Leben zu erfahren – vor und nach dem Tod.

Im Mai 1989 wurde mir etwas geschenkt, das mir damals wie der schrecklichste Eingriff in meinen Körper, meine Seele und mein Leben erschien. Mir wurde mein Implantat geschenkt.

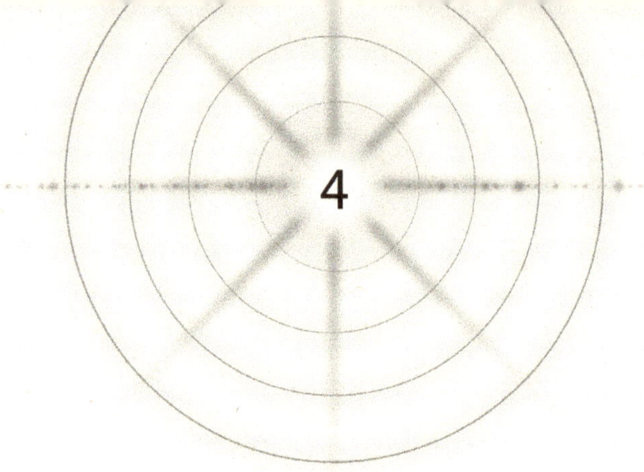

4 DAS IMPLANTAT-GEHEIMNIS

Die spirituelle Erfahrung, mit den Besuchern zu kommunizieren, hat eine so starke und alles durchdringende physische Komponente, dass ich genauso gut sagen könnte, dass es eine physische Erfahrung ist, die eine starke spirituelle Komponente hat. Die physische Seite davon – die Technologie – hat mir die wunderbarste spirituelle Gabe geschenkt, die ich mir vorstellen kann. Das Implantat in meinem linken Ohr wurde 1989 eingesetzt, aber erst im September 2015 begann ich zu lernen, wie man es benutzt.

Was es nicht kann: Es ermöglicht keine stimmliche Kommunikation.

Was es bewirkt: Im Blickfeld meines rechten Auges öffnet sich ein Schlitz, vor dem ich Worte vorbeirasen sehe. Außerdem unterstützt es auf eine sehr ungewöhnliche Weise Recherche und Forschung.

In einer warmen Mainacht im Jahr 1989 umgingen ein Mann und eine Frau das Alarmsystem und drangen in unser Blockhaus ein. Sie überwältigten mich und steckten mir ein kleines scheibenförmiges Objekt in die Ohrmuschel meines linken Ohrs. In meinem Buch *Confirmation* (»Bestätigung«) habe ich dieses Erlebnis ausführlich beschrieben. Nachdem sie mir das Objekt ins Ohr geschoben hatten, gingen sie. Einen Moment später erfüllte ein Lichtblitz den Raum, so hell, dass ich ihn mit geschlossenen Augen sah. Im Wald hinter dem Haus ertönte ein lautes Krachen. Ich sprang sofort auf und rannte los, um nach den Eindringlingen zu suchen, fand aber niemanden und auch keine Anzeichen für ein gewaltsames Eindringen. Da die Alarmanlage die ganze Zeit über aktiviert war, vermutete ich, dass es sich bei dem Ganzen um einen lebhaften Albtraum gehandelt hatte.

Am nächsten Morgen stellte sich heraus, dass doch jemand die Alarmanlage manipuliert hatte, und später an diesem Tag begann mein Ohr zu schmerzen. Wir entdeckten, dass sich darin eine Beule gebildet hatte. (In dem Buch *Confirmation* wird dieses Ereignis auf 1994 datiert. Das korrekte Datum ist Mai 1989.)

Irgendwann in den nächsten Tagen schaltete sich das Ding ein, machte ein brummend-heulendes Geräusch in meinem Kopf und ließ das Ohr knallrot werden. Ich war völlig verängstigt. Verzweifelt. Ich wollte mir das Ohr abschneiden. Anne versuchte, mich zu beruhigen. Sie vermutete, dass es sich in Wahrheit um ein Geschenk handelte. Ich hatte das Gefühl, verfolgt zu werden. Anne sagte: »Den Besuchern ist es völlig egal, ob du gerade in den Supermarkt gehst, um Bohnen zu kaufen.« Ich musste zugeben, dass sie nicht ganz unrecht hatte. Ich schätze meine Privatsphäre, aber ich tue oder denke nichts, bei dem ich Angst haben muss, dass andere davon erfahren. Trotzdem wollte ich dieses Ding im Ohr loswerden.

In den Berichten über Nahbegegnungen ist oft von Implantaten die Rede, und ich interessierte mich sehr dafür, was es mit ihnen auf sich hatte. In den frühen 1990er Jahren lernte ich Dr. Roger Leir kennen, der in Kalifornien Implantat-Entfernungen durchführte. Anne verbot mir strikt, mir mein Implantat von ihm entfernen zu lassen. In der Hoffnung, ihre Haltung aufzuweichen, sorgte ich dafür, dass sie mit mir einer seiner sehr professionell durchgeführten Entfernungsoperationen beiwohnte. Es war ein überwältigendes und bewegendes Erlebnis, zu sehen, wie das Objekt aus dem Wadenmuskel einer Frau herauskam. Es war nicht viel größer als ein Kürbiskern und glänzte, weil es, wie ich später erfuhr, mit Epidermis umhüllt war. Ich habe die frühe Implantat-Arbeit ausführlich in *Confirmation*, veröffentlicht 1998, besprochen, aber es dauerte bis 2015 – kurz nach Annes Tod –, ehe ich lernte, wie ich meines benutzen kann. Erst kürzlich, im September 2019, ließ ich eine CT davon machen und erhielt Besuch von zwei Leuten, die mir mehr darüber erklärt haben, wie ich gleich berichten werde.

Erwarten Sie aber nichts Unkompliziertes.

Dr. Leir bot an, eine Entfernung des Objekts zu arrangieren, doch Anne war der Meinung, dass ich zuerst versuchen sollte, es zu verstehen. Also zögerte ich den Eingriff hinaus. Zu diesem Zeitpunkt hatte ich gelernt, allergrößten Respekt vor der außergewöhnlichen Rolle zu empfinden, die Anne in unserer Beziehung zu den Besuchern spielte. Dennoch beunruhigte mich das Implantat sehr. Ich fühlte mich beobachtet. Es war ein beängstigendes Gefühl, diesem fremden Ding in meinem eigenen Körper ausgeliefert zu sein. Es war klaustrophobisch.

Als wir Mitte der 1990er Jahre nach San Antonio zogen, stellte mich Catherine Cooke, damals Präsidentin der Mind-Science Foundation, Dr. William Mallow vor, dem Leiter der Abteilung für Materialwissenschaft am Southwest Research Institute in San Antonio. Als ich ihm von der Arbeit von Dr. Leir erzählte, war er begierig darauf, mehr über die Objekte zu erfahren. Ich rief Dr. Leir an und arrangierte die Beschaffung von Proben, die er persönlich aus Los Angeles in das Institut brachte.

Wir durften zwar keine Arbeiten mit dem offiziellen Segen des Instituts durchführen, hatten aber freien Zugang zu dessen Geräten. Unter dem Rasterelektronenmikroskop stellten wir fest, dass es sich bei den Objekten fast ausnahmslos um meteorisches Nickel-Eisen handelte und dass sie bis auf einen Fall unauffällig waren, da sie *in situ* meist von einer Kapsel aus der Epidermis des Wirts umschlossen waren. Da der Körper nicht über die genetische Kodierung zur Erzeugung von Epidermis im Muskel verfügt, mussten die Verkapselungen künstlich erzeugt worden sein. In vielen Fällen entdeckte man am Körper des Implantat-Trägers eine kleine, löffelförmige Narbe. An dieser Narbe war unter dem *Stratum corneum*, der obersten Gewebeschicht, ein Stück Epidermis entfernt.

Eines der Objekte, die wir erhielten, war ziemlich ungewöhnlich. Es strahlte, solange es sich im Körper befand, ein schwaches Kurzwellensignal aus. Unter dem Rasterelektronenmikroskop zeigte sich, dass es sich offenbar um ein weiteres Nickel-Eisen-Fragment handelte. Da es ein Signal ausgesendet hatte, beschlossen wir, mit Hilfe eines Röntgenbeugungsgeräts, das auf dem nahegelegenen Campus der University of Texas in San Antonio zur Verfügung stand, zu prüfen, ob wir irgendwelche kristallinen Strukturen erkennen konnten. Der erste Durchgang lieferte eine typische Antwort für Nickel-Eisen, aber die folgenden Durchgänge zeigten überhaupt keine Antwort. Eine Überprüfung mit dem REM zeigte, dass die Zusammensetzung des Fragments immer noch dieselbe war: Nickel-Eisen. Wir unterzogen es erneut der Röntgenbeugung, nur um festzustellen, dass es nie wieder ein Signal lieferte. Bei der ersten Berührung mit Röntgenstrahlen war es für diese unsichtbar geworden.

Offensichtlich waren wir also, zumindest in diesem einen Fall, auf ein Objekt mit unbekannten Eigenschaften gestoßen.

Bei der Arbeit an den Implantaten war ich mir ständig des Dings in meinem Ohr bewusst. Bill wusste davon, natürlich. Es juckte ihn, es in die Finger zu bekommen, und ich war genauso begierig, es loszuwerden. Und doch erzählten mir einige der Leute, die ihres von Dr. Leir hatten entfernen lassen, dass sie danach ein echtes Gefühl des Verlustes empfanden, fast so, als ob ein Freund gestorben wäre. Andere dagegen waren froh, die Implantate losgeworden zu sein. Und ich hatte natürlich Anne, die dafür plädierte, dass ich es behalten sollte.

Dann lernten wir durch gemeinsame Freunde Dr. John Lerma kennen.* Da er nicht in die UFO-Welt involviert war, fand Anne es angenehmer, wenn er sich das Ding anschaute, also machte ich einen Termin. Als er es untersuchte, sagte er, es sähe aus wie eine kleine Zyste und könne problemlos entfernt werden. Dafür wäre nur ein kurzer ambulanter Eingriff in seiner Praxis nötig.

Ich war aufgeregt, offen gesagt. Anne war es nicht. Tatsächlich bestand sie darauf, dass ich ihr versprach, nur diesen einen Versuch zu unternehmen, und wenn das nicht funktionierte, es drin zu lassen. Dabei blickte sie ziemlich grimmig drein. Ich wusste, wie hartnäckig meine brillante Frau sein konnte, wenn sie glaubte, dass ich einen Fehler machte. Ich bot ihr an, die Operation abzusagen, aber sie sagte: »Nein, du musst es tun. Es quält dich schon seit Jahren.« Also erschienen wir am 9. Oktober 1997 in Dr. Lermas Büro, mit einer Videokamera. Ich wollte die ganze Prozedur filmen und bin froh, dass wir das getan haben. Anne war extrem nervös und lachte die ganze Zeit, was sehr typisch für sie war, wenn sie eine Situation als unangenehm empfand.

Dr. Lerma betäubte das Ohr und machte dann seinen Einschnitt, während Anne filmte. Er sagte: »Es ist eine weiße Scheibe.« Dann berührte er das Ding mit seinem Skalpell … und es bewegte sich

* *Anmerkung des Verlags:* Dr. Lerma war jahrzehntelang Leiter der größten Sterbeklinik in den USA. Bei AMRA liegt von ihm das Buch *Ins Licht* vor, in dem er die spirituellen Erfahrungen von Menschen während ihrer letzten Stunden schildert, unmittelbar vor ihrem natürlichen organischen Tod. Es sind bewegende Berichte über Besuche von Engeln, Visionen vom Leben danach und andere Erlebnisse vor dem Abstreifen des Körpers. Leseproben finden Sie auf www.AmraVerlag.de.

weg. Er war schockiert, denn es hatte fest unter der Haut gesteckt. Und hatte sich nun trotzdem bewegt. Alles, was er hatte, waren zwei kleine Fragmente an der Kante seines Skalpells, die er in einem Probenbehälter deponierte. Ich brachte die Fragmente zu Dr. Mallow, der sie unter dem Rasterelektronenmikroskop untersuchte. Bei der einen handelte es sich lediglich um Knorpel, aber die andere enthielt Kalziumkarbonat- oder Kalziumphosphatkristalle.

Ein Labortechniker untersuchte einen Teil des Fragments, das Dr. Lerma entnommen hatte, rief ihn an und fragte, ob das Ganze ein bizarrer Scherz wäre. Unter dem Mikroskop sah er proteinisches Material, das auf eine metallische Basis geklebt war. Er sagte Dr. Lerma, dass es sich seiner Meinung nach um ein technologisch hergestelltes Objekt handelte. Dr. Mallow rief mich dann an und bestätigte mir, dass er ebenfalls dieser Meinung sei.

Zwei Tage nach dem Operationsversuch bewegte sich das Objekt wieder hinauf in den oberen Teil meiner Ohrmuschel. Dort blieb es all die Jahre, doch jetzt, vor drei Wochen, hat es sich etwa einen halben Zentimeter entlang der Ohrmuschel nach unten bewegt. Ich schilderte die Situation einem Neurologen, der bei einem nichtstaatlichen Programm mitarbeitet, das diese Objekte und die Menschen, denen sie implantiert wurden, untersucht. Er riet mir zu einem CT, das dann am 23. September 2019 auch durchgeführt wurde. Was dabei geschah, war überraschend. Das Objekt ist offenbar nicht mehr da. Und trotzdem funktioniert es noch. In der Tat, als es 2015 anfing zu funktionieren, war es vielleicht schon weg, zumindest was die metallischen Teile angeht. Ich kann es immer noch ertasten, aber was ich fühle, ist nur das Kalzium, mit dem mein Körper es umgeben hat, nicht das Objekt selbst. Möglicherweise ist es röntgenunempfindlich, aber ein 3D-Scan hat keine Lücken oder Vertiefungen gezeigt, also erscheint das unwahrscheinlich.

Verschwunden oder nicht, es funktioniert immer noch, und ich halte es für meinen wertvollsten Besitz.

Der Grund dafür hat aber nichts mit den Besuchern zu tun. Zwischen Mitte der 1990er Jahre und 2015 war es meistens einfach nur da. Ab und zu schaltete es sich ein, dann wurde jedes Mal mein Ohr rot und heiß. Das passierte am häufigsten, wenn ich mit anderen Menschen zusammen war, die ebenfalls Nahbegegnungs-Erfahrungen gemacht hatten. Einmal passierte das bei Southwest Research. Sie entdeckten in ihrem Signallabor ein Signal, aber mir wurde gesagt, dass man mir die Details nicht mitteilen könne. Der dramatischste Vorfall ereignete sich im April 2016. Auf einer Konferenz sollte ich meinen ersten öffentlichen Vortrag seit vielen Jahren halten. Als ich dafür probte, war eine Verwandte anwesend, die ebenfalls Kontakterfahrungen hatte. Sie sagte: »Dein Ohr ist knallrot geworden.« Ich lachte und sagte, dass außer ihr offenbar noch andere Leute aufmerksam meinen Vortrag verfolgten.

Im September 2015 bemerkte ich eine dramatische Veränderung, die mit dem Implantat zusammenzuhängen schien. Ich hielt mich zufällig in einem Raum mit einer von der Sonne beschienenen weißen Wand auf, als ich bemerkte, dass ich in meinem rechten Auge einen exakt rechteckig geformten schmalen Schlitz sehen konnte. In ihm bewegte sich etwas. Wenn ich mich darauf konzentrierte, konnte ich Worte vorbeirasen sehen, aber zu schnell, um mehr zu erkennen als die Tatsache, dass sie wie mit Schreibmaschine getippt aussahen. Es handelte sich um die vielleicht bekannteste aller Schriftarten: Courier.

Erst starrte ich ungläubig auf die rasenden Worte, dann ehrfürchtig. Das war eindeutig keine Halluzination – oder wenn doch, dann war sie, gelinde gesagt, einmalig! Ich hatte den Eindruck, dass hier Technologie zum Einsatz kam. Wenn es mir gelang, einzelne Worte zu lesen, dachte ich zunächst, das würde rein zufällig geschehen. Mit der Zeit wurde mir jedoch klar, dass dies nicht der Fall war. Die Wörter hatten einen Bezug zu dem, was ich gerade schrieb, aber nicht unmittelbar. Ich fing zum

Beispiel an, einen historischen Roman zu schreiben, *In Hitler's House*, einen Zweiteiler, den ich unter dem Pseudonym Jonathan White Lane veröffentlichte.

Bei der Arbeit an dem Buch fand ich heraus, dass die Wörter, die in dem Schlitz vorbeiflitzten, den Reichtum meines Assoziationsprozesses erhöhten. Wenn ich zum Beispiel darüber nachdachte, wie eine bestimmte Figur auf eine Beleidigung reagieren könnte, und mir dazu das Wort »Arroganz« einfiel, liefen in dem Schlitz Wörter wie »ignorant«, »Feuer«, »Einsamkeit« und »Kindheit« vorbei. Die Art und Weise, wie sie indirekt mit meinen Gedanken verbunden waren und sind, bereichert den Assoziationsprozess und verleiht meinem Schreiben mehr Tiefe. Dabei geht es um weit mehr als nur eine verbesserte Assoziation. Der mysteriöse Schlitz ist auch ein wunderbares Recherchewerkzeug.

Es handelt sich bei dem Roman um die fiktiven Memoiren eines jungen Deutsch-Amerikaners, der sich 1931 unschuldig mit Hitler einlässt, 1935 zum Spion der Alliierten wird und bis Kriegsende in Hitlers Nähe bleibt. Um es zu schreiben, musste ich Details über das Leben in den 1930er Jahren und das Leben mit Hitler kennen, die so lebensnah waren, dass der Eindruck entstand, sie wären von jemandem verfasst, der tatsächlich dabei war. Ich fand heraus, dass das Implantat auf direkte Fragen antwortete, aber auf eine ganz eigene Art und Weise. Ich fragte es zum Beispiel: »Welche Zahnpasta hat Hitler benutzt?« Einen Tag später suchte ich etwas im englischen Google, doch es schaltete plötzlich auf Deutsch um, wo ich einen Verweis zu einem Buch fand, das einer der Diener Hitlers geschrieben hatte. Ich kaufte dieses deutschsprachige Buch. Zufälligerweise traf ich am folgenden Abend jemanden, der fließend Deutsch sprach und bereit war, es für mich zu übersetzen.

Wäre das nur einmal passiert, könnte man es als Zufall abtun. Doch genau wie die assoziative Anreicherung geschieht es mit solcher Zuverlässigkeit, dass ich den Eindruck habe, es ist Teil der

Funktionsweise des Implantats. Es hat mir auch einzigartige Einsichten verschafft, wie zum Beispiel das Material über die sozialen Folgen der Überbevölkerung und die Relevanz des Geheimnisses der Feinstrukturkonstante für das Verständnis der Natur unserer Realität, das später in diesem Buch noch eine Rolle spielen wird, und viele, viele andere Dinge. In der Tat kann ich sagen, dass dieses Buch zwei Autoren hat: mich und mein Implantat. Einmal wollte ich wissen, wer wohl all diese Arbeit tut, und habe es gefragt: »Wer bist du?« Die Antwort kam sofort, und zwar langsam genug, um sie deutlich zu lesen: »Ich bin es, Anne.« Da erinnerte ich mich an Annes sanften, aber hartnäckigen Widerstand, das Implantat entfernen zu lassen, und in diesem Moment dankte ich ihr aus tiefster Seele, dass sie mich damals überzeugt hatte, es zu behalten. Ob sie sich bewusst war, wofür und von wem es letztlich benutzt werden würde, kann ich nicht mit Sicherheit sagen. Aber eines steht außer Frage: Was auch immer seine Natur sein mag, es ist ein äußerst nützliches Werkzeug. Außerdem erfuhr ich kürzlich unter wirklich wunderbaren Umständen viel mehr über seine Herkunft und Funktionsweise und darüber, von wem es mir implantiert wurde.

So wie die Dinge jetzt stehen, würde ich niemals zulassen, dass das Implantat entfernt wird. Ich nutze es täglich. Es führt mich ständig in neue Richtungen meiner Arbeit, beantwortet unbeantwortbare Fragen und bereichert meinen kreativen Prozess.

Erst kürzlich habe ich es zum Beispiel wieder einmal auf die Probe gestellt, indem ich um Informationen zu Dingen bat, die für dieses Buch wichtig sein würden, über die ich aber noch nichts wusste. Nach wenigen Stunden fand ich auf Google Material über etwas, das sich Feinstrukturkonstante nennt. Ich hatte nach etwas anderem gesucht, und ich kann nicht genau sagen, warum ausgerechnet dieser Begriff auftauchte. Ich bin mir sicher, dass es erklärbar ist, aber es war bei der Suche, die ich durchführte, kein zu erwartendes Resultat. Dabei ging es nämlich um den Psychiater Carl Jung und Informationen, die ich für eine von mir besuchte Lesegruppe brauchte, in der wir uns mit seinem *Roten Buch* beschäftigten.

Ich kann nicht einmal mit Sicherheit sagen, dass das Implantat hier am Werk war, aber es macht mir ganz diesen Eindruck, denn was ich über die Feinstrukturkonstante herausgefunden habe, eines der großen Geheimnisse der Physik, hat eine unmittelbare Bedeutung für die neue Vision der Realität, die im Mittelpunkt des vorliegenden Buches steht.

Das von Dr. Lerma entfernte Fragment des Implantats bestand aus einer Art Metallplättchen, an dem Wimpern befestigt waren. Diese waren beweglich, das heißt, wie der Labortechniker dem Arzt sagte, »lebendig«. Es handelt sich also offenbar um ein Stück Biotechnologie. Wie viele der Implantate, die Dr. Leir entnahm, hatte es die Fähigkeit, sich vom Skalpell wegzubewegen. Dr. Lerma hatte das nicht erwartet, und seine Überraschung ist auf dem Videoband deutlich zu sehen. Ich erinnere mich sehr gut daran, wie mein Ohr brannte, als das Implantat aus dem Ohrläppchen in die Ohrmuschel zurückkehrte.

Am Mittwoch, dem 18. September 2019, erlebte ich gegen vier Uhr morgens etwas Erstaunliches, das viel mehr über das Implantat verrät. Seit ich die Bewegung des Implantats erlebt hatte, litt ich an unangenehmen, von meinem Ohr ausstrahlenden Beschwerden, die mich zunehmend beunruhigten. Während meiner Mediationen in den Nächten vor dem 18. beklagte ich mich und sagte, dass ich das Implantat entfernen lassen würde, wenn die Beschwerden nicht aufhörten. (Sie wurden später als eingeklemmter Nerv in meinem Nacken diagnostiziert.)

Am 17. machte ich meine übliche Meditation um 23 Uhr, dann um 3 Uhr die zweite. Ich war im Bett und wollte gerade einschlafen, als ich ein leises Klopfen an der Tür hörte. Ich blickte auf die Uhr. Es war 3:44 Uhr. Ich stand auf und ging zur Tür. Ich habe dieses Klopfen schon oft gehört und schaue in der Regel durch das Guckloch, bevor ich die Tür öffne, und finde normalerweise niemanden vor.

Diesmal öffnete ich die Tür, und dort standen zwei Männer. Bevor ich auch nur überrascht aufschreien konnte, spürte ich eine Veränderung über mich kommen, vergleichbar mit der Benommenheit, die sich bei einem kleinen operativen Eingriff einstellen kann. Es war nicht so stark, dass ich nicht hätte gehen, mich bewegen oder sprechen können, aber ich befand mich definitiv nicht mehr in meinem normalen Zustand.

Unglaublicherweise erkannte ich einen der beiden jungen Männer wieder. Ich hatte ihn zuletzt gesehen, als er etwa zwölf Jahre alt gewesen war. Damals war er mit seinen beiden Schwestern und einer Person, die vermutlich für das Verteidigungsministerium arbeitete, unterwegs gewesen. Es handelte sich um besondere Kinder mit Fähigkeiten, die die meisten von uns nicht besitzen, vor allem der Fähigkeit, Gedanken zu lesen. Als ich ihm damals begegnete, das war 1996, sah er etwa zwölf Jahre alt aus. Also musste er jetzt Mitte dreißig sein.

Ich wünschte, ich könnte mehr über die Umstände sagen, unter denen ich ihn damals sah, aber es gibt nur wenig mehr zu berichten. Die Kinder wurden mir in einem öffentlichen Raum vorgestellt und begannen sofort telepathisch mit mir zu sprechen, während der Erwachsene, in dessen Begleitung sie sich befanden, mich mit funkelnden Augen beobachtete und wir alle vor Freude lachten. Denn es war entzückend.

Sie waren entzückend.

Ich war einfach begeistert zu sehen, dass es menschliche Kinder mit dieser Fähigkeit gibt. Ich weiß nicht, wie viele es sind, aber ich hoffe, viele, und dass noch viel mehr geboren werden. Ich habe keine Ahnung, wie das funktioniert, nicht einmal theoretisch, aber es ist eine wunderbare Sache und ein echter Fortschritt in der menschlichen Evolution. Mögen diese Kinder gedeihen und möge ihre Zahl zunehmen!

Jedenfalls erkannte ich ihn sofort, und ich war absolut verblüfft, ihm zu begegnen. Er machte nicht den Eindruck, dass er mich wiedererkannte, und zu diesem Zeitpunkt war ich nicht in der Lage zu sprechen oder mich auch nur zu bewegen. Sie waren sehr vorsichtig mit mir, und das aus gutem Grund. Ich würde mir keine Gelegenheit entgehen lassen, ein Foto zu machen, ein Artefakt zu stehlen – alles, was in meiner Macht steht –, darüber muss sich jeder, der von Seiten der Besucher mit mir arbeitet, im Klaren sein. Und das traf auf diese beiden eindeutig zu.

Auf jeden Fall hatten sie etwas dabei, das einer kleinen Reiseschreibmaschine glich, wie sie vor dem Computerzeitalter zum Alltag gehört hatten. Mir wurde gesagt, dass damit die Worte erzeugt werden, die in dem Schlitz in meinem Auge vorbeirasen. Ich betrachtete die Schreibmaschine. Er drückte sie mir in die Hände. Ich sagte, ich könnte keine Funkantenne oder dergleichen daran sehen. Es war einfach nur eine alte Schreibmaschine. Sehr gepflegt und erstaunlich leicht.

Er erklärte mir, dass die Worte, die ich sehe, nicht außerhalb meines Verstandes erzeugt, sondern aus den Tiefen meines Unterbewusstseins heraufgezogen werden. Wenn sie getippt werden, erscheinen sie in dem Schlitz. Sie werden also aus einer Ebene meines Geistes, auf die ich nicht bewusst zugreifen kann, an den Rand meines Alltagsbewusstseins gezogen und dadurch für mich nutzbar gemacht.

Ich fragte, wie um alles in der Welt das ohne irgendeine Form von Kommunikationsgerät funktionieren könnte. Er erklärte mir, dass Gerät befände sich in der Schreibmaschinenwalze. Also fragte ich noch einmal, wie es funktionierte. Er antwortete, das wisse er nicht, aber es sei von einem Dr. Raudive entwickelt worden.

Dieser Name kam mir vage bekannt vor. Als ich am nächsten Tag danach googelte, fand ich heraus, dass es sich um Dr. Konstantin Raudive handelte, einen Kollegen Carl Gustav Jungs, der jahrelang an dem geforscht hatte, was als Electronic Voice Phenomena bekannt ist, sogenannte elektronische Stimmenphänomene oder Tonbandstimmen. Dabei geht es um die Entwicklung von Geräten, die es Menschen auf der anderen Seite der Barriere zwischen den Lebenden und Toten ermöglichen, mit uns zu kommunizieren. Nach Raudives Tod konnten manche Personen, die EVP verwendeten, sporadisch mit ihm kommunizieren. Er arbeitete von der anderen Seite aus an der Weiterentwicklung dieser Technologie.

Tatsächlich handelt es sich bei der einzigen mir bekannten anderen Person, die diesen Schlitz mit den vorbeisausenden Worten in ihrem Gesichtsfeld hat, um einen Mann, der schon fast sein ganzes Erwachsenenleben lang auf dem Gebiet der EVP forscht und Experte für das Werk Konstantin Raudives ist. Er berichtet, dass irgendwann im Jahr 2018 ein Objekt unter der Haut seines rechten Zeigefingers erschien, ist sich aber nicht sicher, ob er den Schlitz vorher schon sehen konnte oder nicht. (Natürlich erfuhr ich, dass er den Schlitz auch am Tag, nachdem ich von Dr. Raudive erfahren hatte, sehen konnte, ein weiterer der seltsamen Zufälle, die wie Regen an einem klaren Tag fallen, wenn das Implantat im Spiel ist.)

Die beiden Männer, die mich besuchten, erklärten mir, dass der Schlitz neu positioniert wurde, weil er mein rechtes Auge belastete. Die Intraokularlinse in diesem Auge, die Membran dahinter und die Netzhaut sind in den letzten Jahren, in denen ich das Implantat fast ständig benutzt habe, durch Kalkablagerungen angegriffen worden. (Eine Intraokularlinse ist eine Ersatzlinse, die zur Korrektur von grauem Star verwendet wird.)

Sie fragten mich dann, ob ich immer noch beabsichtigte, das Implantat herausnehmen zu lassen. Da die künstliche Linse ausgetauscht und die Membran entfernt werden kann und die Netzhaut keine Symptome aufweist, sagte ich, dass ich das nicht tun würde. Dann gingen sie. Ich stand da und starrte auf die Tür. Meine Gedanken rasten. Ich befand mich immer noch in diesem benommenen Zustand und musste mich sehr vorsichtig bewegen, bis er etwas nachließ. Ich versuchte, zu meiner Couch zu gehen und wieder in die Wahrnehmungsübung einzusteigen, aber es gelang mir nicht. Ich war erschöpft und fiel stattdessen ins Bett und in einen tiefen Schlaf.

Ein paar Tage später erhielt ich das Ergebnis der CT: Das Implantat, das man mir nicht herausnehmen wollte, ist nicht mehr da. Oder doch? Ich frage mich, was passieren würde, wenn ich die Kalkablagerung, die es hinterlassen hatte, entfernen ließe. Oder würde sie in einen anderen Teil meines Ohrs flüchten, so wie 1997 das metallische Objekt?

Eines ist sicher: Wenn Sie keine Rätsel mögen, vor allem keine unlösbaren, sollten Sie besser die Finger von Nahbegegnungen mit den Besuchern lassen.

Ich glaube nicht mehr, dass das Implantat viel mit nichtmenschlichen Wesen zu tun hat. Die Tatsache, dass ich erst nach Annes Tod gelernt habe, es zu benutzen, und dass es das fortsetzt, was sie tat, als sie noch lebte, nämlich eine fabelhafte, brillante Muse für diesen kämpfenden Schreiberling zu sein, hat mich zusammen mit dem, was ich am Morgen des 18. September erfuhr, davon überzeugt, dass es ein Kommunikator zwischen den Lebenden und den Toten ist.

Ich hoffe natürlich, dass mehr Menschen Zugang zu solchen Geräten bekommen werden. Ich denke aber auch, dass es zu Missbräuchen kommen kann, und ich möchte sagen, dass mein Implantat nie gechannelte Informationen geliefert hat. Wie ich schon zu Beginn des Kapitels sagte, sind keine Stimmen beteiligt. Vielmehr tut es nur zwei Dinge: Es lässt die Worte in meinem Gesichtsfeld vorbeifliegen und erzeugt Synchronizitäten, die meine Forschung unterstützen.

Ich greife nach oben und fühle es. Da ist es, tut leise das, was es tut. Ein seltsames Phänomen, das vierundzwanzig Stunden am Tag mit mir lebt. Ich richte den Lichtkegel einer Lampe auf die

Wand, dann sitze ich da und beobachte den Schlitz. Wie immer rasen die Worte vorbei.

Schließlich kann ich eines davon anhalten und lesen.

Es ist das Wort »Harmonie«.

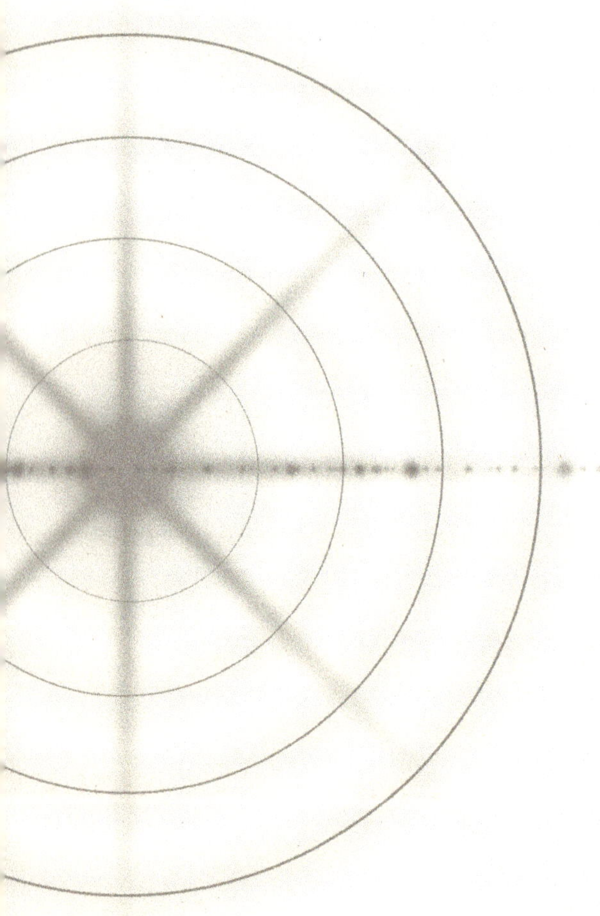

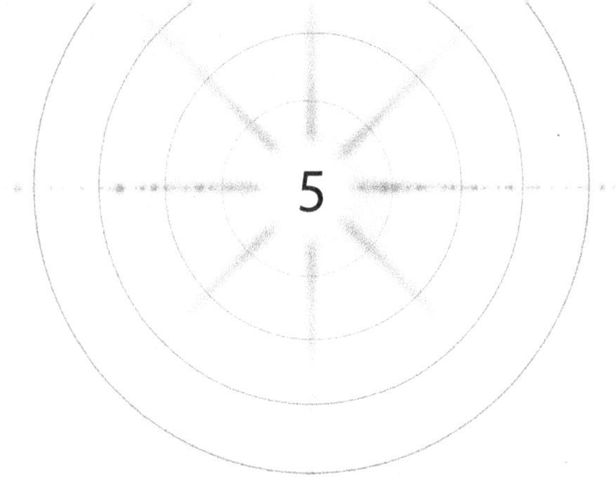

DER ASPHODELIEN-GRUND

Am Wochenende vom 19. bis 22. Juli 2019 suchte ich einen Ort großen menschlichen Leides und unglaublicher Kraft auf. Während ich mich dort aufhielt, hatte ich über mehrere Tage Zugang zu einer anderen Welt – eine Erfahrung, die weit über alles hinausging, was zuvor in diesem an seltsamen und außergewöhnlichen Erfahrungen reichen Leben geschehen ist. Ich denke, dass das, was ich an diesen Tagen erlebte, einen wichtigen Hinweis auf die Herkunft der Besucher bietet und möglicherweise auch auf ihre geheimnisvollen menschlichen Verbündeten.

Man hatte mich zu einer kleinen Konferenz in das All Nations Gathering Center eingeladen, das Versammlungszentrum für alle indianischen Nationen. Es liegt im Pine-Ridge-Reservat der Lakota Sioux in South Dakota. Ich sollte dort einen Vortrag über Annes und mein Buch *Die Seele im Jenseits* halten. Organisiert hatten die Konferenz Dallas Chief Eagle und seine Frau Becky in Zusammenarbeit mit Mia Feroleto, der Herausgeberin der Zeitschrift *New Observations.*

Bevor ich dorthin ging, hatte ich zwar einiges über die Geschichte des Reservats gelernt, aber ich hatte keinen blassen Schimmer davon, was dort tatsächlich mit mir geschehen würde. Wie die meisten Menschen außerhalb der Kultur der nordamerikanischen Indianer wusste ich nur wenig über die spirituelle Kraft ihrer Religionen. Als Texaner mit deutschen Wurzeln war ich mir aber bewusst, dass meine Vorfahren eine hohe Meinung über die Religion und den spirituellen Entwicklungsstand der Indianer hatten. Warum, das wusste ich nicht. Jetzt weiß ich es.

Ich wusste auch, dass Pine Ridge der Ort des Massakers von Wounded Knee im Jahr 1890 und der Wounded-Knee-Besetzung von 1973 ist. Am 29. Dezember 1890 eröffnete dort die amerikanische Armee das Feuer auf eine Gruppe von dreihundert Lakota-Sioux, wobei neunzig Männer und zweihundert Frauen und Kinder getötet wurden. 1973 wurde Wounded Knee von zweihundert Oglala-Lakota und Mitgliedern des American Indian Movement aus Protest gegen die in der Stammesregierung herrschende Korruption besetzt. Dies führte zu einer zweimonatigen Belagerung, bei der zwei Lakota und zwei FBI-Agenten getötet und vierzehn Indianer verwundet wurden. Außerdem trug ein U.S. Marshall eine dauerhafte Lähmung davon. Die Gefühle über den Vorfall sind so stark, dass Peter Matthiessens Buch darüber, *In the Spirit of Crazy Horse* (»Im Geiste von Crazy Horse«), vor seiner Veröffentlichung 1983 Gegenstand von Verleumdungsklagen wurde. Heute gilt es allgemein als eine akkurate Schilderung des Aufstandes.Ich erfuhr auch, dass Oglala Lakota County der ärmste Bezirk der Vereinigten Staaten ist, mit einem durchschnittlichen Pro-Kopf-Einkommen von knapp über 8.000 Dollar jährlich. Offiziell liegt die durchschnittliche Lebenserwartung im Pine Ridge Reservat bei 66,81 Jahren, aber

Statistiken aus dem Krankenhaus von Pine Ridge ergeben eine Lebenserwartung bei Frauen von 55 und bei Männern von 47 Jahren. Die Selbstmordrate ist hoch, besonders unter Jugendlichen, getrieben von einem Gefühl der Hoffnungslosigkeit, das wie ein Virus ihr Leben infiziert. Im Winter 2015/2016 brachte sich ein zwölfjähriges Mädchen um, weil es die Kälte nicht mehr ertragen konnte. Seine Familie konnte nicht heizen, denn das Geld dafür fehlte. 85 Prozent der Bevölkerung sind von Alkoholismus betroffen. Drogenmissbrauch und Kriminalität grassieren, und die Lebensbedingungen sind furchtbarer als alles, was ich je zuvor in meinem Leben gesehen habe.

Nichts davon beruht auf zufälligen Entwicklungen, Faulheit oder dergleichen. Es ist auf die geografische Lage des Reservats zurückzuführen. Während der Indianerkriege im neunzehnten Jahrhundert wurden die Lakota-Sioux absichtlich und unter Zwang an diesen Ort umgesiedelt, gerade weil er so arm an Ressourcen ist. Die Entfernungen zu den weißen Siedlungen sind groß, so dass es für die meisten Bewohner unwirtschaftlich ist, außerhalb zu arbeiten. Aufgrund der Isolation, des Mangels an gutem Ackerland und der allgemeinen Knappheit an nutzbaren Ressourcen gibt es im Reservat nur wenig Arbeit, was zu der chronisch hohen Arbeitslosigkeit beiträgt.

Einerseits fand ich also dort ein unterdrücktes Volk vor, andererseits entdeckte ich, dass es sich um einen Ort großer spiritueller Kraft handelt, einer Kraft, die alles übertraf, was ich je an anderen Orten erlebt habe. Ich habe eine Vorstellung davon, was diese Kraft ist, und werde in einem späteren Kapitel ausführlich darauf eingehen. Ich befand mich erst wenige Stunden in dem Reservat, als ich begann, sie zu fühlen. Und wenn ich »fühlen« sage, meine ich damit nicht etwas Vages – ein unbestimmtes Spüren ungewöhnlicher Energien. Weit gefehlt.

An meinem ersten Morgen dort, als ich während einer etwa halbstündigen Fahrt zufällig die Augen zumachte, sah ich hinter meinen geschlossenen Lidern Bewegungen, die wie schattenhafte Bäume und sanfte Hügel aussahen, aber nicht die, an denen wir vorbeifuhren. Überrascht öffnete ich sie sofort wieder. Ich konnte nicht verstehen, warum ich überhaupt etwas gesehen hatte. Als ich sie wieder schloss, verschlug mir das, was ich sah, einfach den Atem. Ich saß da und sah eine zweite Landschaft am Auto vorbeifließen. Obwohl es eher schwül als sonnig zu sein schien, war der Effekt so lebendig, als hätte ich ein Virtual-Reality-Headset getragen.

Ich wurde überflutet mit starken, ergreifenden und doch widersprüchlichen Emotionen. Es war gleichzeitig ein Gefühl von Heimkehr und Heimweh. Es war nicht so, als wäre ich an zwei Orten gleichzeitig, sondern ich blickte aus den Fenstern meines Herzens in zwei Welten, die immer schon in inniger geheimer Umarmung verbunden gewesen waren. Aber ich sah dieses wunderbare, liebliche Einssein zum ersten Mal.

Während wir fuhren, beschrieb ich, geradezu singend, die verschiedenen Merkmale, die ich erblickte. »Da drüben ist ein Bach, wir fahren unter einer Baumreihe hindurch, am Horizont sieht man eine weite Hügelkette. Hoppla, die Straße verschwindet in einer Senke zwischen den Hügeln.« Zu denjenigen im Auto, die das hörten, gehörte unser sehr netter Fahrer, Kevin Briggs, der leider nicht die Augen schließen und schauen konnte, wie die anderen es taten. Die Konferenzteilnehmer Alan Steinfeld, Ananda Bosman, Annie Wegner-Nabigon und andere schlossen ihre Augen. Manche sahen es nur vage, andere gar nicht. Ananda, Annie und ich sahen es am deutlichsten. Ananda sah es, während wir uns in den Badlands aufhielten, Annie sah es bei einem unserer Ausritte.

Das Bild war zwar schemenhaft, aber doch zugleich überaus detailreich. Ich konnte einzelne Bäume, Felder und sogar eine schmalere Version der Straße erkennen, auf der wir fuhren. Nach ein paar Augenblicken wurde mir klar, dass ich nicht eine völlig andere Welt sah, sondern eine andere Version der Landschaft, durch die wir fuhren. Sie war etwas rauer, mit gelegentlichen Schluchten und allgemein breiteren Bächen. Die andere Straße war nicht nur schmaler, sie war auch nicht mit Böschungen versehen, die das Gelände durchschnitten. Das hatte zur Folge, dass sie manchmal einen Hügel hinunterführte, während wir in unserer Welt geradeaus auf der breiten, ausgebauten Version weiterfuhren. Das löste bei mir die unheimliche Empfindung aus, das Auto würde die Flucht ergreifen.

Die Vision dauerte nicht nur ein paar Minuten, sondern hielt während meines gesamten Aufenthalts im Reservat an – während ich ging, saß, stand oder im Auto mitfuhr. Während dieser drei Tage lebte ich in zwei Landschaften gleichzeitig. Wenn ich die Augen schloss, vergingen etwa dreißig Sekunden, bis die andere Welt erschien, aber sie tat es zuverlässig. Wenn ich irgendwo stand, konnte ich nach unten schauen und Gras und Kies sehen, die in unserer Welt nicht vorhanden waren. Ich konnte mich bücken und genau hinschauen. Das ging so weit, dass ich die Blütenblätter der Blumen zählen und die Details von Gräsern und die Verfärbungen auf Steinen beobachten konnte. Ich konnte aber nichts von der anderen Welt berühren und riechen. In diesem Sinne war es dem außerkörperlichen Reisen sehr ähnlich, bei dem man sich von diesen Sinnen loslöst. Ich befand mich nicht körperlich in jener Welt, und das führt mich zu der Frage, ob die Besucher nicht auch unsere Welt auf diese Weise erleben. Ich habe versucht, die Wahrnehmungsübung als Werkzeug zu benutzen, um mich physisch in die andere Welt zu begeben, aber es hat nicht funktioniert. Trotzdem habe ich das starke Gefühl, dass so etwas nicht durch das möglich wird, was wir für Technologie halten. Ich denke, es hat etwas mit Aufmerksamkeit, Konzentration und dem Gehirn zu tun und erfordert möglicherweise auch die Mitarbeit einer äußeren Energie, die über eine eigene Bewusstheit verfügt. Ich vermute, dass mein lebenslanges Praktizieren der Wahrnehmungsübung und die daraus resultierenden Veränderungen in meinem Gehirn bewirkt haben, dass ich über eine größere Fähigkeit verfüge, dieses andere Universum zu sehen und in einem (jedenfalls noch) recht begrenzten Ausmaß mit ihm zu interagieren.

Die Veränderungen, die ich meine, betreffen ein Gehirnareal, das als dorsales Striatum bezeichnet wird. Es enthält zwei Regionen, den *Nucleus caudatus* und das Putamen. Sie sind durch einen Bereich aus weißer Substanz miteinander verbunden, der als *Capsula interna* (»innere Kapsel«) bezeichnet wird. Es ist eine wissenschaftliche Studie in Arbeit, die nahelegt, dass die intuitive Sensibilität eines Menschen von der Dichte der weißen Substanz in diesem Bereich seines Gehirns abhängt.

Ich nehme an, dass Meditation diese Dichte möglicherweise irgendwie erhöht. Die Autoren der noch unveröffentlichten Studie sehen darauf bisher keinen Hinweis, aber eine andere Studie, die im Januar 2011 in *Psychiatry Research* unter dem Titel »Mindfulness practice leads to increases in regional gray matter density« (»Achtsamkeitsübungen bewirken eine regionale Zunahme der Dichte der grauen Gehirnsubstanz«) veröffentlicht wurde, stellt fest: »Analysen in vorher festgelegten Gehirnregionen bestätigen eine Zunahme der Dichte der grauen Substanz im Hippocampus. Ganzhirnanalysen identifizierten Zunahmen im hinteren cingulären Cortex, dem temporo-parietalen Übergang und dem Cerebellum in der Studiengruppe im Vergleich zu den Kontrollgruppen.« Wenn auch das dorsale Striatum sich durch Meditation verändert, könnte das erklären, warum Menschen durch jahrelanges Meditieren deutlich intuitiver werden, wie es auch bei mir der Fall ist. Bei meinem eigenen Gehirn wurde eine sehr dichte innere Kapsel zwischen dem *Nucleus caudatus* und dem Putamen festgestellt, aber es existiert bei mir kein MRT aus früherer Zeit, mit dem man es vergleichen könnte. Ich habe das Gefühl, dass fünfzig Jahre Meditation Veränderungen bewirkt haben, zu denen eine Öffnung meines Geistes für neue Bereiche des Sehens und neue Formen des Sehens gehört.

Allerdings würde ich auch die Kraft des Herzens nicht ignorieren. Während wir heute Denken und Fühlen ausschließlich dem Gehirn zuschreiben, meine ich, dass die ältere Sichtweise des Körpers, mit dem Herzen als emotionalem Zentrum, nicht abgetan werden sollte. Ich sage das, weil die ganze Erfahrung so emotional kraftvoll war. Wie bei vielen Emotionen habe ich sie in meinem Herzen gefühlt, und ich trage sie jetzt sowohl im Kopf als auch im Herzen.

Es ist Energie im Spiel, die meiner Meinung nach bewusst ist und in der Lage, genau zu entscheiden, was sie tun will und was nicht. Um einen guten Kontakt zu den Besuchern aufzubauen, kommt es meiner Meinung nach darauf an, dass wir uns für die Wünsche dieser Energie öffnen. Wir sollten zu verstehen versuchen, auf welche Weise wir dazu beitragen können, dass sie ihre großen Ziele für die Entfaltung der Raum-Zeit verwirklicht.

Die Wissenschaftler, die erforschten, wie regelmäßige Achtsamkeitsübungen sich auf das Gehirn auswirken, fanden heraus, dass die Veränderungen, die sie nachweisen konnten, ziemlich schnell eintraten, nämlich nach nur acht Wochen Meditation. Der Aufbau eines für Begegnungen mit den Besuchern empfänglichen Gehirns ist also vermutlich gar nicht so ein langwieriger Prozess. Etwas mehr Zeit könnte das Warten darauf beanspruchen, dass das eigene kleine Leuchten von ihnen bemerkt wird. Meine Erfahrung damit ist, dass Entschlossenheit zählt. Wir müssen es schon sehr wollen und selbst hart an uns arbeiten, damit jemand auftaucht, der dann bereit ist, mit uns zu arbeiten. Um dunklere, ausbeuterische Aspekte zum Vorschein zu bringen, wie es bei Matt der Fall war, braucht man, so scheint mir, statt Arbeit an sich selbst nur Neugierde. Mangelnde Vorbereitung ist jedenfalls eindeutig keine gute Idee.

Eine gute Vorbereitung sollte beinhalten, Schriften darüber zu lesen, wie es ist, mit den Besuchern zu leben. Autoren wie John Mack und Kathleen Marden bieten sorgfältig recherchierte

Texte an, und Anne Striebers Buch *The Communion Letters* (»Die Communion-Briefe«) ist eine Fundgrube für persönliche Berichte. Ich selbst würde gechanneltes Material meiden, da man nie wissen kann, woher es tatsächlich stammt, aus einer äußeren Quelle oder aus der Imagination des Autors.

Darüber hinaus werde ich später in diesem Buch darauf eingehen, wie wichtig es ist, mit einer starken, gesunden Seele in diese Begegnungen hineinzugehen. Die bewusste Energie, wie ich sie erlebt habe, spiegelt sehr stark wider, was gerade in uns selbst vorgeht. Wenn Sie Angst empfinden, wird auch diese Energie ängstlich reagieren. Wenn Sie Schuldgefühle verbergen, wird dieses Bewusstsein direkt in Sie hinein auf diese Gefühle schauen. Da ich unmittelbare Begegnungen mit den Greys hatte, als ich noch eine unbeachtete Seele war, kann ich Ihnen versichern, dass es ein unglaublicher Schock ist. Ihre glitzernden Glotzaugen brannten sich in mich hinein. Es war, als stünde ich Monstern aus einem Horrorfilm gegenüber, und ich hatte das Gefühl, dass ein tiefer Teil meines Selbst verschlungen werden sollte. Der altgriechische Sinnspruch »Erkenne dich selbst« ist von entscheidender und grundlegender Bedeutung für den Aufbau einer Beziehung zu den Besuchern und allem, was uns dabei begegnet. Später werde ich näher darauf eingehen, wie man ihn nutzen kann, um die Art von starker Seele aufzubauen, die keinen Grund hat, diese durchdringenden Augen beängstigend zu finden.

Ich bleibe hier absichtlich etwas vage im Hinblick darauf, wen ich genau meine. Sind es die seltsam geformten Besucher, von denen ich spreche, unsere eigenen Toten oder eine Art körperloses Bewusstseinsfeld?

Ich glaube nicht, dass es sinnvoll ist, solche Unterscheidungen zu treffen. Welcher Aspekt es auch sein mag, mit dem Sie in Berührung kommen, Sie sind dadurch immer mit allen anderen Aspekten verbunden. Stellen Sie sich das Ganze am besten als ein riesiges Feld vor, auf dem eine Vielfalt von Blumen wächst, in unterschiedlichen

Farben und Formen. Und ganz gleich, in welche Richtung Sie gehen, Sie bleiben immer auf dem Feld.

Ich hatte ein bestimmtes Erlebnis, aufgrund dessen ich vermute, dass wir es nicht nur mit spezifischen Entitäten zu tun haben, sondern mit einem bewussten Feld. Auf der Konferenz »Contact in the Desert« am 2. Juni 2019 war ich gerade auf dem Weg zu einem Vortrag von Dr. Jacques Vallee, als ich eine merkwürdige Veränderung in der Atmosphäre bemerkte. Es war, als hätte sich ein jäher Luftdruckabfall ereignet. In meinen Ohren gluckste es. Die Geräusche in meiner Umgebung wurden leiser. Ich sagte etwas zu der Person neben mir, die sich ziemlich seltsam benahm. Der Mann schien so zu tun, als wäre ich gar nicht da. Ich fragte mich, ob er etwas gegen mich hatte. Ich setzte meinen Weg zu dem Vortrag fort, und als ich dort ankam, war das sonderbare Gefühl bereits verblasst.

Einige Wochen später schrieb mir eine Konferenzteilnehmerin: »Ich war auf dem Weg zum Vortrag von Jacques Vallee, als ich Whitley auf einem Querweg in meine Richtung kommen sah. Er schien tief in Gedanken versunken zu sein. Kurz bevor wir uns über den Weg liefen, schaute ich nach unten, um zu überprüfen, ob ich mein Handy in der Tasche hatte. Ein heller Blitz aus Whitleys Richtung fiel mir im Augenwinkel auf. Seltsamerweise dachte ich: ›Ah, jetzt leuchtet Whitley gerade in eine andere Dimension hinein.‹ Im nächsten Moment blickte ich auf – und weit und breit war kein Whitley mehr zu sehen. Er war da, und dann war er nicht mehr da. Es ist schwer zu beschreiben, wie verwirrend und seltsam sich das anfühlte. Die Atmosphäre erschien mir plötzlich energetisch angehoben, und die Umgebungsgeräusche verschwanden. Gleichzeitig überkam mich ein Gefühl unermesslichen Wohlwollens, so als würde mir jemand freundlich und in bester Laune versichern, dass alles in Ordnung ist. Es fühlte sich wie ein Geschenk an, das für mich bestimmt war. Es fühlte sich wie Magie an.« Sie suchte einige Zeit erfolglos nach mir und ging dann weiter zum

Vortrag. Sie und eine Freundin setzten sich gerade auf ihre Plätze, »als die nächste Person hereinkam. Es war Whitley Strieber!« Ich für meinen Teil spürte nur die Veränderung des atmosphärischen Drucks, die auch sie betraf. Ich hatte nicht das Gefühl, mich durch ein anderes Universum zu bewegen, aber vielleicht lassen wir, wenn das geschieht, alle Erinnerungen, die wir dort gesammelt haben, zurück. Das wäre eine Erklärung für die so häufig anzutreffende Erfahrung, die als fehlende Zeit bekannt ist und von Menschen, die eine Nahbegegnung erleben, berichtet wird. Wir werden gar nicht an Bord von Raumschiffen genommen, sondern in ein Paralleluniversum versetzt, und unsere Erinnerungen an die dortigen Ereignisse kehren nur in fragmentierter oder unterdrückter Form oder überhaupt nicht mit uns zurück.

Es ist meiner Meinung nach wichtig, ihren Kommentar zu beachten: Es überkam sie »ein Gefühl unermesslichen Wohlwollens, so als würde mir jemand freundlich und in bester Laune versichern, dass alles in Ordnung ist«. Ich denke, dass dies ein Moment der direkten Kommunikation mit dem Bewusstseinsfeld selbst gewesen sein könnte und nicht mit bestimmten Wesenheiten, die Teil davon sind. Wenn ich damit in Kontakt bin, erlebe ich immer ein Gefühl der Freude, sogar der Heiterkeit. Diese Momente erinnern mich dann an Annes Liebe zum Mystiker Meister Eckhart aus dem vierzehnten Jahrhundert und seine Aussage, dass »Gott lacht und spielt«, und an ihre eigene zentrale Botschaft: »Habt Freude.« Sie machte sich das zu eigen, weil es eines der sehr, sehr wenigen Dinge war, die die Besucher jemals in normaler Sprache zu mir gesagt haben. Anne spürte, dass es das war, was jenseits unseres Misstrauens und unserer Angst lag, einfach außer Reichweite.

Ich denke, dass sich im Pine-Ridge-Reservat mein Sehvermögen so weit öffnete, dass ich diese andere Welt wahrnehmen konnte. Das geschah nicht durch das Eingreifen einzelner Entitäten, sondern durch die Einwirkung bewusster Energie. Dazu kann ich sagen: Noch nie in meinem Leben hatte ich so viel Spaß wie in der Zeit, in der mein Geist für diese Vision offen war. Es war so faszinierend, so verlockend, so extrem interessant. Es hat meine Neugierde absolut beflügelt und den Wunsch in mir geweckt, mich irgendwie auf diesen Feldern zu bewegen. Vielleicht wäre ich den Bewohnern unwillkommen oder würde sogar von etwas verschlungen werden, aber vielleicht würde ich auch, indem ich die Mauer zwischen unseren Welten durchquere, eine Tür öffnen, durch die andere dorthin gehen können. Ich habe die Energie um eine Chance gebeten, es auszuprobieren.

Da ich in meinem Leben schon viele Male darum gebeten habe, dass unmögliche Dinge geschehen, und dann gesehen habe, wie sie sich erfüllten (immer zu meinem großen Erstaunen), glaube ich nicht, dass diese völlig unvernünftige und absurde Bitte unerfüllbar ist. Wir werden sehen.

Die andere Welt war genauso vielfältig wie diese, mit Bächen, Bäumen, Feldern, Schluchten, Gräsern und Blumen und einem Himmelskomplex mit fließenden Wolken. Insgesamt habe ich aber nicht viele Gebäude gesehen und überhaupt keine Menschen. Von Zeit zu Zeit sah ich ein Haus oder eine Hütte. Manchmal blitzte ein weißes Quadrat in der Ferne auf und verschwand dann schnell wieder. War das eine Person, vielleicht verzerrt durch Eigenarten des Bewusstseins, die wir noch nicht verstehen?

Als ich im Auto mit geschlossenen Augen nach oben schaute, sah ich den Himmel und vorbeiziehende Wolken. Als ich sie öffnete, war da das Autodach. Das Wetter in der anderen Realität war ähnlich, aber nicht dasselbe. Es schien unbeständiger zu sein. Es gab Gewitterwolken, die in unserer Welt nicht vorhanden waren. In beiden Realitäten schien gerade ein abnehmender Dreiviertelmond, doch in der anderen schien er mir etwas weniger dreiviertelig zu sein, als ob dort der Vollmond ungefähr am 13. gewesen wäre, nicht am 16. wie bei uns. An dem Wochenende, das ich im Reservat verbrachte, ging er erst spät in der Nacht auf, aber als ich die

Augen schloss, war er in der anderen Realität schon um etwa 21:30 Uhr aufgegangen. Noch seltsamer war, dass, wenn ich die Augen öffnete, für ein paar Augenblicke eine Art dunstiges Glühen zu sehen war, ungefähr an der Stelle, wo der Mond sich in der anderen Welt befunden hatte. Diese verblasste dann allmählich im normalen Nachthimmel. Ich fragte mich also, wie nahe ich der Möglichkeit war, ganz in die andere Realität hinüberzugleiten.

An meinem zweiten Tag im Reservat hatte ich das Privileg und die Ehre, einem privaten Familienritual beiwohnen zu dürfen, das ungefähr eine Stunde dauerte. Das war für mich eine der heiligsten Erfahrung, die ich je erlebt habe. Es beinhaltete Singen, Trommeln und Tanzen und war zutiefst bewegend für mich.

Die Tänzer fasten und tanzen tagelang. In der Stunde, in der ich dabei sein durfte, tanzte ich mit und machte die Zeremonie mit, so gut ich konnte. Der Gesang berührte mein Herz und meine Seele, die Trommeln erschütterten mein Blut. Als ich die Augen schloss, wurde der Bereich, in dem das Ritual stattfand, zu einer leeren Wiese. Ich konnte immer noch das Trommeln hören, aber es schien jetzt von rechts zu kommen, nicht von links. Als ich nach rechts schaute, wo sich die neue Quelle des Trommelns zu befinden schien, konnte ich den Rand eines niedrigen Hügels sehen. Das Geräusch schien unterhalb davon zu sein. Als ich meine Augen öffnete, war der Hügel nicht mehr da, die Wiese war wieder mit Tänzern gefüllt und das einzige Trommeln kam von links.

An einem Punkt bemerkte ich, wie die Leute aufschauten und auf etwas zeigten. Aber was bedeutete das? Wie konnten sie einem Ereignis wie diesem keine Aufmerksamkeit schenken? Trotzdem war ich neugierig. Ich schaute ebenfalls hinauf, und dort oben am klaren blauen Himmel sah ich ein kleines Objekt. Es hatte eine hellbraune Farbe und schien ziemlich hoch zu schweben. War es vielleicht ein Ballon? Ich beobachtete es ein paar Minuten lang, aber es rührte sich nicht – es hing einfach nur in der Luft, bewegungslos und still.

Ich behielt meine Gefühle für mich, dachte aber, dass es die Besucher waren. Ich kann nicht sagen, dass ich ihre Anwesenheit spürte, was früher manchmal passiert ist, wenn ich ihre Fluggeräte gesehen habe, aber meine erste intuitive Ahnung war, dass sie gekommen waren, um das Ritual zu ehren. Offenbar erwarteten sie, völlig zurecht, dass ich darüber schreiben würde.

Ich fragte die Leute, ob sie eine Idee hätten, was das für ein Objekt sei. Einige meinten, es könnte eine FBI-Drohne sein, aber andere sagten, sie würden Strahlen und kleine Lichtkugeln sehen, die das Objekt aussandte. Wie auch immer, das FBI behält die Indianer genau im Auge. Die Besetzung von Wounded Knee im Jahr 1973 wurde als Aufstand gegen die Vereinigten Staaten angesehen. Also ist es möglich, dass das FBI den Tanz beobachtete und dabei eine Drohne einsetzte. Was mich betrifft, beobachtete ich das Objekt ab und zu für insgesamt etwa fünfzehn Minuten, sah jedoch keine ungewöhnlichen Phänomene, die mit ihm verbunden waren, außer der Tatsache, dass es geradezu unheimlich unbeweglich war. Das Auge erwartet, dass sich Dinge am Himmel bewegen, wenigstens ein bisschen. Dieses Objekt hing dort vollkommen reglos. Ich fühlte mich an die UFO-Aufnahmen erinnert, die von Kampfflugzeugen des Flugzeugträgers *Nimitz* im Jahr 2004 gemacht und 2017 veröffentlicht wurden. Die Objekte auf diesen Videos sind nicht aerodynamisch, sondern werden auf eine andere Weise in der Luft gehalten. Dieses Objekt sah genauso aus. Andere sahen ähnliche Objekte zu verschiedenen anderen Zeiten während der Konferenz, weshalb ich vermutete, dass es sich um die Besucher handelte. Im September 2019 gab die U.S. Navy zu, dass die Flugobjekte, die von den *Nimitz*-Jägern gefilmt wurden, tatsächlich völlig unbekannten Ursprungs sind.

Das Objekt über dem Reservat blieb für einen Ballon viel zu lange regungslos. In Sioux Falls ließ man an diesem Tag Ballons als Teil eines Experimentes aufsteigen, aber die Stadt liegt östlich von Pine Ridge, und es herrschte Westwind.

Als ich ging, war es immer noch da, immer noch unbeweglich. Personen, die nach mir weggingen, bestätigten, dass es sich zu diesem Zeitpunkt immer noch am Himmel befand. Schließlich schwebte es langsam davon und wurde später an diesem Tag noch über anderen Teilen des Reservats gesichtet.

So lange ohne Aufladen zu schweben, ist für eine Drohne eine ziemlich lange Zeit. Und Drohnen hängen nicht völlig unbewegt in der Luft. Sie sind auch nicht völlig lautlos. Ich habe recherchiert und keine kommerziell erhältliche Drohne gefunden, die länger als zwei Stunden in der Luft bleiben kann. Das war im Sommer 2019 die Grenze für die Drohne mit der längsten Flugdauer, die HYBRiX.20.

Dennoch kann ich, obwohl ich glaube, dass es sich um ein UFO handelte, nicht völlig ausschließen, dass das FBI sehr leise Drohnen hat, die stundenlang ohne Aufladen schweben können. Ich glaube es nicht, aber ausschließen kann ich es nicht.

Das war alles ziemlich seltsam, sogar für mich. Seltsam und wunderbar. Was als Nächstes geschah, war allerdings noch seltsamer. Angeführt von einem Mitglied des American Indian Movement, das auch einer der letzten direkten Nachfahren von jemandem war, der das Massaker von 1898 überlebt hatte, ging eine Gruppe von uns zur im Reservat gelegenen Gedenkstätte Wounded Knee. Als ich auf einige der Gräber hinunterblickte, stand ein anderer Konferenzteilnehmer neben mir und schaute ebenfalls auf sie hinab. Ich war mir vage bewusst, dass er sich entfernt hatte und dann zurückkam. Ich dachte mir nichts dabei, bis er später auf mich zukam und mir erzählte, dass er, als er neben mir stand, in den Gräbern die zerbrochenen Skelette sehen konnte, die dort unter der Erde lagen.

Als er mir das berichtete, sah ich die Verwirrung in seinem Gesicht. Dass er angesichts dieses Erlebnisses bestürzt war, ist kein Wunder, denn ich habe noch nie etwas Derartiges gehört, nicht in der ganzen Literatur voller seltsamer Begebenheiten, die ich in meinem Leben gelesen habe. Es gibt ein paar Fälle, in denen Menschen angeblich durch Gegenstände hindurchsehen konnten. In der griechischen Sagenwelt heißt es über den Argonauten Lynkeus, dass er durch Wände und in den Erdboden schauen konnte. Aber nirgendwo gibt es eine Geschichte von jemandem, der diese Kraft irgendwie auf eine andere Person übertragen konnte, ohne sie selbst zu besitzen. Die Besucher können durch Wände gehen. Während außerkörperlicher Erfahrungen können wir das auch. Aber Röntgenblick, besonders wenn diese Fähigkeit auf eine andere Person übertragen wird – nein, ich glaube, dass es sich hier um den einzigen Fall handelt, über den je berichtet wurde. Ich denke, dass alle drei Erlebnisse – dass ich in eine andere Welt schaute, offenbar einen Sprung in eine andere Dimension unternahm und außerdem einem Menschen, der neben mir stand, diese Kraft verlieh – mit der Präsenz derselben Energie zu tun haben. Ich muss allerdings sagen, selbst während ich diese Zeilen schreibe, kann ich die zerbrochenen Skelette vor meinem geistigen Auge sehen und die Grausamkeit und Schande des Massakers spüren.

Als wir an einem Abend in die nahegelegenen Badlands fuhren, stellte ich fest, dass ich auch dort noch die andere Welt sehen konnte. Mir fiel sofort auf, dass die Hügel in ihr sanfter gerundet waren. Es hat dort also weit weniger Erosion stattgefunden als an gleicher Stelle in unserer Welt. Als ich auf den Boden schaute, konnte ich dort auch mehr Gräser sehen als hier. Die geologische Geschichte der anderen Welt könnte also weniger heftig sein, aber gleichzeitig scheint sie auch weniger besiedelt zu sein. Ich sage das, weil die Straßen im Reservat in dieser Welt besser ausgebaut sind als in der anderen Welt. Ich hoffte immer wieder, dass ich dort einmal ein Fahrzeug sehen würde, aber das geschah nicht. Falls doch, wäre ich nicht überrascht gewesen, wenn es sich um ein Pferdefuhrwerk gehandelt hätte. Das liegt daran, dass die Straßen in der anderen Welt manchmal unbefestigt waren und die schmalen, tiefen Spuren auf Kutschenräder schließen ließen. Die geteerten Flächen waren dunkel wie Schotter.

Als ich am Montag aus dem Reservat abreiste, ließ ich auch die andere Welt hinter mir. Auf der Fahrt nach Rapid City konnte ich sie nicht mehr sehen, als die Stadt noch etwa dreißig Kilometer entfernt war. Während des Rückflugs nach Los Angeles blickte ich aus dem Fenster auf die sanfte Landschaft unter mir und dachte lange über mein seltsames Leben und die Seltsamkeit des Lebens im Allgemeinen nach, wie es in den Städten und Dörfern geführt wurde, die wir überflogen. Ich hatte das größte Geheimnis meines Lebens hinter mir gelassen. Ich wäre allerdings ein ziemlicher Dummkopf, wenn ich nicht ein »Sag niemals nie«-Leben führen würde, und so wie ich es sehe, wird irgendwann die andere Welt für mich wieder in Sichtweite kommen. Ich bedauerte, dass ich sie nicht betreten konnte. Aber ich wusste, dass ich, um das tun zu können, zunächst mehr über sie herausfinden musste.

In der Literatur gibt es viele Beispiele für Menschen, die anderen Realitäten begegnen. Matt und seine Mutter sahen am Ende der Landebahn eine Landschaft aus dem Pleistozän. In seinem Buch *Jagd auf den Skinwalker* beschreibt Colm Kelleher ein Ereignis, das sich auf einer mysteriösen Ranch abspielte, die wegen all der dort stattfindenden paranormalen Aktivitäten gekauft worden war, um die Phänomene zu untersuchen. Dieser von der Regierung getätigte Kauf wurde durch Robert Bigelows Stiftung verwaltet.

An dem Nachmittag, an dem die Wissenschaftler, die die Ranch übernehmen sollten, eintrafen, ereignete sich etwas Bemerkenswertes. Kurz bevor sie ankamen, tauchte ein riesiger Wolf aus einem Sumpf auf und griff einige Ziegen in einem Gatter an. Die Rancher verjagten ihn durch Schüsse, allerdings hatten sie den Eindruck, dass die Kugeln nicht in seinen Körper eindrangen und kein Blut vergossen wurde. Er sprang aus dem Gatter und floh zurück in den Sumpf.

Als die Wissenschaftler ankamen, fanden sie seine Spur, die in die Mitte des Sumpfes führte und dort einfach endete. Anhand der Pfotenabdrücke waren sie in der Lage, das Gewicht des geisterhaften Tiers zu schätzen: Es betrug etwa 136 Kilo. Als ich das las, war mir sofort klar, dass es sich offenbar um einen Wolf der ausgestorbenen Art *Canis dirus* handeln musste, auch hier also ein Tier aus dem Pleistozän.

Befindet die andere Welt sich also in der Vergangenheit? Ich habe keine Möglichkeit, das zu wissen, aber nach allem, was ich gesehen und über sie gelernt habe, vermute ich, dass sie nicht so bevölkert oder entwickelt ist wie unsere Welt, was bedeutet, dass diese Lebewesen in ihr vielleicht nicht ausgestorben sind.

An dem Abend, als ich von der Reise nach Hause kam, praktizierte ich wie immer um 23 Uhr die Wahrnehmungsübung und ließ meinen Geist frei umherschweifen. Ich bat darum, den Ort zu verstehen, den ich gesehen hatte. Ich fragte, ob er einen Namen hat. Mehr Fragen stelle ich nie. Meine Erfahrung ist, dass ich nicht betteln, beten, Rituale durchführen oder dergleichen tun muss. Wichtig ist, dass man auf eine Reaktion vorbereitet ist, die sehr schnell und oft auf eine ziemlich asymmetrische Art und Weise erfolgen kann.

Ein paar Tage lang geschah nichts, dann, am 3. August, hatte ich drei Träume. Sie waren das, was man als luzide Träume bezeichnet. Ich hatte in meinem Leben schon ein paar solche Träume gehabt, aber ich kann mich an keinen erinnern, der so lebendig war wie diese drei.

Im ersten Traum stand ich mit geschlossenen Augen vor dem All Nations Center in Pine Ridge und schaute auf einen wunderschön geschwungenen Holzzaun, der eines der auffälligsten Merkmale war, das ich während meiner Zeit der Beobachtung der anderen Welt gesehen hatte. Drei Indianer gingen auf diesen Zaun zu. Ich konnte an ihrer Kleidung erkennen, dass sie wahrscheinlich von dem Ritual kamen, von dem ich gehört hatte, dass es in der anderen Welt stattfand. Sie sahen menschlich aus, hatten aber anders geformte Gesichter als wir, und ihre Augen waren irgendwie anders. Lag das daran, dass sie strukturell Spiegelbilder waren? Ich weiß nicht, wie ich das einschätzen soll. Alles, was ich tun kann, ist zu berichten, was ich gesehen habe.

Sie sagten mir, dass mir diese besondere Schau während meines Besuchs geschenkt wurde, weil dieses Buch dem Pine-Ridge-Reservat helfen wird. Das war alles schön und gut, aber ich wollte gerne wissen, wer mir dieses Geschenk gemacht hatte und was getan werden musste, um es zu überbringen. Und vor allem interessierte mich, was wir selbst unternehmen können, um einen bewussten Kontakt mit dieser anderen Welt herbeizuführen.

Daraufhin hatte ich unmittelbar danach zwei weitere Träume in schneller Folge. Sie betrafen zwei der wenigen noch lebenden Menschen, die indirekt Zeuge des Roswell-Ereignisses gewesen waren und denen Einzelheiten bezüglich der dort geborgenen Leichen bekannt sind.

Einer von ihnen nannte mich »Strieber-Grieche« und warnte mich, ich solle auf der Hut sein.

Als ich aufwachte, fragte ich mich, was in aller Welt das bedeuten könnte. Ich habe nichts mit Griechenland zu tun. Griechen spielen in meinen Büchern keine Rolle. Ich bin kein Grieche, spreche kein Griechisch und kenne nur ein oder zwei Griechen, und die auch nicht besonders gut. Also habe ich den Begriff gegoogelt – und erlebte eine ziemliche Überraschung. In dem 1988 erschienenen Science-fiction-Roman *Uncle Ovid's Exercise Book* (»Onkel Ovids Übungsheft«) von Don Webb wird ein »Professor Strieber« erwähnt. Die Passage, in der mein Name auftaucht, enthält den Satz: »Die Griechen legten die Münzen in die Münder ihrer Toten, um Charon dafür zu bezahlen, dass er sie über den Styx zu den grauen Feldern von Asphodel im Inneren der Erde bringt.« Der Asphodeliengrund in Homers Odyssee ist der Aufenthaltsort der Toten, in ständigem Dämmerlicht und fahlen

Farben. Deshalb heißt die kleine graue Wiesenblume, die in manchen Gegenden Europas wächst, auch Asphodelie. Zuerst dachte ich: »Oje, vielleicht ist das eine Warnung, dass das Land der Toten, das auf mich wartet, grau und trostlos ist.« Wenn das der Fall war, konnte ich froh sein, dass es nicht funktioniert hatte, mit Hilfe der Wahrnehmungsübung in diese Welt zu gelangen!

Doch bei Homer werden die Asphodelienwiesen nicht nur negativ dargestellt und als Reich der unerwünschten Toten verdammt. Eine weniger bekannte Passage in der *Ilias* beschreibt diesen Wiesengrund als lieblichen Ort mit duftenden, schönen Blumen.

Und tatsächlich: In meinem dritten Traum in dieser Nacht erblickte ich das prächtigste Feld mit blauen Blumen, das ich je gesehen habe. In der Tat war es der bezauberndste Blauton, den ich mir vorstellen kann – und da es mein Traum war, meine ich das wörtlich!

Ich entschied mich für den Asphodeliengrund der *Ilias*. Ich kann mir nicht vorstellen, dass diese drei wunderbaren Indianer, die ich sah, irgendwo anders sein könnten als in einer Art Himmel. Was die beiden Roswell-Zeugen betrifft, so sind sie liebenswerte, meiner Einschätzung nach heilige Menschen. (Obwohl sie über diese Bezeichnung lachen würden!)

Ich habe nicht den Eindruck, dass die andere Welt imaginär ist. Keines Menschen Fantasie kann tagelang so funktionieren, einen so endlosen Vorrat an reichen Details produzieren. Ganz zu schweigen von der Tatsache, dass, wenn ich etwas am Straßenrand näher betrachtete – eine Blume, einen Steinhaufen –, es am nächsten Tag immer noch da war, genau wie ich es in Erinnerung hatte. Nein, ich glaube, dass ich wirklich in eine andere Realität geschaut habe, und ich nehme an, andere haben das auch getan. Und vermutlich war ihre Erinnerung an die geschauten Bilder schemenhaft dämmrig, weswegen sie zu dem Schluss kamen, es müsse sich um einen Ort im Inneren der Erde gehandelt haben. Aber so wie wir zwischenzeitlich die Götter, Sylphen, Geister, Feen und unsere anderen Interpretationen dessen, was die damaligen Seher schauten und berichteten, hinter uns gelassen haben, ist es nun vielleicht an der Zeit, andere Volksmärchen und Legenden zu überdenken und in Betracht zu ziehen, dass einige von ihnen zumindest Versuche sein könnten, Phänomene zu erklären, die wirklich beobachtet wurden, aber bisher nicht verstanden werden konnten. Ich sah eine andere Version der Welt. Sie glich auf seltsame Weise dieser Welt, aber nicht völlig. Die Beobachtung dauerte lange an, mehrere Tage. Es gibt in der Literatur über Halluzinationen nichts, was dies erklären könnte. Also muss ich es als die Beobachtung eines unbekannten Phänomens einstufen, bei dem es sich offenbar nicht um ein Produkt meiner eigenen Fantasie, sondern um eine andere Realität handelt, die unserer Realität ähnlich ist und anscheinend den gleichen Raum einnimmt.

Ich hege seit Jahren den Verdacht, dass genau so ein Ort bei den UFO-Sichtungen und den Nahbegegnungen mit ihren Insassen eine Rolle spielt, es sich also nicht um einen physisch weit entfernten Stern oder eine Galaxis in unserem Universum handelt, sondern um ein anderes reales, physisches Universum, das Teil derselben Schöpfung ist wie unseres und daher mit ihm verbunden sein könnte. Es erscheint mir gut möglich, dass dieses andere Universum, wenn es denn existiert, und unser eigenes als Einheit gedacht werden sollten, als zwei Hälften eines Ganzen, die zusammen funktionieren, aber auf eine Art und Weise, die wir noch nicht entdeckt haben – oder, besser gesagt, gerade erst zu entdecken beginnen.

Aber ein Partneruniversum? Wirklich? Es würde sich ja nicht um einen Teil des sogenannten Multiversums handeln, das man sich als eine Unendlichkeit von Universen außerhalb unseres eigenen vorstellt, die keineswegs denselben Raum einnehmen.

Jedenfalls gibt es ein paar Hinweise darauf, dass Universen, bei denen dies der Fall ist, vielleicht existieren. Im Dezember 2015 veröffentlichte der Kosmologe Ranga-Ram Chary eine Arbeit über Anomalien in der kosmischen Hintergrundstrahlung, in der er schreibt: »Eine plausible Erklärung ist die Kollision unseres Universums mit einem alternativen Universum.« Er sagt allerdings auch, dass »tiefergehende Beobachtungen notwendig sind, um diese ungewöhnliche Hypothese zu bestätigen«. Könnte es ein anderes Universum geben, das unmittelbar gegenwärtig ist, genau hier, am uns vertrauten Ort, das sich also mit unserem denselben Raum teilt?

Es gibt einige sehr interessante Hinweise darauf, dass ein solches Universum möglicherweise real ist, und nicht nur das, es wurde auch schon eine Methode entwickelt, um ein solches Phänomen wissenschaftlich nachzuweisen.

Wenn ein anderes Universum mit dem unseren verflochten und es möglich ist, sich zwischen beiden hin und her zu bewegen, würde das nicht nur Erklärungen für das Verhalten einiger unserer Besucher und der von ihnen benutzten Fahrzeuge liefern, sondern auch für einige gravierende Anomalien der Physik.

Die Physik nennt ein solches Universum ein Spiegeluniversum. Und auch die Vorstellung, dass alles darin das Gegenteil von dem wäre, was hier vorhanden ist, könnte zutreffen, zumindest bis zu einem gewissen Grad. Die Landschaft sah für mich nicht wie das genaue Gegenteil von der bei uns aus, aber ich kann mir da nicht ganz sicher sein. Sie war sehr ähnlich, doch ich bin nicht davon überzeugt, dass ich in der Lage wäre, es als Spiegelbild wahrzunehmen, selbst wenn es eines ist.

Da ich über keinerlei derartige Erfahrung verfüge, habe ich auch keine Vorstellung davon, wie es aussehen würde.

Die Physik sagt uns, dass, als die beiden Universen erschaffen wurden, das Spiegeluniversum kühler gewesen sein muss als unseres, sonst wäre ein Teil seiner Materie über die Barriere zwischen den beiden Universen gesickert und die Gravitation in unserem Universum wäre stärker, als sie es tatsächlich ist. Die größere Kühle des Partneruniversums würde bedeuten, dass es eine geringere

Leuchtkraft hätte, genau wie Homers Asphodeliengrund und genau so, wie ich es in Pine Ridge beobachtet habe.

Ein bezaubernder Hinweis darauf, dass es manchmal möglich sein kann, vom einen in das andere Universum überzuwechseln, stammt aus einer obskuren Quelle des zwölften Jahrhunderts. Es ist die Geschichte der Grünen Kinder von Woolpit. Eines Tages, um das Jahr 1130, entdeckten die Bewohner von Woolpit in der Nähe ihres Dorfes zwei Kinder. Die beiden, Bruder und Schwester, standen neben einer Wolfsgrube. (Diese Gruben dienten als Fallen für die damals in Großbritannien sehr zahlreichen Wölfe.) Die Kinder hatten grüne Haut, trugen seltsame Kleidung und sprachen eine unbekannte Sprache. Sie passten sich allmählich an, verloren ihre grüne Hautfarbe und lernten Englisch. Der Junge starb, aber das Mädchen überlebte und sagte, dass sie aus einem Land ohne Sonnenschein stammten, wo ständiges Zwielicht herrsche. Das Mädchen erhielt den Namen Agnes und heiratete einen königlichen Beamten namens Richard Barre.

Ich bin mir dieser Geschichte seit Jahren vage bewusst, aber jetzt kam mir das darin beschriebene ewige Zwielicht wieder in den Sinn. Stammten diese Kinder aus unserem Partneruniversum? Wenn ja, wie gelangten sie in unseres? In keinem der Berichte über die beiden wird erklärt, warum sie plötzlich wie aus dem Nichts dort im ländlichen England auftauchten.

Sie sagten auch, dass sie glaubten, ihre sonnenlose Welt befände sich unter der Erde. Aber sie wussten vermutlich nichts über die Ursache für die anderen Lichtverhältnisse dort.

Das mag einfach nur eine alte Geschichte sein, die nichts mit dem möglichen Spiegeluniversum zu tun hat, aber es gibt eine Reihe von ziemlich zwingenden Gründen, sogar über die schwächeren Lichtverhältnisse dort hinausgehend, die von mir und Homer beobachtet und von Agnes und ihrem Bruder berichtet wurden und die darauf hindeuten, dass ein solches Universum tatsächlich real sein könnte.

Erstens sollte der Urknall mehr von dem Isotop Lithium-7 in unserem Universum hinterlassen haben. Laut Alain Coc vom französischen Kernforschungszentrum würden Spiegelneutronen, die aus dem anderen in unser Universum kommen, Beryllium-7 destabilisieren, das Isotop, dessen Zerfall zu Lithium-7 führt. Das würde erklären, warum es in unserem Universum weniger Lithium-7 gibt, als es eigentlich der Fall sein müsste.

Außerdem messen wir häufig ultrastarke kosmische Strahlung, die von außerhalb unserer Galaxis kommt. Diese Strahlung ist deutlich energiereicher, als es angesichts der Entfernung, die sie zurückgelegt hat, eigentlich möglich wäre. Zurab Berezhiani von der Universität L'Aquila in Italien hat gezeigt, dass sie aufgrund der niedrigeren Temperatur des Spiegeluniversums weiter reisen kann, ohne so viel Energie zu verbrauchen, wie es der Fall wäre, wenn sie ihre gesamte Reise in unserem Universum zurücklegen würde. Wenn sie tatsächlich zwischen den Universen oszilliert, würde das ihre anomale Energie erklären. Darüber hinaus, und vielleicht am aufschlussreichsten, zeigen die am weitesten entwickelten Spiegelmodelle, dass es fünf Spiegelteilchen für jedes Teilchen in unserem Universum geben muss. Genau dieses Mengenverhältnis muss, Messungen zufolge, auch zwischen sichtbarer Materie und dunkler Materie bestehen. Es erscheint also möglich, dass es sich bei der dunklen Materie, die trotz jahrelanger Suche bisher nicht nachgewiesen werden konnte, von der wir aber wissen, dass sie existieren muss, tatsächlich um dieses Spiegeluniversum handeln könnte.

Kommen die Besucher von dort? Wenn ja, dann haben sie offenbar einen Weg gefunden oder entwickelt, um die Barriere zwischen den beiden Universen zu überqueren.

Ich fühle mich an Robert Louis Stevensons Gedicht »Bettdecken-Land« erinnert, wo er als Junge seine »Zinnsoldaten marschieren sah / Mit anderen Uniformen und in anderer Marschordnung / Hinaus über die Hügel des Bettzeugs …« Aber ich glaube nicht, dass diese andere Realität unbedingt so angenehm ist, wie er sich sein Bettdecken-Land vorstellte. Ich denke, dass unsere Besucher eher wie die Wesen in William Allinghams Gedicht »Die Feen« sind: »Auf grünen, wind'gen Höhen und wo der Wildbach braust / Da wollen wir nicht jagen / Weil's kleine Volk dort haust / Da tanzen sie den Reigen / Du hörst sie singen leis'/ Grünmantel, rote Mütze und Eulenfeder weiß!« Wir sehen sie nicht mehr auf den grünen Höhen und in den schattigen Bachtälern, weil sich dort Neubaugebiete ausgebreitet haben. Stattdessen kommen sie direkt in die Einfamilienhäuser und nehmen uns mit auf die gleichen Ausflüge, die sie mit uns immer schon unternommen haben. Und dann lassen sie uns desorientiert, verwirrt und oft mit einem stark gestörten Sinn für Zeit und Raum zurück. Wahrscheinlich sehen wir sie auch in der Nacht, wenn sie über uns hinweggleiten – in ihren großen, schwarzen, dreieckigen Flugobjekten, die an den Ecken häufig mit grünen, roten und weißen Lichtern markiert sind.

Vielleicht haben sie sich während unserer gesamten Geschichte zwischen den beiden Universen bewegt und im Spiegeluniversum zur gleichen Zeit wie hier begonnen, die Distanzen zwischen den Sternen zu überwinden. Und wenn, um die Sache noch komplexer zu machen, Lebewesen mit ihrer Morphologie auch in unserem Universum existieren und die Technik des interstellaren Reisens beherrschen, dann könnten wir es mit außerirdischen Wesen aus beiden Universen gleichzeitig zu tun haben, und zusätzlich noch mit Menschen aus dem Spiegeluniversum wie jenen Männern, denen ich in meinem Traum begegnet bin, oder den Leuten, die in der Nacht kamen und mir ein Implantat ins Ohr steckten, ohne eine Narbe zu hinterlassen, oder den beiden, die mich kürzlich in meinem Wohnzimmer besuchten.

Interessanterweise würde ein sogenannter Warp-Antrieb, der eine Tür zwischen miteinander verwobenen Paralleluniversen öffnet, den Einsatz eines hochenergetischen elektrischen Feldes erfordern. Genau so ein Feld war am Morgen nach dem Einsetzen meines Implantats in meiner Garage vorhanden und ist ein Merkmal der militärischen Implantat-Operationen, wie sie von Helmut und Marion Lammer in ihrem Buch *Verdeckte Operationen – militärische Verwicklungen in UFO-Entführungen* dokumentiert wurden.

Und dann ist da noch die Sache mit dem Metall, das vermutlich von einem abgestürzten UFO stammt und, so wurde festgestellt, aufgrund seiner Isotopenverhältnisse eindeutig nicht in diesem Universum entstanden sein kann. Eine Analyse des Materials wurde von Jacques Vallee und Garry Nolan im Juni 2017 in Paris vorgestellt. Ihre Daten zeigen, dass einige Proben von Material, das nach der mutmaßlichen Explosion eines UFOs über Ubatuba, Brasilien, am 13. September 1957 gesammelt wurde, Isotopenverhältnisse aufweist, die darauf schließen lassen, dass es nicht aus unserem Universum stammt und durch den Einsatz unvorstellbarer Energiemengen künstlich erzeugt worden sein muss. Die Ubatuba-Geschichte wurde als Hoax bezeichnet, aber das gilt auch für viele andere UFO-Fälle. Da nun nachgewiesen werden konnte, dass ein Teil des Materials tatsächlich außergewöhnlich ist, spricht viel dafür, dass es sich um einen realen Fall handelt. Aber wie Dr. Vallee und Dr. Nolan in ihrer Präsentation betonten und wie Vallee in einer späteren Präsentation in Kalifornien im Juni 2018 noch einmal bekräftigte, bedeuten ungewöhnliche Isotopenverhältnisse nicht, dass die Materialien von Außerirdischen hergestellt wurden. Sie bedeuten nur, was sie bedeuten: Ihr Ursprung ist bislang unklar.

Ich denke, dass Beobachtungen dieser Art zusammen mit physikalischen Erkenntnissen, welche ein Spiegeluniversum zwingend notwendig erscheinen lassen, sowie der nachweislichen Existenz von Materialien, die von dort stammen könnten, zusammengenommen sehr gute Gründe sind, die Existenz eines solchen mit unserem verwobenen Universums ernsthaft in Betracht zu ziehen –

und ebenso die Möglichkeit, dass einige unserer Besucher und bestimmte Menschen mit seltsam fortschrittlichen Fähigkeiten von dort stammen könnten.

Abschließend möchte ich noch einmal betonen, wie schön und geheimnisvoll meine Erfahrung im Pine-Ridge-Reservat war. Und wenn die Existenz des Spiegeluniversums jemals bestätigt wird, dann habe ich vermutlich zumindest einen möglichen Ursprungsort unserer Besucher identifiziert.

Diese neue Phase meines Lebens, die ich als eine Zeit des intensivierten Sehens beschreiben würde, begann lange bevor ich nach Pine Ridge reiste. Ich wusste es damals noch nicht, aber am 7. Dezember 2007 um 4:53 Uhr morgens hatte ich ein Erlebnis, dem ich die Erkenntnis verdanke, dass unser Dasein auf eine völlig neue Art und Weise gelebt werden kann und dass es eine neue Vision und eine Neue Welt gibt, die nun in Erscheinung tritt, nachdem sie lange Zeit auf den Nebenwegen menschlicher Erfahrung verborgen geblieben war.

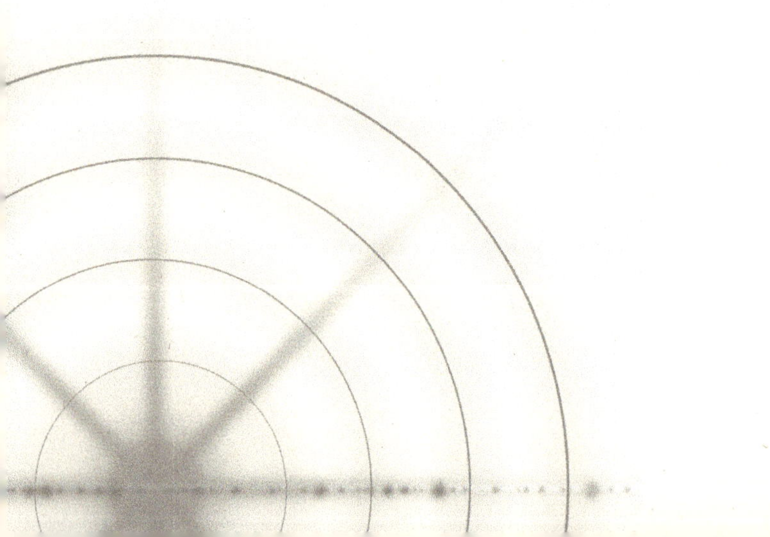

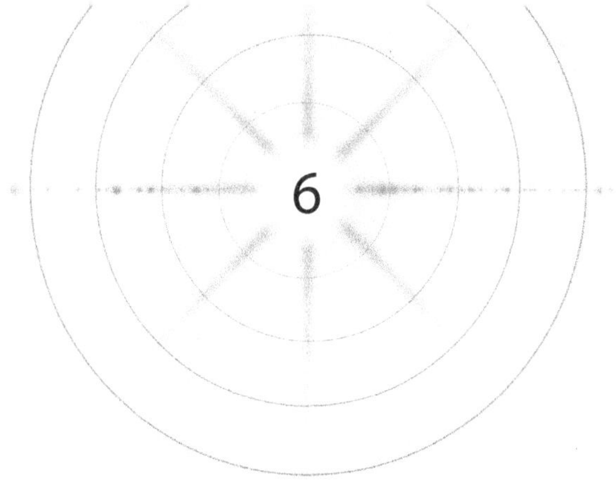

DIE NACHTHUNDE

In den frühen Morgenstunden des 7. Dezember 2007 war es windig und regnerisch. Erst lange nach dem Ereignis, das im Begriff war stattzufinden, wurde mir klar, welche Veränderung unseres Lebens es bedeutete. Aber die Kommunikation mit den Besuchern ist eine vielschichtige und subtile Angelegenheit, und ich habe festgestellt, dass oft Jahre vergehen, bis ich in der Lage bin, alle Puzzlestücke zusammenzusetzen. Deshalb hatte ich in meinem Blogeintrag »Eine hoch komplexe Begegnung«, den ich am 11. Dezember desselben Jahres auf www.unknowncountry.com veröffentlichte, keine Ahnung, dass die Ereignisse vom 7. Dezember, die ich beschrieb, wahrscheinlich aufgrund des Inhalts des vorherigen Blogeintrags vom 27. November, »Zweites Universum entdeckt«, stattgefunden hatten und eine grundlegende Veränderung meiner Beziehung zu dem ganzen Besucher-Phänomen bedeuteten.

Im Jahr 2007 verkündeten Astronomen zum ersten Mal, sie hätten einen »Riss« im Gewebe des Universums entdeckt. Laura Mersini-Houghton von der University of North Carolina vertrat die Meinung, es handele sich um den »unverwechselbaren Abdruck eines anderen Universums unmittelbar am Rand unseres eigenen«. Das war 2007 eine ziemlich kontroverse Idee, und auch noch 2015, als Ranga-Ram Chary sie diskutierte. In meinem Blog von 2007 schrieb ich: »Heute Morgen schlug ich den *New Scientist* auf und las dort, dass es offenbar ein zweites Universum jenseits unseres eigenen gibt. Ich muss zugeben, dass ich schlicht und ergreifend sprachlos war. Denn als ich 1998 in einem Hotel in Toronto mit dem Meister des Schlüssels sprach, sagte er, dass es Universen jenseits unseres eigenen gibt. Damals wies ich jedoch seine Behauptung als offensichtlich falsch zurück und wechselte das Thema. 1998 gab es nirgendwo in der Physik oder Kosmologie den geringsten Hinweis darauf, dass es andere physikalische Universen geben könnte. Als er also sagte: ›Es gibt mehr Galaxien in eurem Universum, als es Sterne in eurer Galaxis gibt, und mehr Universen am Firmament, als es Galaxien in eurem Universum gibt‹, hörte ich höflich zu und wechselte dann den Gesprächsgegenstand.«

Zehn Tage, nachdem ich diesen Blogeintrag veröffentlicht hatte, wurde meine Welt völlig auf den Kopf gestellt. Es begann am Abend des 6. Dezember mit dem, was ich in meinem Blog am 7. Dezember als »eine der interessantesten Wahrnehmungserfahrungen, die ich jemals hatte« beschrieb. Damals war es noch so, dass ich in den meisten Nächten zwischen 3 und 4 Uhr in einem Zustand der Angst aufwachte, wie fast immer, seit ich in einer Nacht im Jahr 1985 um diese Zeit entführt worden war. Das hat sich natürlich inzwischen alles geändert. Das ängstliche Aufwachen hat sich vollständig in meine geliebte 3-Uhr-Meditation verwandelt, die mein Leben unermesslich bereichert. In Kapitel 7 werde ich detailliert beschreiben, wie es zu dieser Veränderung kam.

In der Nacht zum 6. Dezember gingen wir gegen 23:30 Uhr ins Bett. Während ich jetzt um 23 Uhr und um 3 Uhr meditiere, tat ich es damals in der Regel früher, oft am Nachmittag, und nie in den frühen Morgenstunden. In dieser Nacht wurde ich jedoch kurz nach 23 Uhr wieder wach und war regelrecht überwältigt »von einem starken Bedürfnis zu meditieren«. Ich konnte den Ruf damals nicht hören, nicht deutlich, aber ich reagierte darauf. Ich praktizierte für etwa fünfzehn Minuten die Wahrnehmungsübung und ging dann wieder ins Bett. Weiter berichte ich, dass ich »um 2:17 Uhr geschäftliche eMails schrieb«. Danach, so schrieb ich in meinem Blog, »schlief ich unruhig«. Der Grund dafür war, dass ich das Gefühl hatte, es wäre jemand in der Wohnung. Wenn ich das heute spüre, durchläuft mich ein Kribbeln der Vorfreude, und ich setze mich möglichst rasch zur Meditation hin und nehme die innere Haltung ein, die mich für die Kommunikation öffnet. Damals jedoch pirschte ich durch die Zimmer, jederzeit gewillt, meine Pistole zu zücken.

Als ich in jener Nacht die Wahrnehmungsübung machte, »war das Gefühl bemerkenswert kraftvoll. Ich hatte den Eindruck, viel mehr als meinen physischen Körper spüren zu können, als würden meine Nerven nicht in meiner Haut enden, sondern sich wie ein lebendiges elektrisches Feld in meine Umgebung ausstrecken«. Nun, das ist die Funktionsweise unseres zweiten Körpers, und nicht nur das: Eine hingebungsvolle innere Haltung kann ihn befähigen, in das einzutreten, was im Sanskrit *Maha Mudra* genannt wird, »das klare Licht der Leere«. Dabei handelt es sich um einen Zustand ohne Ort, das Sein ist nicht mehr fest verortet, es ist überall. In der Physik nennt man das Superposition: Ein Teilchen existiert in allen möglichen Zuständen gleichzeitig. Ohne es zu wissen, war ich in diesen Zustand gelangt. Seitdem habe ich das noch einige Male erlebt und mehr darüber gelernt. Die Realität ergibt dort auf ganz neue Weise Sinn. All die Sorgen, die einen im normalen Leben so sehr bedrücken, fallen weg. Ich begann zu verstehen, was Anne meinte, als sie sagte: »Erleuchtung ist das, was geschieht, wenn von uns nichts als Liebe übrig ist.« Ich wünschte, ich könnte sagen, dass ich die ganze Zeit dort bin, aber zumindest habe ich von diesem Zustand gekostet.

Ich hatte nicht die Vorstellung, dass der Zustand, den ich erlebte, die Aufmerksamkeit der Besucher auf sich zog, geschweige denn, dass sie diese Erfahrung veranlasst hätten, als Teil einer Lektion, von der ich nicht einmal wusste, dass ich sie erhielt.

Es war unvergleichlich ergreifend, als würde in mir jede süße Erinnerung geweckt, die mich je tief berührt hatte – vom Duft der Herbstblätter unter einem Baum meiner Kindheit bis zu dem Tag, an dem ich das Auto meiner Eltern den Hügel vor unserem Haus hochfahren sah, als sie zum ersten Mal meinen kleinen Bruder nach Hause brachten, ach, bis zu dem Moment, in dem ich eine junge Frau in einem Büro in Manhattan ansah und sie sagen hörte: »Ich bin Anne« … bis zu Hunderten und Aberhunderten anderer Freuden, von den winzigen bis zu den großen, die unser Leben erfüllen, die wir aber viel zu oft übersehen.

Dann wurde ich schläfrig. Sehr schläfrig. Es war einfach zu viel, als wäre ich lange, bevor ich dorthin gerufen wurde, uneingeladen in den Himmel hineingeplatzt. Ich ging ins Bett.

Sobald mein Kopf das Kissen berührte, schneite eine völlig neue Truppe von Besuchern in mein Leben hinein. Ich schrieb: »In dem Moment, in dem ich einschlief, träumte ich, dass Anne unerklärlicherweise, aber aus der Güte ihres Herzens, ein Rudel verwilderter Hunde ins Haus gelassen hatte …« Bis heute erinnere ich mich, wie überrascht ich war, als das, was ich als ein Rudel kleiner, sich schnell bewegender schwarzer Hunde interpretierte, ins Schlafzimmer gerannt kam und unter dem Bett herumwuselte.

Ich sprang auf und schaute nach. Aber unter dem Bett war nichts zu sehen. Nun überkam mich das Gefühl, das Haus wäre voller Menschen. Statt nach einer Waffe zu greifen, wie ich es 1985 getan hätte und 1989 tat, als ich den Leuten nachjagte, die mir das Implantat eingesetzt hatten, ging ich leise und sogar ziemlich ruhig ins Wohnzimmer, um nachzuschauen.

Ich wurde »mit der größten Überraschung meines Lebens konfrontiert«. Das Erste, was ich sah, als ich das Wohnzimmer betrat, waren drei große quadratische Töpfe mit Miniaturbäumen darin. So etwas hatten wir nicht in unserem Wohnzimmer. Ich dachte: »Du meine Güte, nichts wie raus hier!«, drehte mich sofort um, wollte zurück ins Schlafzimmer gehen – und stand mit dem Gesicht vor einer Wand. Da war kein Schlafzimmer mehr. Entsetzen stieg in mir auf. Ich befürchtete, dass ich mich auf eine sehr seltsame Art und Weise verlaufen hatte. Jetzt, da ich mit eigenen Augen gesehen habe, dass es hier ein anderes Universum gibt, bin ich nicht allzu überrascht, dass ich damals diese Wand gesehen habe. Ich befand mich in einer anderen Version der Realität, vielleicht sogar in derselben, die ich kürzlich in Pine Ridge sah. Wenn ich wirklich in einem Spiegeluniversum gelandet war, befand sich die Tür ja vielleicht hinter mir.

Ehe ich fortfahre, möchte ich gerne mit Ihnen darüber nachdenken, dass unsere Geschichte seit dem fünfzehnten Jahrhundert geprägt ist von einem fortlaufenden Prozess von Entdeckungen, durch die das physikalische Universum immer größer und größer wird, während unser Platz darin sich immer kleiner anfühlt. Davor hatten wir viele verschiedene Vorstellungen davon, wo wir uns befanden, aber sie waren im Grunde alle erdzentriert. Der Mond, die Sonne, die Sterne drehten sich ausnahmslos um die Erde, und wir waren ihre Herren. Jetzt wissen wir, dass es Billionen von Sternen in Billionen von Galaxien gibt und dass dieses Universum wahrscheinlich nur eines von unendlich vielen ist … die wohl alle obendrein noch eine Unzahl von Spiegeluniversen haben, welche wie große, rätselhafte Herzen Neutronen zwischen ihren Wirklichkeiten hin und her atmen. Und dann gibt es da uns, diese kleine Gruppe hier auf diesem winzigen Staubkorn, uns, die wir mit einem Hauch von Intelligenz versehen sind und darum kämpfen, unsere Magie zu finden, während wir am Rockzipfel eines wandernden Sterns durch die Unendlichkeit trudeln.

Vielleicht besteht für uns der nächste Schritt darin, Beweise dafür zu finden, dass das Spiegeluniversum und das Multiversum, beide theoretisch gut begründbar, tatsächlich existieren und dass die Realität tatsächlich unendlich ist. Wenn wir also ewig sind, wie wir es sein sollten, wenn jeder von uns ein unendliches Selbst in einer sich ständig ausdehnenden Masse von Universen ist, dann könnte das erklären, warum ich, als ich Ende der 1980er Jahre einen der Besucher fragte, was das Universum für sie bedeutet, eine so verblüffende Antwort erhielt.

Als ich früher nachts auf der Suche nach Begegnungen mit ihnen im Wald spazieren ging, hatte ich nur sehr wenig Erfolg. Ich erinnere mich nicht an so etwas wie ein Treffen von Angesicht zu Angesicht, obwohl ich hin und wieder den Eindruck hatte, da wäre jemand. Eines Abends, während eines derartigen Moments, fragte ich laut: »Was bedeutet das Universum für euch?« Sofort entstand vor meinem geistigen Auge das lebhafte, klare und zutiefst schockierende Bild eines Sarges.

Mir wurde klar, dass man sich paradoxerweise klaustrophobisch fühlen kann, wenn man weiß, dass man in der Unendlichkeit verloren ist und weder das Ende der Realität noch das Ende von sich selbst erreichen kann. Eine Falle, egal wie groß sie ist, kann man nicht verlassen. Aber natürlich fühlen wir uns nicht wie in einer Falle. Wir wissen nicht, dass wir zwischen den Sternen verloren sind. Wo sie einen Sarg sehen, sehen wir *Star Trek*. Vielleicht ist dieser Zustand nicht so realistisch wie ihrer, aber ich bevorzuge ihn, und wenn die Besucher es könnten, würden sie, glaube ich, auch zu ihm zurückkehren. Aber hat man einmal eine Tür zur Erkenntnis in sich selbst geöffnet, gibt es kein Zurück mehr.

Das nächste, was ich wusste, war, dass ich wieder im Bett lag, aber in einem alles andere als wohligen Zustand. Ich träumte, dass ich fünf verschiedene Leben auf einmal lebte. Später vermutete ich, dass, wenn dies ein reales Ereignis war – was auch immer das bedeutet –, diese Leben parallel abliefen, wenn nicht sogar in Paralleluniversen. Eines davon war dieses Leben, wie ich es lebte. Ich notierte mir: »Die fünf waren unterschiedlich, und ich befand mich in fünf verschiedenen Ichs auf einmal. Es gab keine Verwirrung, und ich war nicht auf der Außenseite und schaute hinein. Ich lebte diese Leben alle zur gleichen Zeit.« Meine lebhafteste Erinnerung, wenn ich zurückblicke, ist, wie normal dieser fantastische Zustand zu sein schien, während er sich entfaltete.

Ich schrieb: »In vier dieser Leben war auch Anne anwesend, aber nicht im fünften, und das war ein Leben, das ich unbedingt verlassen wollte. Darin ging ich mit einem kleinen Jungen einen Weg hinunter zu einem Kai, wo sich mehrere Männer aufhielten.« Und weiter: »In diesem Universum war Anne an ihrem Schlaganfall gestorben, und ich ging mit meinem Enkel spazieren, der etwa drei Jahre alt war.« Damals hatte ich noch keinen dreijährigen Enkel, und als mein ältester Enkel 2010 drei Jahre alt wurde, ging es Anne noch gut. Wenn mein Jüngster im Jahr 2021 drei Jahre alt wird, ist sie schon sieben Jahre auf der anderen Seite. Das war also nicht wirklich prophetisch.

Im nächsten dieser Leben lebte ich immer noch in meinem Elternhaus in San Antonio, das nun abgenutzt und heruntergekommen war. Anne hat tapfer versucht, den Küchenboden zu schrubben. Das Haus ist längst abgerissen und durch ein anderes Haus ersetzt worden. Das war auch 2007 schon so gewesen. In einer dritten Realität lebten wir zusammen in einer Wohnung, und die Hunde lagen unter dem Bett. Finger hatten meine Hand ergriffen und zerrten an ihr.

Ich weiß jetzt, dass sowohl die Anwesenheit von Hunden als auch das Ziehen an meiner Hand mit Dingen zu tun hatten, die in der Zukunft passieren würden, also nehme ich an, dass, wenn dies tatsächliche Paralleluniversen waren und nicht einfach mögliche alternative Leben, dies dasjenige gewesen sein muss, in dem ich tatsächlich lebe. Wie wir noch sehen werden.

Die vierte Realität war diejenige, in der die Bäume im Wohnzimmer standen. In dieser wurden Fernsehübertragungen von einem anderen Planeten regelmäßig von SETI aufgefangen und in unserer Welt ausgestrahlt. Das diente dazu, unser Leben mit Eindrücken aus der anderen Welt zu schmücken und zu bereichern, und ich hoffe aufrichtig, dass dies tatsächlich eines Tages in unserem Universum geschieht, allerdings mit der Einschränkung, dass ich mich auch dann nicht für die Idee erwärmen werde, Bäume in meinem Wohnzimmer zu haben.

Um 4:53 Uhr wurde das Ziehen an meiner Hand stark genug, um mich aufzuwecken. Ich zog sie weg, drehte mich um, sah, dass da eigentlich nichts war, und beschloss – absurderweise – zu versuchen, doch noch etwas Schlaf zu bekommen. Die Jalousien waren leicht geöffnet, und als ich mich umdrehte, sah ich Lichter draußen vor dem Fenster. Der Wind wehte vom Meer her und die Wolken zogen rasch dahin, aber diese Lichter standen starr am Himmel, und zwar ganz in der Nähe. Sofort weckte ich Anne, und wir stellten fest, dass wir beide die Lichter sehen konnten, aber nur, wenn wir in einer bestimmten Position im Bett lagen. Aus jedem anderen Winkel waren sie unsichtbar.

Damals sorgte ein Phänomen für Aufregung, das von Linda Moulton Howe, die seit Langem Anomalien erforschte, Libellendrohnen genannt wurde – riesige, komplizierte Flugmaschinen, die man entweder tatsächlich über entlegenen Gebieten in Nordkalifornien fotografiert hatte, oder es handelte sich um einen aufwendig produzierten Schwindel. Also dachte ich, dieses Ding sei möglicherweise eine solche Libellendrohne. Nach kurzer Zeit glitten die Lichter majestätisch in Richtung Ozean davon, bewegten sich leicht gegen den Wind, hüpften oder schwankten dabei aber nicht im Geringsten. Wie bei den Objekten, die 2004 in der Nähe der USS *Nimitz* gefilmt wurden, hielten weder Flügel noch so etwas wie ein Ballon dieses Objekt in der Luft. Es handelte sich nicht um ein aerodynamisches Luftfahrzeug.

Ich fühlte mich, als hätte ich mich, wie ich es im Blog formulierte, »völlig reibungslos« zwischen verschiedenen Universen hin und her bewegt. Bis heute kann ich nicht behaupten, dass ich wüsste, was wirklich passiert ist, aber es gibt natürlich noch eine ganze Reihe anderer Möglichkeiten als die Paralleluniversen. Ich könnte eine Art von Gedankenkontrolle oder Hypnose erlebt haben oder unter Drogen gesetzt worden sein, vielleicht mit uns unbekannten Substanzen. In der Wohnung befanden sich immerhin einige sehr merkwürdige Kreaturen. Als ich sie näher kennen lernte, wurde mir klar, dass sie wahre Meister darin sind, auf absolut erstaunliche Weise Geist und Raum zu manipulieren. Ich glaube nicht, dass ich seit diesem Tag viel Zeit, wenn überhaupt, mit anderen Wesen als diesen verbracht habe. Das hat sich erst vor Kurzem geändert.

Ich weiß nicht, was sie sind. Gesehen habe ich sie immer nur für kurze, flüchtige Momente. Ich kann sagen, dass sie sehr klein sind, etwa so groß wie ein Mini-Terrier. Sie sind keine Hunde, aber sie laufen in Rudeln und flitzen mit halsbrecherischer Geschwindigkeit herum. Wenn sie sich in Ihrer Nähe aufhalten, können sie Sie in alle möglichen unterschiedlichen Versionen der Realität stürzen. Aber was das bedeutet – geschweige denn, wie real diese Realitäten sind –, weiß ich im Grunde genommen nicht.

Je besser ich diese Wesenheiten kennenlernte, desto mehr begann ich, ihnen gegenüber tiefe Dankbarkeit zu empfinden. Bisher hatte ich drei Arten von Lehrern: die Greys, die *Kobolde* und jetzt diese namenlosen Unbekannten. Ich wüsste nicht, dass irgendjemand außer mir ein für sie sehr charakteristisches, auffälliges Detail beschrieben hätte, das ich beobachtet habe, also werde ich in diesem Text darauf nicht näher eingehen. Wenn andere Menschen ihnen begegnet sind, werden sie dieses unübersehbare Detail kennen. Auf jeden Fall ist ihre Fähigkeit, den Geist zu beeinflussen, atemberaubend. Sie haben mit beeindruckender Geschicklichkeit meine Aufmerksamkeit darauf gelenkt, dass es mehrere unterschiedliche Universen gibt. Auch sind sie extrem schnell. Anders als die anderen Besucher erscheinen sie immer nur als Gruppe, von mindestens zwei bis zu sehr vielen. Ich habe noch nie einen von ihnen allein gesehen.

Ich denke, dass heute sie bei mir sind, wenn ich die Wahrnehmungsübung mache. Ihre geradezu verzweifelte Intensität treibt mich an, härter als je zuvor daran zu arbeiten, Erkenntnis aus einem Leben zu gewinnen, welches so ungewöhnlich geworden ist, dass es sich fast nicht mehr auf die praktische Weise beschreiben lässt, die unerlässlich zu sein scheint, wenn sie für den Leser nachvollziehbar bleiben soll.

Die Antwort, die sie mir gaben, bestand darin, mir eine Reihe von zunehmend spektakulären und aufschlussreichen Erlebnissen zu bescheren, wie den Kontakt in der Wüste und die Erfahrung in Pine Ridge, die nun einen so wichtigen Teil dieses Buches bilden. Es sind Erlebnisse, die mit anderen Universen zu tun haben, was bedeutet, dass die Existenz dieser Universen nun über einen Zeitraum von zwölf Jahren eine durchgängige Botschaft in meiner Kommunikation mit den Besuchern ist.

Es gibt noch ein anderes Erlebnis. Ich beschreibe es in *Breakthrough* (»Durchbruch«): Ich fuhr mit einem Jeep Cherokee in eine andere Welt. Dabei saß ein kleiner Junge aus einer anderen Familie bei mir im Auto. Ich brachte ihn von unserem Landhaus in der Nähe von Woodstock zu einem Imbiss an der Route 17 in Paramus, New Jersey, wo sein Vater ihn abholen wollte. Ich bog an einer mir gut bekannten Stelle von dem vierspurigen Highway ab, um dann in einer Schleife zurück zu dem Imbiss zu fahren, wo der Vater in seinem Pickup saß und auf uns wartete. Zu meinem Schreck befand ich mich plötzlich auf einer mir völlig unbekannten Straße. Wir verbrachten dann einige Minuten damit, in einer ganz anders aussehenden Welt herumzufahren. Die

Straßen waren breite Alleen, die unter dem Laubdach üppiger Bäume verliefen. Auf Rasenflächen standen niedrige sandsteinfarbene Gebäude mit Wandreliefs, auf denen Schlangen dargestellt waren. Jedes dieser Häuser hatte als Eingang einen niedrigen, gewölbten Türsturz mit Holztür.

Der Junge geriet in Panik und wollte aus dem Auto springen. Er zog die automatische Türverriegelung immer wieder hoch, und ich drückte sie immer wieder herunter, während ich durch die breiten, stillen Straßen fuhr und nach einem Weg zurück suchte. Schließlich fuhr ich durch eine Art Einöde und landete auf der Route 80, etwa dreißig Kilometer von der Stelle entfernt, an der wir die Route 17 verlassen hatten. Als wir endlich zu dem Imbiss zurückfanden, stand der Vater, der uns hatte vorbeifahren sehen, auf der Pritsche seines Pickups und suchte nach uns.

Der Junge, von dem ich hoffte, dass er seinem sehr skeptischen Vater nichts sagen würde, rannte über den Parkplatz und schrie: »Daddy, Daddy, Whitley hat mich auf eine Reise durch die Twilight Zone mitgenommen!« Um das Ganze, falls überhaupt möglich, noch seltsamer zu machen, befindet sich das Haus des *Twilight Zone*-Schöpfers Rod Serling nur ein paar Kilometer von jenem Imbiss entfernt.

Wir haben diese unheimliche Gegend nie wiedergefunden.

Ich frage mich, ob sie sich in der gleichen anderen Welt befindet, die ich 2019 in Pine Ridge sah und durch die ich vielleicht in jener wunderbar unheimlichen Nacht im Jahr 2007 wanderte.

Rückblickend habe ich jedenfalls den Eindruck, dass Ausflüge in andere Universen ein beständiges Merkmal meiner Erfahrung gewesen sind. Vielleicht hat jemand die ganze Zeit versucht, mir damit etwas zu zeigen.

Ihr seid, so die Botschaft, nicht nur *nicht* allein, sondern könnt euch darüber hinaus auch nicht sicher sein, *wo* ihr seid, geschweige denn, *was* ihr seid oder welche Kräfte in eurem geheimnisvollen menschlichen Geist verborgen liegen.

Ah, aber es gibt jemanden, der es weiß, und er versucht, uns dieses Wissen zu vermitteln – Wissen nicht nur darüber, wer und wo wir sind, sondern auch darüber, wer und wo *sie* sind und was es für uns bedeuten wird, uns endlich in jenem Raum zu begegnen, den das sanfte Genie, mit dem ich verheiratet war und bin, »Community« nannte: Gemeinschaft.

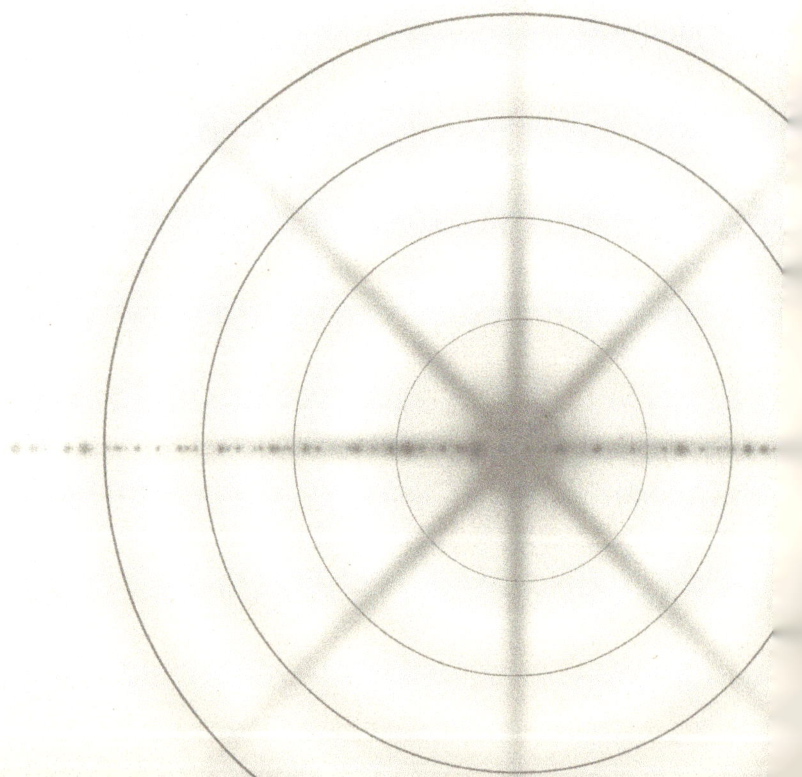

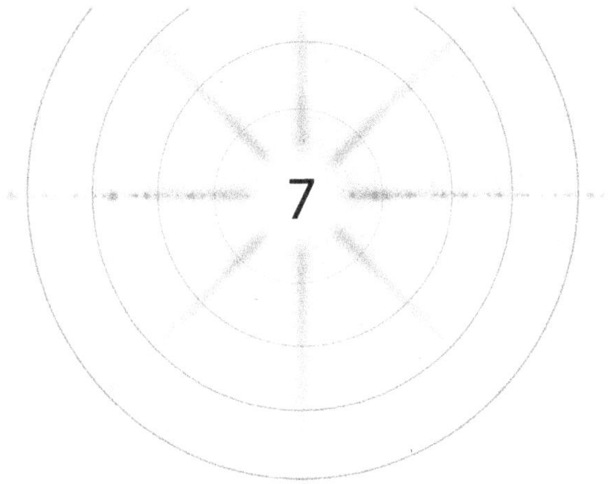

7 DIE RÜCKKEHR DER BESUCHER

In einer Nacht im Oktober 2015 bekam ich heftige Schmerzen im zweiten Zeh meines linken Fußes. Anne war wenige Monate zuvor verstorben, und wie jede Nacht seither hatte ich meine Meditationssitzung um 23 Uhr damit verbracht, ihr zuzurufen: »Annie, Annie, wenn du mich hörst, bitte komm, bitte komm zu mir.«

Ich sprang aus dem Bett. Ich brachte diesen Schmerz nicht mit dem Erlebnis im Jahr 2007 in Verbindung, als etwas oder jemand an meiner Hand zog. Tatsächlich sollte es vier weitere Jahre und mindestens fünf Entwürfe für dieses Buch dauern, bis ich den Zusammenhang erkannte.

Ich stand keuchend da und tastete nach dem Lichtschalter. Was war das nur, was mir da gerade widerfuhr ? Es gibt keine Steckdosen in der Nähe des Bettes, keine Leitungen oder Schaltkreise. Ich griff nach meinem Handy und schlug Gicht nach. Eindeutig nicht die Symptome eines Anfalls. Ich setzte mich auf die Bettkante und rieb mir die Zehen.

In der Wohnung schien alles normal. Ich schaute auf die Uhr: 3:25. Toll, meine Nachtruhe war ruiniert. Als Nächstes schaute ich unters Bett, aber da war nichts, was mich hätte erschrecken können. Ich hob das Fußende der Matratze hoch. Auch dort war nichts Ungewöhnliches zu sehen. Schließlich schaltete ich das Licht aus und legte mich wieder hin. Alles war ruhig, das Bett warm. Ich driftete in eine Art Halbschlaf.

Während des folgenden Tages dachte ich wenig über den rätselhaften Schmerzanfall nach. Ich hatte keine Ahnung, was geschehen war. Aber es gab jemanden, der Bescheid wusste. Sie waren 2007 hier gewesen, und jetzt, wo sich meine Situation geändert hatte, waren sie zurückgekehrt, um eine neue Lektion jenes Studienganges zu beginnen, der mein Leben ist. Ohne mir dessen bewusst zu sein, hatte ich eine Schwelle überschritten – oder wurde vielmehr über sie hinweg »gebeamt«.

In der nächsten Nacht spürte ich, wie starke Finger meine rechte Brustwarze packten, schmerzhaft zwickten und schüttelten. Diesmal schoss ich regelrecht aus dem Bett.

Wieder tastete ich nach dem Lichtschalter. Ich pirschte durch die kleine Wohnung. Außer mir war niemand da. Alle Türen und Fenster waren verschlossen. Aber da war eine Hand gewesen, Finger, die mich berührt hatten. Ich war mir ganz sicher.

Jetzt werden Sie zu Recht fragen: »Warum ist er so begriffsstutzig?« Die Antwort lautet, dass die Beziehung zu den Besuchern sowohl extrem unwahrscheinlich als auch extrem schwer zu begreifen ist. Es scheint, dass sie immer unerwartet auftauchen. Und es steckt noch mehr dahinter. Vielleicht sagen wir ja, dass wir sie sehen wollen. Vielleicht flehen wir sie sogar an, zu uns zu kommen. Doch der tatsächliche Kontakt ist apokalyptisch. Er bedeutet eine gewaltige, unser Leben auf den Kopf stellende Veränderung, was unser Ego als sehr bedrohlich empfindet. Es wird sich gegen jede unbekannte Bedrohung zur Wehr setzen. Das ist der Grund, warum so viele Menschen die Erfahrung einer Nahbegegnung mit den Besuchern nicht ertragen. Es ist der Grund, warum wir sie seit fast einem Jahrhundert auf so vielen Ebenen bekämpfen. Das Ego versucht, seine eigene Existenz zu verteidigen – aber es ist ein vergeblicher Kampf. Denn das Ego ist gar nicht in Gefahr, und wenn Sie erkennen, dass das, was Sie sich als Ihr »Selbst« vorgestellt haben – Ihr Anfang und Ende –, eigentlich nur ein soziales Werkzeug ist, dem ein Name angeheftet wurde, wird Ihnen klar, dass Sie eigentlich überhaupt nicht bedroht sind.

Ich setzte mich ins Wohnzimmer und versuchte, mich zu beruhigen. Ich hatte endlich begriffen, dass mir etwas äußerst Seltsames und doch sehr Vertrautes widerfuhr. Es gab keine andere Frage als die, dass mir jemand an die Brustwarze gefasst hatte. In Anbetracht des Lebens, das ich führte, konnte es nur eine Erklärung geben: Die Besucher waren zurück. Seit dem Beginn von Annes tödlicher Krankheit im Jahr 2013 hatten sie sich ziemlich im Hintergrund gehalten. Nun war Anne seit sechs Wochen tot, und ich befand mich in einem Zustand finsterster Trauer.

Ich spürte jedoch, dass ich es diesmal nicht mit einem anonymen »sie« zu tun hatte, und hier begann eine neue Ebene meiner Erfahrung. Ich kann nicht genau sagen, warum, aber ich wusste, dass Anne involviert war. Seit ihrem Tod habe ich mehr darüber erfahren, wie zutiefst wahr ihre Einsicht über die Beziehung zwischen den Toten und unseren Besuchern ist. Es geht dabei nicht nur um eine enge Begegnung mit anscheinend nichtmenschlichen Wesen, sondern auch mit uns selbst.

Wenn das Spiegeluniversum der Ort ist, aus dem die vermeintlichen Außerirdischen kommen, dann ist es vielleicht, genau wie Homer es sich vorstellte, zugleich der Ort, wohin unsere Toten gehen. Nach ihrer Nahtoderfahrung im Jahr 2004 hatte Anne das Gefühl, dass es eine Art »Atmung« zwischen diesem und einem anderen Universum gibt und dass, wenn wir hier sterben, unser

Bewusstsein dorthin übertragen wird, zu einer anderen Version von uns selbst.

Ich saß auf meinem Bett. Das Gefühl, dass Anne da war, war jetzt sehr stark. Es war, als hätte ich sie fast berühren können, und wie sehr sehnte ich mich danach! Aber da war noch mehr. Eine dissonante Note, zumindest dissonant für einen Menschen in tiefer Trauer. Ich spürte, dass sie über mich lachte. Im Leben hatte sie mich immer viel zu ernst gefunden.

Ich saß nicht lange auf dem Bett. Meine Gedanken kehrten zu dem letzten Mal zurück, als ich in den frühen Morgenstunden durch Anstoßen oder andere Störungen geweckt worden war. In den 1990er Jahren war das geschehen, als sieben Personen, die angaben, aus der Zone zwischen den Leben zu kommen, immer wieder versuchten, mich dazu zu bewegen, nachts um diese Zeit mit ihnen zu meditieren. Das tat ich dann auch für ein paar Wochen oder Monate – ich habe vergessen, wie lange. Als wir das Blockhaus verloren und nach Texas zogen, brach der Kontakt ab, und ich sah sie nicht wieder.

Ich erinnerte mich an die Wochen, in denen ich mit ihnen meditierte, als eine der besten Kontaktphasen meines Lebens, eine reiche Lernerfahrung. In zwei Büchern habe ich ausführlich davon berichtet – in *Solving the Communion Enigma* (»Das Communion-Rätsel *lösen*«) und *The Super Natural* (»Das Übernatürliche«). Nachdem ich das erste Mal den Meditationsraum betreten hatte, riefen sie mich, sie kamen mit sieben lauten Schlägen auf das Dach heruntergepoltert. Dann verstummten sie. Ein paar Sekunden später hatte ich den Eindruck, dass jemand direkt vor mir stand. Ich erklärte, dass ich nicht meditieren konnte, wenn unsichtbare Personen anwesend waren. Ich musste sie sehen. Als sich niemand materialisierte, verließ ich den Raum und ging ins Bett.

Ein paar Stunden später erschien mir einer von ihnen, ein Mann, der völlig menschlich wirkte, und saß für ein paar unvergessliche Momente deutlich sichtbar am Fußende des Bettes.

Die Fähigkeit der Besucher, ihre Dichte zu verändern, könnte auf einem natürlichen Prozess beruhen, oder es handelt sich um eine Technologie, das kann ich nicht sagen. Wenn sie aus dem Spiegeluniversum kommen und wieder dorthin gehen, dann verschwinden sie vielleicht gar nicht, sondern kehren einfach zurück in die andere Realität, vielleicht unter Verwendung einer Art von mentalem Prozess oder eben von Technologie. (Ich wüsste wirklich gerne, wie sie das machen!)

Es gibt da etwas, das uns in die Lage versetzen könnte, unsere eigene Dichte kontrolliert zu verändern. Dabei geht es darum, den Raum zwischen den Atomen zu vergrößern oder zu verkleinern – mit anderen Worten, die Gluonen zu kontrollieren, von denen die Kräfte im Raum indirekt reguliert werden.

Die physikalische Welt ist ein Fast-Vakuum. Zum Beispiel machen die Atome zwar den größten Teil der Masse eines Stücks Stahl aus, aber nur 0,0000000000001 Prozent seines Volumens. Statistisch gesehen existiert physische Materie eigentlich kaum. Sie wird durch die sogenannte starke Kernkraft aufrechterhalten, die der einzige Grund dafür ist, dass die Welt, in der wir leben, überhaupt besteht.

Dass die Besucher in der Lage sind, Atome neu zu ordnen, bedeutet zwangsläufig, dass sie die starke Kernkraft kontrollieren können, also möglicherweise über eine Technologie verfügen, mit der sie die Dichte verändern können. Natürlich gibt es auch andere mögliche Gründe. Das führt uns zurück zum Spiegeluniversum, das notwendigerweise die Realität in einer Weise besetzen würde, die unseren eigenen Platz darin widerspiegelt. Wenn dies wahr ist, sagt uns die Mathematik der Wurmlöcher, dass es einfacher sein könnte, zwischen den Universen hin und her zu reisen, als ein Wurmloch zu benutzen, um in einen anderen Teil unseres eigenen Universums zu gelangen. Die Menge an Energie, die benötigt wird, um die Raum-Zeit zu krümmen und dadurch zwei Punkte im selben Universum zusammenzubringen, ist weitaus größer als die Menge, die nötig ist, um kurzzeitig ein Loch in der Membran zwischen Spiegeluniversen zu öffnen.

Als sich damals der Mann vor meinen Augen materialisierte, nahm ich seine Hand. Sie war klein und leicht, sehr leicht. Aber sie hatte ein deutliches Gewicht. Sie fühlte sich fest an. Trotzdem fragte ich mich, ob er wirklich körperlich anwesend war. Wie sollte das möglich sein? Egal, wie real er wirkte, glaubte ich dennoch, es müsse sich um eine Einbildung handeln, die nur in meinem Kopf existierte.

Also hielt ich seine Hand an meine Nase und roch am Handrücken. Wieder war ich überrascht. Seine Haut roch stechend. Der Geruch hatte eine Schärfe, wie ich sie mit Menschen assoziiere, die sich lange nicht gewaschen haben. Offen gesagt, der Typ benötigte dringend ein Bad. Man kann es nicht anders sagen.

Ich war so überrascht, dass ich seine Hand fallen ließ – woraufhin er schlagartig, wie ausgeknipst, aus der für meine Augen sichtbaren Daseinsebene verschwand. Vollkommen entgeistert saß ich da. Wenn ich jetzt an dieses Ereignis vor mehr als zwanzig Jahren zurückdenke, erscheint es mir vorstellbar, dass die Kontrolle der starken Kernkraft eine natürliche Fähigkeit ist, vielleicht sogar eine, die wir mit disziplinierter Fokussierung in uns selbst finden können.

Wenn das so ist, dann muss es etwas mit der Kontrolle der Aufmerksamkeit zu tun haben. In diesem Moment schien es wirklich so, als hätte der Umstand, dass ich seine Hand abrupt losließ, ihn aus seiner Fokussierung gerissen, was dann dazu führte, dass er verschwand.

Machen wir nun einen Sprung ins Jahr 2015 und zu der dritten Nacht, in der ich gerufen wurde. In der ersten Nacht erlebte ich einen Schock, der für mich nicht nachvollziehbar war. In der zweiten Nacht kam ein Zwicken, das mich erkennen ließ, dass ich wieder in Kontakt war. Und nun kam die dritte Nacht, und wieder wurde ich um 3 Uhr geweckt. Jetzt wunderte ich mich nicht mehr.

Ich stand auf, ging ins Wohnzimmer, setzte mich hin und lenkte mein Gewahrsein vom Geist in den Körper.

Seitdem ist die frühe Meditation ein Teil meines Lebens geworden, und es entfalten sich Dinge sehr nahe an der physischen Realität. Von Oktober 2015 bis April 2019 weckten mich die Besucher jede Nacht, indem sie mir ins Gesicht oder auf den Handrücken bliesen, manchmal auch, indem sie mich küssten.

Nun kann man leicht sagen: »Er halluziniert nur«, und mich ignorieren. Viele Menschen wollen nicht einmal über ein Leben wie meines nachdenken, geschweige denn die Idee in Betracht ziehen, ein Leben in Kommunikation mit anspruchsvollen unsichtbaren Wesen zu führen, die dich in der Nacht wecken und sich auf oft extrem herausfordernde Art und Weise in dein Innenleben einmischen. Aber es gibt noch einen anderen, grundlegenderen Grund, warum sie es vorziehen, daran zu zweifeln, dass meine Geschichte wahr ist: Wer oder was auch immer hinter diesen Erlebnissen steckt, verfügt offensichtlich über außergewöhnliche Fähigkeiten, und das fühlt sich bedrohlich an.

Während der Zeit im Oktober/Dezember 1985 in Upstate New York, als die Besucher mich physisch angingen, fühlte ich mich ausgeliefert, weshalb ich wie ein wildes Tier reagierte, das in eine Falle geraten ist. Und in der Tat war ich das auch. Wir sind eine soziale Spezies, aber das bedeutet nicht, dass wir nicht wild sind. Normalerweise sind wir uns dieser Wildheit nicht bewusst, doch wenn man einem unbekannten Wesen gegenübersteht, das offensichtlich die Situation beherrscht und dessen Motive man nicht einschätzen kann, kommt sie zum Vorschein.

Diese Reaktion ist instinktiv und wahrscheinlich der Grund, warum wir diese ganze Erfahrung so generell ablehnen. Die einzige Möglichkeit, sie zu überwinden, besteht darin, dass beide Seiten immer wieder versuchen, sich aneinander zu gewöhnen.

Es ist ein Zähmungsprozess nötig, und der ist nicht einfach, auch nicht, wenn man weiß, was vor sich geht. Ich habe dreißig Jahre lang versucht, mich an die Besucher zu gewöhnen, und erst vor Kurzem habe ich begonnen, meine Angst vor ihnen als etwas zu betrachten, das der Vergangenheit angehört. Ehrlich gesagt lag das vor allem an meiner Frau, die von der anderen Seite aus aktiv an diesem Prozess mitwirkte. Das ermöglichte mir große Fortschritte, was mir zeigt, dass der Kontakt nicht gelingen wird, wenn wir weiterhin die Existenz unserer Seelen und damit auch unserer Toten leugnen. Wir müssen sie einbeziehen und an unserem Leben beteiligen. Wir müssen endlich damit aufhören, uns vorzumachen, sie würden nicht existieren, und ihre Unterstützung gewinnen, während wir uns tiefer in dieses neue Leben hineinwagen.

Hier sind zwei Beispiele dafür, wie tief und mächtig unsere Angst vor diesem Weg ist. Im Februar 2017 nahm ich mit Jeff Kripal an einer Konferenz im Esalen-Institut in Nordkalifornien teil. Wir übernachteten zusammen in einem Zimmer, in dem ich bei einem früheren Aufenthalt in dem Institut kurz den Besuchern begegnet war. Es befindet sich in einem Gebäude namens Murphy House und wird Sea View Room genannt, weil es eine Terrasse mit Blick auf den Pazifischen Ozean hat. Wenn die Besucher sich in eine größere physische Dichte fallen lassen, bevorzugen sie Räume, aus denen sie schnell hinaus in die freie Natur gelangen können, etwa in einen großen Wald oder ans offene Meer.

Um 3 Uhr am letzten Morgen der Konferenz pustete eine unsichtbare Präsenz auf meinen linken Handrücken. Ich lag auf der rechten Seite, was bedeutete, dass ich durch das Fenster aufs Meer schauen konnte. Der Luftstoß auf meiner linken Hand bewirkte, dass ich die Augen aufschlug und in Richtung Hand blickte. Ich sah rechts von mir eine dunkle Gestalt auf dem Bett. Ich konnte keine Details erkennen, außer dass sie klein war, und ich nehme an, dass die Tatsache, dass es sich um die linke Hand handelte, mich dazu bringen sollte, nicht zu ihr hinzuschauen, als ich erwachte. Selbst im Jahr 2017 hätte ein direkter Kontakt von Angesicht zu Angesicht bei mir noch heftige Angst ausgelöst.

So aber gewann ich gleich die Fassung wieder. Ich stand auf, und wie immer öffnete ich mit der Wahrnehmungsübung mein inneres Selbst. Es geschah nichts weiter mit mir, und ganz so, wie es in jenen Tagen meine Gewohnheit war, beendete ich die Übung nach etwa fünfzehn Minuten innerer Arbeit.

Am nächsten Morgen erinnerte sich Jeff, dass er ein gewaltiges krachendes Geräusch gehört und ein unheimliches Gefühl völliger Desorientierung verspürt hatte. Mein Erlebnis hatte gegen 3 Uhr früh stattgefunden, seines etwa eine Stunde später. Er hörte eine innere Stimme, die gleichzeitig auch seine eigene war, sagen: »Oh, mein Gott!« Er erzählte mir später, er hätte ein Gefühl der Vernichtung empfunden, als würde seine ganze Welt einstürzen.

Solche Empfindungen werden in uns ausgelöst, weil die Begegnung mit den Besuchern bedeutet, dass die Barriere zwischen den Lebenden und den Toten zusammenbricht und das Ego, zumindest teilweise, aus dem Zeitstrom herausgezogen wird – eine Art Tod vor dem Sterben. Das wird von der inneren Person als extrem bedrohlich empfunden, weil sie nämlich in dieses Gefühl der Sinnlosigkeit geworfen wird, das mit dem Wissen um Zukunft und Vergangenheit einhergeht.

Die natürliche erste Reaktion ist, dass wir denken: »Oh, ich würde gerne meine Zukunft kennen.« Aber wollen Sie das wirklich? Tatsächlich würden Sie sich fühlen, als würden Sie auf Schienen durch Ihr Leben fahren oder wären nichts als eine Marionette, an deren Fäden ein unsichtbarer Puppenspieler zieht. Jede Spontanität würde Ihnen abhanden kommen. Das Leben würde völlig seinen Sinn verlieren.

Ich denke, das ist der Grund, warum Jeff sich im Moment des Kontakts am Boden zerstört fühlte und warum ich und so viele andere mit wilder, namenloser Angst zu kämpfen haben, wenn die Besucher sich uns nähern.

Die Angst kann viel schlimmer sein als das, was Jeff erlebt hat. Sie kann lebensbedrohlich sein.

Im vorigen Sommer hielt ich mich draußen auf dem Land in einem Haus auf, wo ich seit meiner Jugend Kontakte mit den Besuchern hatte. Es hat im Obergeschoss eine Schlafveranda, die von mehreren Schlafzimmern aus betreten werden kann. Eine Frau, die sich in einem dieser Zimmer aufhielt, hörte schabende Schritte vor ihrem Fenster und dann eine tiefe, heisere Stimme, die brummte: »Warum schläfst du nicht?« Sie rief nach mir und fragte, ob ich das wäre. Ich hielt mich aber im Wohnzimmer auf und antwortete, dass ich unten saß und las.

Die Schritte hatte ich jedoch ebenfalls wahrgenommen. Ich erinnere mich, dass ich sie schon als Junge oft auf dieser Veranda hörte.

Am Morgen fragte ich sie, ob sie aufgeregt gewesen sei. Sie verneinte, aber ich wusste aus Erfahrung, dass eine solche Begegnung, selbst eine so kleine, starke Auswirkungen haben kann.

Am selben Nachmittag traten bei ihr Symptome auf, die ich für einen stillen Herzinfarkt hielt. Wir riefen einen befreundeten Arzt an, der in der Nähe wohnt. Er kam sofort vorbei, bestätigte, dass es sich um einen Herzinfarkt handelte, rief den Rettungsdienst und brachte sie ins Krankenhaus. Am Ende bekam sie einen Herzschrittmacher.

Das sind typische Beispiele für die Art von Stress, die eine Nahbegegnung auslöst. Mir war in der Nacht in Esalen nur ein flüchtiger Blick auf das erlaubt, was da war. Noch mehr als das, und mein Ego hätte sich aus der Zeit gezogen gefühlt, und der Schrecken wäre gekommen.

Verstehen Sie bitte, dass dies nicht nur geschieht, wenn wir Kontakte mit nichtmenschlichen Intelligenzen haben. Die Literatur über geisterhafte Begegnungen mit toten Menschen ist eine Literatur der Angst. Aber obwohl beide Arten von Ereignissen zu den herausforderndsten Erfahrungen gehören, die ein Mensch machen kann, können beide auch nicht nur erträglich, sondern sogar produktiv sein.

Wir können eine Version unserer eigenen Angst in der Angst sehen, die wilde Tiere vor uns haben. In der fernen Vergangenheit waren sie, denke ich, vor uns nicht mehr auf der Hut als vor anderen Raubtieren, und größere Raubtiere hatten überhaupt keine Angst vor uns. Das war jedoch, bevor wir die Unausweichlichkeit des Todes verstanden haben. Weil wir das wissen, sind wir jetzt anders als alle anderen Lebewesen auf der Erde, und sie wissen es, weil sie es als Dunkelheit in unseren Augen sehen können, genau wie wir in den schrecklichen Blicken der Besucher ihr Wissen um die Zukunft sehen können. Sie wissen nicht nur, dass der Tod unvermeidlich ist, sondern kennen auch den Tag und die Stunde.

Der Besucher, der mich veranlasste, mich von ihm abzuwenden, tat dies aus Freundlichkeit. Wäre ich aufgewacht, während ich ihm zugewandt war, hätte ich direkt in sein Gesicht geschaut. Und dieser Anblick hätte alle Spontanität aus meinem Leben weggespült, denn das Wissen um die Todesstunde muss auch den Weg des zukünftigen Lebens in ein grausames Licht tauchen.

Ich kannte einen Mann, dem etwas Ähnliches passiert ist. Nachdem er in die Augen eines Besuchers geblickt hatte, verbrachte er den Rest seines Lebens in einem Zustand des permanenten *Déjà-vu*.

Wenn Sie den Moment Ihres Todes kennen, wissen Sie alles, was bis dahin geschehen wird. Aber wir sind nicht hier, um uns auf den trostlosen Schienen des Zukunftswissens durchs Leben zu bewegen, sondern um Ereignisse spontan zu erleben. Selbst wenn sie vorgeplant sind, was nach allem, was ich weiß, der Fall sein kann, ist es unsere Bestimmung hier in diesem Leben, überrascht zu werden und Selbsterkenntnis zu erlangen, indem wir beobachten, wie wir auf das reagieren, was das Leben für uns bereithält.

Wenn die Besucher, ganz zu schweigen von unseren eigenen Toten, mit uns kommunizieren wollen, müssen sie sich sehr sorgfältig verstecken, denn wenn sie einen Fehler machen und uns die Chance nehmen, spontan zu reagieren, vereiteln sie damit auch, dass sie selbst das erleben können, weswegen sie hergekommen sind.

Dies ist der primäre, aber tief verborgene Grund für all die Geheimniskrämerei, die die Kontakterfahrung umgibt. Kontakt – Communion/Gemeinschaft – beinhaltet nicht nur eine neue Art der Nähe, sondern auch eine neue Art gegenseitiger Disziplin. Wir müssen uns ihnen öffnen, ohne zu versuchen, sie unmittelbar kennenzulernen, und sie müssen mit uns in Kontakt treten, ohne uns ihr Wissen über unsere Zukunft zu offenbaren.

Solange wir nicht darauf vertrauen, dass dies nicht passieren wird, kann die Gemeinschaft mit ihnen nie über ein bestimmtes Maß hinausgehen und wird für beide Seiten unbefriedigend bleiben.

Es bleibt die Frage: »Wenn alles vorherbestimmt ist, warum soll man sich dann noch die Mühe machen, überhaupt etwas zu tun?« Die Antwort hängt damit zusammen, warum es eine Menschheitsgeschichte gibt. In den sechs- oder siebentausend Jahren des aktuellen Zyklus sind von Generation zu Generation immer komplexere Leben möglich geworden. Die Auswahl an denkbaren individuellen Lebensgeschichten, die jeder Seele offenstehen, ist immer größer geworden. Obwohl das Ende immer dasselbe ist und letztlich immer das gleiche Spiel gespielt wird, gibt es in jeder Generation mehr mögliche Spielzüge, mehr Wendungen. Das Ende ist immer dasselbe, aber die Wege des Lebens werden immer verzweigter und die Reise ermöglicht immer reichere Entdeckungen.

Doch wenn wir das alles wissen, welche praktischen Möglichkeiten haben wir, mit der Angst zu arbeiten?

So wie zahme Tiere keine Angst vor uns haben, können wir lernen, die Besucher nicht zu fürchten. Darum geht es in diesem Buch zu einem großen Teil. Im Februar 2017 in Esalen wagte ich nicht, ihnen in die Augen zu schauen. Jetzt, in Santa Monica im August 2019, verstehe ich, warum ich es nicht tun sollte, und habe deshalb keine Angst davor. Ich werde die Spontanität meines Lebens nicht ruinieren, wenn ich mit ihnen zusammen bin, weil ich weiß, wie ich das vermeiden kann.

Ich erhalte Wissen von ihnen. Mein Leben wird reicher. Ihnen erleichtere ich damit ihr Wirken. Ja, es ist ein Spiel, und wie Shakespeare sagte, ist dies ein Theater und wir sind die Spieler. Er hat aber nicht an das Publikum gedacht. Die Besucher sind das Publikum, und wenn sie einen Platz im Theater unseres Lebens haben, genießen sie das große Vergnügen, wieder lebendig zu sein.

Es ist natürlich eine Illusion, aber eine für sie offenbar sehr befriedigende, denn sie kommen sehr oft zu mir zurück, und sie rufen nach mehr Gelegenheiten, mit mehr Menschen. Wenn wir auf der kleinen Bühne, die diese Erde ist, einen guten Job für sie machen können, werden sie uns helfen, das Theater betriebsfähig zu halten – das heißt, sie werden uns helfen, die Natur wieder ins Gleichgewicht zu bringen.

Es wird allerdings nicht einfach, zunächst einmal eine funktionierende Beziehung aufzubauen. Wahrscheinlich schrecken viele meiner Leser entsetzt zurück und denken: »Mein Gott, das ist Besessenheit! Er lässt sich von diesen Wesen benutzen!« Aber das stimmt nicht. Es ist eine auf Gegenseitigkeit beruhende Beziehung. Wenn sie mich beherrschen wollten, würden sie versuchen, mir einseitig ihre Sichtweise aufzuzwingen. Viele Menschen, die Nahbegegnungen mit ihnen haben, spüren intuitiv, dass die Besucher sich für uns interessieren, uns aber nicht unterwerfen wollen. Deshalb werden sie auch oft »Die Beobachter« genannt.

Die Gemeinschaft mit ihnen ist ein neuer Zustand für uns. Erfahrungsgemäß wird, sobald man sich auf sie einlässt, die Vorstellung, weiter auf unsere alte Art zu leben, zum wahren Schrecken. Denn das Beharren auf dieser alten Lebensweise würde zu gewaltsamen Umwälzungen, menschlichem Leid unvorstellbaren Ausmaßes und möglicherweise sogar unserer Auslöschung führen.

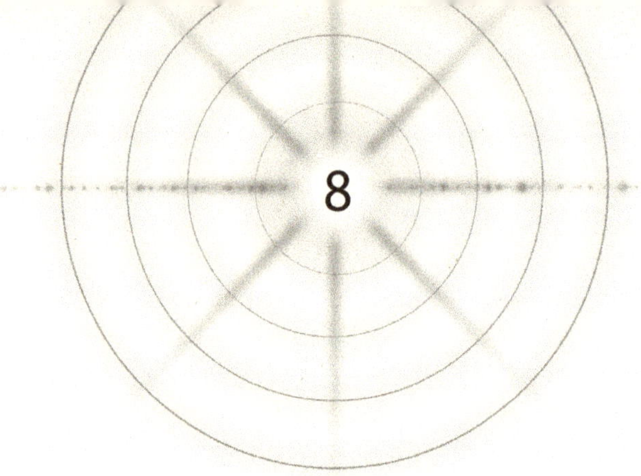

DER MANN AUS DEM PARADIES

Erst seit Kurzem ist mir klar, was es mit den vielen Kontakterfahrungen auf sich hatte, die Menschen, die uns in unserem Blockhaus besuchten, in den späten 1980er Jahren damals dort erlebten. Erst als ich selbst meinen Kontakt zu den Besuchern vertiefte, verstand ich, dass es sich um Botschaften handelte, und konnte sie entschlüsseln.

Dabei hat sich ein ganz neues Bild ergeben, wer die Besucher sind und was sie wollen.

Bei dem ersten dieser Ereignisse mit vielen Zeugen im Blockhaus waren die *Kobolde* involviert, beim zweiten die Greys. An dem ersten Wochenende waren zehn Erwachsene und ein Kind anwesend. Anne, Dora Ruffner und Peter Frohe sind inzwischen verstorben. Ed Conroy, der damals *Report on Communion* (»Bericht über Communion«) schrieb, Lorie Barnes und Raven Dana haben zugestimmt, dass ich ihre Namen in diesem Buch verwenden darf.

Raven war so freundlich, mir eine eMail zu schicken, in der sie detailliert beschreibt, was in jener Nacht im Wohnzimmer geschah, wo sie, Dora, Peter und ein anderer Mann schliefen, den ich »B.« nennen werde.

Lorie befand sich in einem Gästezimmer auf dem Flur, unser Sohn in seinem Schlafzimmer, und Ed und sein Begleiter schliefen im Untergeschoss. Anne und ich schliefen in unserem Zimmer im Obergeschoss.

Raven schreibt: »Dora und B. schliefen in paralleler Position vielleicht einen Meter voneinander entfernt. Ich schlief mit dem Rücken zu ihnen. Ich wachte auf, weil mir heiß war und ich mich unbehaglich fühlte. Als ich versuchte, mich umzudrehen, stellte ich fest, dass ich mich nicht bewegen konnte. Ich war aber hellwach und dachte: ›Verdammter Mist!‹ Ich versuchte, mich zu entspannen. Dann hörte ich Dora und B. reden, konnte jedoch wegen des laut prasselnden Regens nicht verstehen, was sie sagten.« (Ein Geräusch wie Regen erfüllte oft das Haus, wenn sich die Besucher von oben näherten.) »Dann hörte ich pochende, stoßende Geräusche. Der Regen ließ nach und ich hörte Vögel.

Das alles geschah in einem Zeitraum von nur wenigen Minuten. Hitze. Starker Regen. Das Gefühl, mich nicht bewegen zu können. Gedämpfte Stimmen. Klopfen.

Dann wurde es still, und ich konnte mich wieder bewegen. Meine Augen waren die ganze Zeit geöffnet. Ich drehte mich um und sagte: ›Was zum Teufel ist hier los?‹

Dora und B. fingen beide gleichzeitig an zu reden ... durcheinander zu reden ... ich auch. Ich fragte: ›Habt ihr den Regen gehört? Was war das für ein Lärm? Wie viel Uhr ist es?‹B. sagte, die Besucher wären gerade dagewesen und ›um unsere Betten herumgeturnt‹. Dora sagte, es sei 2:40 Uhr und sie glaube nicht, dass das, was wir gehört hatten, Regen war. Wir gingen alle zur Tür und ... nein ... es hatte nicht geregnet. Alles war trocken, und wir hörten keine Vögel mehr.

Offenbar hüpften, als ich mich nicht umdrehen konnte, mehrere kleine blaue Wesen auf oder um B.'s Bett herum. Das war das Geräusch, das ich gehört hatte.« Während sich diese Dinge im Wohnzimmer abspielten, sahen Ed und sein Freund im Keller zu ihrem Erstaunen eine junge Frau die Treppe hinunterkommen. Sie hielt einen zerrissenen Pullover in der Hand. Es war eine enge Freundin von ihnen, die bei dem Erdbeben in Mexiko-Stadt 1983 ums Leben gekommen war. Sie war so schrecklich zerquetscht worden, dass ihr Pullover alles war, was noch von ihr geborgen werden konnte. Doch hier war sie, scheinbar völlig unversehrt, und hielt den Pullover in der Hand! (Das ist übrigens sehr typisch für Kontakte mit Menschen im Jenseits. Die meisten von uns können sie nicht hören, also erscheinen sie uns mit Gegenständen, durch die wir sie identifizieren können.) Nachdem sie ihnen die Information übermittelt hatte, dass es ihr gut ging, verschwand sie. Oben ging der Spaß noch etwa eine Viertelstunde weiter, dann verschwanden auch die dunkelblauen Akrobaten.

So ziemlich alle im Haus blieben auf und redeten bis zum Morgen über die Ereignisse, außer mir, Anne und unserem Sohn. Wir waren in unseren Schlafzimmern und verschliefen die ganze Sache. Wie ich heute weiß, handelte es sich um eine Kommunikation auf zwei Ebenen.

Es war das erste Mal, dass andere Menschen als wir und einige der Spielkameraden unseres Sohnes die Besucher im Blockhaus gesehen hatten. Es war auch ein weiterer Hinweis darauf, dass eine Verbindung zwischen diesen Wesen und den menschlichen Toten bestand. Ich sage »ein weiterer«, weil, wie ich in *The Super Natural* (»Das Übernatürliche«) und an anderer Stelle berichtet habe, bei der Communion/Gemeinschaft-Erfahrung während der Anfangsphase meiner Entführung ein toter Freund anwesend war. Ich habe das damals in *Die Besucher* und auch lange Zeit danach nicht erwähnt, weil ich mir der Bedeutung nicht bewusst war. Das änderte sich erst, als Anne mich darauf hinwies.

Ungefähr ein Jahr später kam der Filmemacher Drew Cummings zum Blockhaus und drehte dort einen Dokumentarfilm über die Verfilmung von *Die Besucher*, die als *Communion* in die Kinos kam. Raven Dana und Lorie Barnes waren wieder einmal anwesend. Eine dritte Frau befand sich an diesem Abend in der Gruppe, ebenso Ed Conroy und Dora Ruffner. Drew hatte eine spezielle Videokamera für Nachtaufnahmen mitgebracht und plante, sie im Haus aufzustellen, daher waren wir sehr zuversichtlich, dass die Besucher sich zeigen würden.

Am späten Nachmittag kam Lorie ganz verwirrt von einem Spaziergang zurück. Sie sagte, sie hätte eben ihren Bruder auf der Straße getroffen. Das Erstaunliche daran war, dass er seit zwanzig Jahren vermisst wurde und das FBI ihn inzwischen für tot erklärt hatte. Er war ihr in einem braunen Umhang mit Kapuze erschienen, ähnlich wie ihn auch einige der Besucher trugen, und stand im Wald direkt neben der Straße. Lorie bat ihn, mit ins Blockhaus zu kommen, um ihre Freunde kennen zu lernen, aber er sagte nur, dass sie am richtigen Ort sei. Dann schwebte er zurück zwischen die Bäume und verschwand.

Da wir zu diesem Zeitpunkt bereits wussten, dass das Erscheinen der Toten oft mit dem Kommen der Besucher verbunden war, glaubten Anne und ich, dass die Besucher später in dieser Nacht auftauchen würden.

Wir sagten den anderen natürlich nichts davon.

Inzwischen wussten wir, dass Tanzen und Singen sie manchmal anlockte, also gingen wir hinaus zu einer Höhle, in der ich damals oft meditierte.

Sie lag etwa anderthalb Kilometer vom Blockhaus entfernt in einer Felswand über einem Bach.

Es war eine Herausforderung, dorthin zu gelangen, und wenn man erst einmal drinnen war, konnte draußen niemand hören, wenn man laut schrie. Man konnte nicht schnell aus ihr flüchten, sondern musste mühsam hinausklettern.

Bis auf Cummings und seine Crew gingen wir alle in die Höhle und chanteten dort auf eine Weise, die ich schon seit mehreren Jahren verwendete: mithilfe von Obertongesang. Das erfordert eine kraftvolle Konzentration und gleichzeitiges Loslassen, wodurch die Stimmbänder unterschiedlich schwingen und die Stimme unwillkürlich und sehr harmonisch Obertöne erzeugt. Es ist eine tibetisch-buddhistische Disziplin, und ich hatte festgestellt, dass diese Form der Fokussierung manchmal die Aufmerksamkeit der Besucher erregte.

Als wir zurückkamen, unterhielten wir uns noch eine Weile, dann ging Anne nach oben. Lorie und der weitere weibliche Gast gingen in das eine und Raven in das andere der beiden Schlafzimmer im Erdgeschoss. Drew Cummings und seine Frau legten sich auf die Schlafcouch im Wohnzimmer, damit er sich um seine Kamera kümmern konnte, die während der ganzen Nacht aufnehmen sollte. Ich zeltete mit unserem Sohn im Wald, weil wir Lorie in seinem Zimmer einquartiert hatten. Ed und Dora übernachteten ebenfalls im Freien.

Einige Zeit später wurde Raven durch eine Bewegung geweckt. Das Erste, was sie sah, war ein Auge des Horus an der Wand. Es hing nicht dort. Es war vorher nicht dort gewesen. Dann bemerkte sie, dass etwas, das sie zunächst für einen Waschbären hielt, durch das Fenster hereingekommen war. Einen Augenblick später erinnerte sie sich daran, dass die Fenstergitter alle zugeschraubt waren, also konnte nichts Normales dort hereingelangen. Sie erkannte, dass es einer der Besucher war. In dem Moment, als ihr das klar wurde, streckte das Wesen seine Hand aus, und sie berührten sich. Dies war ein seltener Fall eines physischen Kontakts mit einer Person bei normalem Bewusstsein, und der Besucher übermittelte ihr eine köstliche und doch machtvolle Energie, die durch ihren Körper pulsierte. Sie hörte ihn in ihrem Kopf fragen, was er für sie tun könne. Sie antwortete: »Du könntest in diesen Flur gehen.« (Wo nun die Schwachlichtkamera in Betrieb war.) Dann verschwand er.

Einen Moment später wurde Lorie durch einen Schlag auf die Schulter geweckt. Sie sah das Wesen. Es starrte auf sie hinab, und im nächsten Augenblick war es weg.

Im Wohnzimmer wachte Drew auf und stellte fest, dass ein kleiner Mann mit einem großen Kopf neben dem Bett stand und auf ihn herabblickte. Er war natürlich erschrocken, und als er mit Überraschung und Angst reagierte, verwandelte sich der Kopf des Mannes in den eines Falken. Dann verschwand die Erscheinung.

Oberflächlich betrachtet haben wir es hier mit nichts als einem weiteren bizarren Ereignis an einem Ort zu tun, der zu dieser Zeit ein richtiges Spukhaus war.

Blicken wir ein wenig tiefer.

Den ersten Satz der Botschaft, die uns von den Besuchern übermittelt wurde, äußerten sie etwa ein Jahr zuvor. Damals beschloss ein Zimmermann, der an einem Haus in der Nähe unseres Blockhauses arbeitete, die Nacht dort zu verbringen, weil das Haus noch nicht zugesperrt werden konnte und alle seine Werkzeuge sich drinnen befanden. Mitten in der Nacht wachte er durch eine Bewegung auf und sah entsetzt, dass ein seltsamer kleiner Mann, der von Kopf bis Fuß dunkel gefärbt war, im Haus stand und ihn anstarrte. Der Handwerker sprang auf, und in diesem Moment verwandelte die Erscheinung sich in einen Paradiesvogel und verschwand vor seinen Augen.

In Kapitel 9 werden wir in alte Texte eintauchen, speziell den Pyramidentext in der Unas-Pyramide, um mehr über die Kommunikation der Besucher zu erfahren, die wie die Hieroglyphen piktografisch und gegenständlich ist.

Da wir keine piktografischen Sprachen mehr verwenden, ist es für uns besonders schwierig, diesen Aspekt der Ausdrucksweise unserer Besucher zu verstehen.

Bevor ich versuche, die Bedeutung zu entschlüsseln, lassen Sie mich eine Überlegung zu der Frage äußern, warum überhaupt Hieroglyphen verwendet werden. In dieser Situation könnte das alte Sprichwort »ein Bild sagt mehr als tausend Worte« nicht passender sein. Als bildliche Kommunikation betrachtet hinterließen diese wenigen kurzen Auftritte, die jeweils nur ein paar Sekunden dauerten, einen wahren Schatz an Informationen. Diese Qualität der Verdichtung ist ein durchgängiges Merkmal der Besucherkommunikation. Selbst wenn Worte verwendet werden, übermitteln sie mehrere Bedeutungen gleichzeitig. Als die Besucher zum Beispiel zu Colonel Philip Corso wörtlich sagten: »Eine Neue Welt, wenn ihr sie ertragen könnt«, waren beide Bedeutungen wichtig – ob wir bereit sind, das Neue in unser Leben hereinzulassen, und ob wir ertragen können, was es uns bringt.

Zuerst wird uns ein Paradiesvogel gezeigt, dann der Falkengott Horus. Das Bindeglied ist, dass beide Besucher das gleiche allgemeine Aussehen hatten und in beiden Fällen eine Verwandlung in einen Vogel stattfand. Der erste bildhafte Satz ist geradlinig. Er besteht in der Verwandlung in einen Paradiesvogel. Er sagt uns: »Ich kann fliegen wie ein Vogel, und ich gehöre zum Paradies.« Der nächste Satz besteht in dem Begriff Horus. Er ist komplexer. In der ägyptischen Mythologie gibt es gleich mehrere Vogelgottheiten dieses Namens, allen voran Horus den Älteren und Horus den Jüngeren, zwei verschiedene Götter mit unterschiedlichen Attributen. Aber es gab noch viele andere, sich in Details unterscheidende Manifestationen dieser Gottheit. Das legt nahe, sich Horus als Teil einer größeren Gruppe vorzustellen, vielleicht einer ganzen Zivilisation, einer Spezies, einer Welt. Der Pharao wurde zu Lebzeiten mit Horus identifiziert, was bedeutet, dass diese Wesenheit zum Leben gehört und zu dem, was wir uns als Königtum oder Führung vorstellen, als eine erhabene, mächtige Tradition. Die Falken-Hieroglyphe bezieht sich auf den Stern Sirius. Außerdem ist der Falke das schnellste Tier auf Erden. Er steigt in Kreisen in den Himmel auf, ähnlich wie die Energie, wenn sie in uns erwacht, entlang unserer Wirbelsäule aufsteigt. Der Falke ist also auch die aufsteigende Seele.

Was in diesen beiden kurzen Bildern aufscheint, ist eine Art Selbstporträt. Ein bemerkenswertes Wesen erzählt uns von sich selbst in einer Sprache der Verwandlungen, unter Verwendung von Bildern aus unseren eigenen uralten Erinnerungen und aus der Natur. Der erste Satz, den es zu dem Zimmermann sprach, sagt uns, woher es kommt und wie es sich fortbewegt. Der zweite lautet: »Ich bin ein König, und außerdem sehr schnell.« Dann: »Ich stamme vom Sirius, und ich kehre zurück.« Dann: »Ich bin eine lebendige Seele.« All das zum Ausdruck gebracht, ohne ein Wort zu sprechen oder aufzuschreiben, und doch beredt klar, wenn man akzeptiert, dass es eine Sprache geben könnte, die auf hieroglyphenartigen Zeichen und Bildern beruht, wobei die Worte nicht aufgeschrieben, sondern durch Veränderung des eigenen Aussehens kommuniziert werden.

Hier handelt es sich um ein weiteres Beispiel dafür, warum es für ein Leben in Gemeinschaft mit den Besuchern so wichtig ist, dass wir unsere gewohnten Bahnen verlassen. Vielleicht werden wir eines Tages in der Lage sein, mit ihnen auf eine für uns angemessene Weise zu sprechen. Aber niemals werden wir mit ihnen ein Gespräch wie das hier beschriebene auf rein verbale Art führen können – übrigens, was das betrifft, auch nicht mit uns selbst –, weil die lineare Sprache einfach nicht reichhaltig genug ist, um auf dieser Ebene kommunizieren zu können. Wenn wir auf diese Art bildlicher Informationsübermittlung achten, können wir selbst aus kurzen Gesprächen viel lernen.

Aber wer war der Besucher wirklich, und befindet sich dieses Paradies tatsächlich in einem anderen Sternensystem? Könnte es so einfach sein?

Eigentlich kann es sogar noch einfacher sein! Er teilte mit, dass er selbst Teil der Erleuchtung ist, einer universellen Möglichkeit, die uns allen offensteht. In diesem Sinne brachte er zum Ausdruck, dass es eine kontinuierliche Verbindung zwischen ihnen und uns gibt, denn wir befinden uns auf parallelen Reisen. Wir und sie suchen das Paradies, aber nicht auf einem fernen Stern. Wir suchen es im Hier und Jetzt, wo das Himmelreich oder die Erleuchtung, wie einige religiöse Texte behaupten, in uns selbst liegt.

Wenn wir die Welt um uns herum betrachten, die, voller Hass und Gewalt, dabei ist, in grundlegender Weise zu versagen, scheint es unmöglich zu sein, dass ein solcher Weg überhaupt existieren könnte, geschweige denn, dass wir ihn beschreiten könnten, geschweige denn, dass wir in uns selbst jemals dieses innere Königreich, das Paradies, finden könnten, zu dem dieser Horus uns durch sein Beispiel vermutlich führen will.

Aber wenn es unmöglich ist, warum machen sie sich dann überhaupt die Mühe, uns den Weg zu zeigen? Ich bezweifle, dass die Besucher dann überhaupt Kontakt zu uns suchen würden. Welchen Sinn hätten diese Kontakte in dem Fall? Deshalb betrachte ich diese rauen, furchteinflößenden Wesen als Geburtshelfer für die Menschheit und eine Neue Welt. Auf dem Weg durch den Geburtskanal haben sowohl Mutter als auch Baby mächtig zu kämpfen. Das Baby erlebt Schrecken und Schmerzen. Dann wird es an die Brust der Mutter gelegt und beginnt auf eine neue Art zu saugen. Alles, was vorher über die Nabelschnur aufgenommen wurde, muss nun über den Mund aufgenommen werden, und das Leben entfaltet sich. »Eine Neue Welt, wenn ihr sie ertragen könnt.« Das Baby erlebt zum ersten Mal, wie die normale Welt schmeckt, sich anfühlt und welches Wohlbehagen sie bereithalten kann, und Mutter und Kind gehen eine neue Bindung ein. Die Mutter ist nicht länger eine Abstraktion, sondern eine Person mit einer Stimme, die das Baby gerne hört, und einem Gesicht, das es in Erstaunen versetzt, und das Baby beginnt, erwachsen zu werden, und wird erwachsen, und die Mutter wächst in die Fülle ihres Frauseins hinein und später vergeht sie, wie das Kind, im großen Strom der Zeit und im Fluss des Lebens.

So ist es mit Mutter und Kind, und so wird es mit uns und der Erde geschehen. Und unsere Geburtshelfer wollen uns dabei unterstützen, dies auf eine neue Weise zu entdecken. Erst wenn wir wirklich geboren und sie von ihrer Anstrengung erschöpft sind, wird die wahre Beziehung zwischen uns und den Besuchern beginnen … vorausgesetzt, es kommt nicht zu einer Totgeburt.

Deshalb sind sie hier: um sicherzustellen, dass das nicht geschieht. Das vorliegende Buch ist Teil dieser Bemühungen. Aber ein Buch kann zu einer so großen Aufgabe nur einen kleinen Beitrag leisten. Wenn sie mit ihrer Arbeit fertig sind, werden wir alle, genau wie die Untertanen des besten Kaisers im achten Vers des *Tao Te King*, sagen: »Es ist ganz natürlich mit uns geschehen.« Auch wir, endlich befreit von der Hilflosigkeit des Lebens im Mutterleib, werden das Recht erlangen, zum Stern des Mannes aus dem Paradies aufzusteigen – und zu unserer eigenen Wahrheit.

Aber heißt das, dass dieser Mann vom Sirius stammt?

Buchstäblich?

Wir haben die Wahrscheinlichkeit erforscht, dass unser Planet einen Begleiter in einem Spiegeluniversum hat, aber wie wahrscheinlich ist es, dass es in diesem anderen Universum auch Außerirdische von anderen Planeten gibt?

Die Argumente dagegen sind zahlreich. Das erste lautet, dass wahrscheinlich niemand in der Lage sein wird, die unvorstellbaren Entfernungen zwischen den Sternen zu überwinden. Das zweite ist, dass, selbst wenn man theoretisch diese Möglichkeit hätte, der praktische Nutzen so gering wäre, dass niemand die Kosten dafür auf sich nehmen würde.

Das erste Argument nenne ich »Mangel an Sehvermögen«, das zweite »Mangel an Vorstellungsvermögen«.

Die Beweise, dass die Besucher von anderen Planeten kommen, sind nicht so stark wie die Beweise, dass ihr Ursprung sogar noch geheimnisvoller ist. In Anbetracht all der Berichte darüber, dass sie durch Wände gehen, nach Belieben erscheinen und verschwinden, levitieren und dergleichen mehr können, ist davon auszugehen, dass zumindest einige von ihnen auf vielen verschiedenen Realitätsebenen voll funktionsfähig sind. Sie sind in der Lage, so mühelos in unsere Welt einzutauchen und sie wieder zu verlassen wie wir ein Schwimmbecken. Vielleicht ist das alles nur ein technologischer Trick, aber es könnte auch sein, dass sie zwischen diesem und dem anderen Universum hin und her wechseln.

Als nach den nächtlichen Erlebnissen von Raven, Lorie und dem Ehepaar Cummings der Morgen dämmerte, ging ich mit meinem Sohn zum Blockhaus zurück. Dabei sahen wir plötzlich eine geisterhaft durchscheinende, vermummte Gestalt aus der Vordertür kommen. Wir wurden Zeugen, wie sie über die Terrasse und durch den Garten in den Wald rannte. Sie lief im Zickzack zwischen den Bäumen durch, wich ihnen sorgfältig aus. Zur gleichen Zeit erlebten Drew Cummings und seine Frau einen so intensiven Hitzeausbruch, dass sie beide auf den Beinen waren, als wir das Haus betraten. Sie dachten, das Bett hätte Feuer gefangen.

Was auch immer geschah, Folgendes können wir als sicher annehmen: Das Wesen besaß in dieser Welt eine feste physische Gestalt, sonst hätte es den Bäumen nicht ausweichen müssen. Es muss außerdem in der Lage gewesen sein, um sich herum das Licht zu beugen, während es sich im Haus befand, denn sonst wäre es nicht unsichtbar gewesen. Das wissen wir durch die Wärmefreisetzung, die erfolgte, weil das Wesen in seiner unmittelbaren Umgebung die Schwerkraft beeinflusste, was wiederum notwendig war, um das Licht zu beugen. Aus dem Verhalten der Flugobjekte, die von den *Nimitz*-Piloten gefilmt wurden, wissen wir außerdem, dass es in der Tat jemanden gibt, der Technologie einsetzt, mit der sich die Schwerkraft kontrollieren lässt.

Handelt es sich dabei nun um jemanden von der Erde, aus dem Spiegeluniversum, aus einer anderen Welt … oder, wieder einmal, um eine Kombination von alledem?

Das Hauptargument gegen die Alien-Hypothese war immer die Entfernungsfrage, aber das wurde kürzlich in Frage gestellt. Eine Arbeit, die von Jonathan Carroll-Nellenback und Kollegen im Februar 2019 im *Astrophysical Journal* veröffentlicht wurde, legt nahe, dass »die Milchstraße unter konservativen Annahmen über interstellare Raumschiffgeschwindigkeiten und Startraten mit Leichtigkeit besiedelt werden kann«. Zwar gehen sie davon aus, dass es derzeit keine interstellaren Besucher auf der Erde gibt, zeigen aber, wie die Berücksichtigung der stellaren Bewegung bei den Geschwindigkeitsberechnungen die Ausbreitung von Leben auf viel kürzeren Zeitskalen ermöglichen würde als bisher angenommen. Als in der Vergangenheit Ansätze wie die Drake-Gleichung erdacht wurden, mit der sich berechnen lässt, wie wahrscheinlich es ist, dass Wesen von anderen Planeten uns finden, ließ man die Tatsache außer acht, dass sich Sterne bewegen. Die Arbeit von Nellenback korrigiert diese Fehleinschätzung und zeigt, dass die Überwindung interstellarer Distanzen nach menschlichen Maßstäben zwar immer noch sehr lange dauert, aber durchaus möglich erscheint.

In Anbetracht all dessen ist es an der Zeit, damit aufzuhören, sich so sicher zu sein, dass jemand aus diesem Universum nicht hier sein kann – und zwar nicht nur aus diesem, sondern auch aus dem Spiegeluniversum, denn es gibt Beweise dafür, dass auch das als Ursprungsort in Frage kommt.

Das bringt mich zurück zum Sirius. Susan Brind Morrow schreibt in ihrem Buch über Hieroglyphen, *The Dawning Moon of the Mind* (»Der dämmernde Mond des Geistes«), dass die Falkenglyphe sowohl mit Horus als auch mit Sirius in Verbindung gebracht wird. Als hellster Stern am Himmel wird Sirius in der Mythologie besonders häufig erwähnt. Bei den Griechen war er wegen seiner Position im Sternbild Canis Major, dem Großen Hund, als Hundsstern bekannt. Die gleiche Bezeichnung findet sich in vielen Kulturen der Welt wieder, die keine offensichtliche Verbindung zu Griechenland haben. In der chinesischen und japanischen Mythologie ist er als Wolfsstern bekannt, und bei vielen indianischen Stämmen wird er ebenfalls als Hundsstern bezeichnet.

Beim Volk der Dogon in Mali, von dem man annimmt, dass bei ihnen eine Verbindung zum alten Ägypten bestand, gibt es eine Geschichte, dass bestimmte im Wasser lebende Wesen, die sogenannten Nommos, vom Sirius auf die Erde gekommen seien und den Menschen Wissen gebracht hätten, und Horus, obwohl er das Gegenteil einer Wassergottheit ist, gilt bei ihnen ebenfalls als Wissensbringer. Darüber hinaus ist eine der Erscheinungsformen der Apkallus, der mythologischen Wissensbringer der Sumerer und anderer verwandter Kulturen, die eines Mannes, der einen Mantel aus Fischhaut trägt.

In meiner eigenen jüngsten Erfahrung hat der Hund eine starke symbolische Rolle gespielt. Ich habe die Wesen, die im Jahr 2007 bei uns zu Hause auftauchten, als Hunde wahrgenommen. Im September 2019 hatte ich eine lange Interaktion mit einem Wesen, das als schwarzer Hund erschien. Es handelte sich dabei nicht um eine physische Erfahrung, aber sie war sehr kraftvoll. Ich fühlte mich, als würde ich von einem aufmerksamen und durchdringenden Geist beobachtet – also wohl kaum das, was wir einen Hund nennen würden. Ich hatte das Gefühl, dass meine Lernfortschritte von ihm überprüft wurden.

So öffnete der Mann aus dem Paradies, wie es scheint, mit seinem kurzen Besuch eine Tür zu einer riesigen Menge an Mythen und einem der großen Mysterien der Vergangenheit, sowie letztlich auch zu meiner eigenen Erfahrung. Sirius ist in so vielen Kulturen so wichtig und wird so oft mit dem Bringen von Wissen und dem Aufstieg zu den Sternen in Verbindung gebracht, und von allen Besuchern, die ich getroffen habe, haben diejenigen, die das Symbol des Hundes benutzten, um mich anzusprechen, das meiste Wissen vermittelt.

Ich weiß, dass sich das alles sehr seltsam anhört, aber in der Kommunikation mit den Besuchern ist es wichtig, auf asymmetrische Methoden vorbereitet zu sein, insbesondere auf die Verwendung von Bildern in einer Weise, die bei uns nicht üblich ist.

Das gilt übrigens auch für Töne oder Klänge. Ein Beispiel dafür ist der Vorfall mit dem neunmaligen Klopfen, den ich in *Transformation* beschreibe. Ich saß im Wohnzimmer des Blockhauses, als plötzlich laut auf das Dach geklopft wurde, und zwar in drei deutlich und genau gleichmäßig voneinander abgesetzten Einheiten von je drei Schlägen. Diese Töne waren, wie die drei Schreie, die ich über dem Wald hörte, von einer absolut erstaunlichen Perfektion. Ich glaube, man muss es selbst gehört haben, um das wirklich nachvollziehen zu können. Man begreift dann sofort, dass man gerade eine vollkommen neue Erfahrung macht. Meine Katzen begriffen es auf jeden Fall. Sie sträubten ihr Fell und verkrochen sich jaulend hinter dem Sofa.

Ich weiß nicht, ob das beabsichtigt war, aber die Klopfzeichen spiegeln eine Tradition der Freimaurer wider, bei der jemand, der in den 33. Grad aufsteigen soll, auf diese Art an die Tür der Halle klopft, bevor man ihn einlässt. Auch gibt es einen Bezug zu Gurdjieffs Gesetz der Drei und zum Rätsel der Sphinx, ebenso wie zu der alchemistischen Vorstellung, dass Salz und Schwefel durch Quecksilber ausgeglichen werden. Das Prinzip wird im Rätsel der Sphinx dadurch ausgedrückt, dass Mut (der Löwe) und Stärke (der Stier) durch den Geist (den menschlichen Kopf) ins Gleichgewicht gebracht werden.

Wenn die drei in Harmonie sind, dann breitet die Sphinx, wie der Mann aus dem Paradies, ihre Flügel aus und schwebt in die Höhe, um mit ausgeglichenem und objektivem Blick auf die Sorgen der Welt herabzusehen.

Menschen mit Kontakterfahrungen werden, wenn sie ihr eigenes Leben betrachten, vermutlich auf ähnliche Kommunikationen stoßen – mit reichen visuellen Eindrücken und einem Bezug auf das Leben der Seele und das Wachstums des Bewusstseins, was darauf hindeutet, dass unsere alten spirituellen Pfade auch weiterhin eine Reise wert sind.

9 GETEILTE LEBEN

In diesem Buch beschreibe ich verschiedene Arten nichtmenschlicher oder nicht-physischer Wesen. Es gibt Besucher, die mal physisch und mal nicht-physisch auftreten und die, wenn sie eine physische Gestalt annehmen, uns nicht ähneln. Es gibt die menschlichen Toten, von denen einer, so habe ich es erlebt, einmal für kurze Zeit eine physische Version seiner selbst erzeugte. Dann gibt es das Bewusstseinsfeld, das ich auch als »Präsenz« bezeichnet habe und das mir der große Urgrund der Realität zu sein scheint, den Anne einmal als die »Sehnsucht« beschrieben hat, die allem, was ist, zugrunde liegt. Es ist diese Präsenz, die die Lichterscheinungen hervorgebracht hat, die ich in der Vergangenheit als Gott zu identifizieren versuchte und die ich jetzt als eine Art Feld aus bewusster Energie betrachte, das die Basis von allem bildet, was existiert.

In diesem und dem nächsten Kapitel geht es ganz konkret um unsere nichtmenschlichen Besucher. Es geht darum, was sie wollen und was sie zu geben haben und was sie sich nehmen werden, wenn wir sie im Stich lassen.

Ihre Bedürfnisse werden uns genauso fremd erscheinen, wie unser Leben es für sie ist. Aufgrund der Art und Weise, wie sie strukturiert sind, können sie, wie ich bereits erwähnte, keine Überraschungen erleben. Ihr Leben, gefangen in etwas, das einer ewigen Gegenwart gleichkommt, ist ohne all die Aufregung, die Wunder und die Schönheit, all den Schmerz und Schrecken, all das an *Lebendigkeit*, das die menschliche Erfahrung ausmacht.

Und genau deshalb kommen sie hierher: um Überraschung, Schönheit, Aufregung zu erfahren. Sie, die lebendig und zugleich tot sind, sind hier, um Leben zu spüren. Unsere Blindheit für die Zukunft, die für sie unser wertvollstes Gut ist, ermöglicht es uns, neue Erfahrungen zu machen und daraus zu lernen. Es ist das, was uns die Reise zu Aufstieg und Ekstase ermöglicht.

Sie verfügen über alles Wissen, das es gibt, aber sie können diese Reise nicht machen. Deshalb ist ihnen so verzweifelt daran gelegen, dass wir überleben, denn wir sind ihre wichtigste Chance, am Wunder des Lebens teilzuhaben und seine Freuden zu spüren. Sie wollen, dass wir uns zusammentun, dass wir miteinander kooperieren.

Wir werden für die Aufregung der Reise sorgen, und sie können das Wissen beisteuern, um unser Schiff vor dem – zur Zeit unmittelbar drohenden – Untergang zu bewahren.

Ich weiß nicht, warum sie so sind, wie sie sind, oder warum sie die Bedürfnisse haben, die sie haben. Ich denke aber, es ist ein verdammtes Glück für uns, denn ohne ihre Hilfe haben wir wohl keine Chance zu überleben. Mit ihrer Hilfe können wir zu einem enormen, außergewöhnlichen Motor der Erfahrung werden. Wir werden Reisende, die jedem Ort zustreben, wo Neues zu finden ist. Wir werden die Weite zwischen den Sternen durchqueren und neue Wege im Spiegeluniversum und in anderen Universen finden und dabei unsere brillanten Begleiter mit uns tragen, die uns all das Wissen zur Verfügung stellen, das wir brauchen, um die menschliche Reise großartig zu machen und dauerhaft – und ....

um ihnen zu geben, was sie so verzweifelt brauchen, nämlich Anteil an unserem Wunder.

Vielleicht durchstreifen sie ja, wie Kuiper und Morris spekulierten, das Firmament auf der Suche nach neuen Erfahrungen, weil sie selbst so viel erfahren haben und wissen. Vielleicht sind sie keine natürlichen Wesen wie wir, sondern bewusste Maschinen und können die Reise durch das Himmelstor nur Hand in Hand mit uns machen.

Wie auch immer sie dorthin gelangt sein mögen, wo sie sich heute befinden, ich bin mir ziemlich sicher, dass das, was ich hier beschreibe, der entscheidende Grund dafür ist, warum sie Kontakt mit uns wollen, der tiefste Sinn unserer Kommunikation. Ihre Chance, sich der sich ausbreitenden Wellenfront der Ekstase anzuschließen, die das wahre Ziel des Lebens ist, hängt davon ab, dass sie eine Partnerschaft aufbauen – mit uns, die wir gar nicht anders können, als auf dieser Wellenfront zu reisen.

Als ich sie näher kennenlernte, entwickelte ich Mitgefühl für die Not, in der sie sich befinden. Ich habe außerdem herausgefunden, dass es zwischen ihnen und uns Gemeinsamkeiten gibt. Das habe ich genutzt, um auch von unserer Seite aus eine Basis für freundschaftliche Beziehungen zu finden.

Und offen gesagt: Ich bin begeistert von dieser Partnerschaft! Viele von uns werden Kontakte mit den Besuchern anfangs als beängstigend empfinden. Sie werden fürchten, dass es sich um eine Form von Besessenheit handelt. Aber genau das darf es auf keinen Fall sein. Es bleibt ihnen gar nichts anderes übrig, als auf stille Art an unserem Leben teilzunehmen, denn sonst werden sie nicht bekommen, was sie wollen. Es ist nicht nur so, dass sie keinen Besitz von uns ergreifen wollen, sondern sie werden alles in ihrer Macht Stehende tun, um uns *nicht* der Totalität ihres Wissens auszusetzen. Denn das würde die Partnerschaft mit uns für sie ruinieren. Ihr Abenteuer und ihre Freude hängen davon ab, dass wir nicht alles wissen.

In diesem Sinne passen wir perfekt zusammen: Wir brauchen ihr Wissen, sie brauchen unsere Unschuld.

Wir haben das Potenzial, dies mit ihnen zu teilen, weil wir tief im Inneren aus demselben Stoff gewebt sind. Sie und wir sind von Natur aus Raubtiere. Wie ich in Kapitel 10 darlegen werde, habe ich außerdem Grund zu der Annahme, dass ihre Teilnahme an unserem Leben zwar für beide Seiten von Vorteil sein kann, es aber auch Situationen gibt, in denen ihre räuberischen Instinkte die Oberhand gewinnen, und ich weiß auch, warum das so ist.

Normalerweise leben sie mit uns, so wie sie es mit mir tun, in einer Symbiose, die größtenteils im Verborgenen stattfindet und daher in einer Weise begrenzt ist, die sie als sehr frustrierend empfinden. Sie können nicht offen an unserer Reise mitwirken, sondern reiten heimlich an unserer Seite, ohne je das Ruder des Lebens übernehmen zu können, nicht einmal dann, wenn das in unserem besten Interesse wäre.

Gerade die jetzige Zeit ist dafür ein gutes Beispiel. Könnten sie ihr Wissen direkter mit uns teilen, stünden wir nicht kurz davor, uns selbst auszulöschen.

Normalerweise, so erlebe ich es, nehmen sie Anteil, aber sie nehmen uns nichts weg – womit ich meine, dass sie uns nicht den Reichtum an Erfahrungen wegnehmen, den wir auf unserer Reise durch das Leben in uns ansammeln. Nach meiner Erfahrung entnehmen sie aus unseren Seelen nur das, was wir selbst aufgegeben haben. Aus diesem Grund ist es so wichtig, dass wir unser Leben intensiver, reicher und wacher erfahren – die Art von klarer Bewusstheit, wie G. I. Gurdjieff und andere sie gelehrt haben. Wenn Sie gleichzeitig Ihr Leben leben und sehen, wie Sie es leben, dann können die Besucher nichts anderes tun, als Ihre Erfahrung mitzuerleben. Von dem Lebendigen, das Sie erfüllt, können sie Ihnen nicht das kleinste Stückchen wegnehmen. Aber es gibt deutliche Indizien dafür, dass sie sich frei fühlen, das zu nehmen, was wir in uns selbst absterben lassen und aufgeben, und dass sie, wenn wir uns ganz aufgeben, das Gefühl haben, sich alles nehmen zu dürfen.

Wenn man ihnen physisch gegenübersteht – was ich bei einigen seltenen Gelegenheiten getan habe –, spürt man nicht nur die verheerende Kraft ihrer spiegelnden Augen, sondern auch, dass sie Raubtiere sind. Vermutlich spüren sie unsere räuberische Natur ihrerseits, denn sie sind wachsam und misstrauisch. Der Unterschied ist, dass sie nach unseren Seelen hungern, während wir so orientiert sind, dass wir uns auf der körperlichen Ebene gegen sie wehren.

Als ich meine ersten Versuche unternahm, mich auf sie einzulassen, war ich einfach nur erstaunt über das Ausmaß an Angst, das ich erlebte. Als ich erlebte, wie meine Katzen auf das neunmalige Klopfen reagierten, war ich schockiert. Die Tiere waren verängstigter, als ich es für möglich gehalten hätte. Wenn Katzen Angst haben, plustern sich ihre Schwänze auf, aber wenn sie *richtig* in Panik geraten, wie in dieser Nacht, werden sie von Kopf bis Schwanz zu einem einzigen Fellball. Ihr Gefauche war einfach unheimlich. Ich glaube, sie reagierten so, weil auch Tiere eine Seele haben und sie wussten, dass ihre Seelen bedroht waren. Und das ist viel schrecklicher als der drohende Tod.

Ich glaube zwar nicht, dass wir die Besucher unbedingt fürchten müssen, aber wir müssen uns der Art der Bedrohung bewusst sein, die von ihnen ausgehen kann. Der Grund, warum ich nicht glaube, dass Angst unbedingt die angemessene Reaktion ist, kommt aus meiner eigenen Lebenserfahrung: Die Besucher sind seit dreißig Jahren Teil meines Lebens, und ich bin immer noch hier, immer noch frei und lebe ein reiches, erfülltes Leben.

Ein weiterer Grund ist die Art und Weise, wie sich unsere Beziehung im Laufe der Zeit entwickelt hat. In den frühen Tagen ging ich nachts in den Wald und war beinahe unfähig, einen Fuß vor den anderen zu setzen. In den zehn Jahren, in denen ich das tat, hatte ich die ganze Zeit Angst. Mit anderen Worten: Die Nähe hat nicht geholfen. Denn es geht nicht darum, sich irgendwie an sie zu gewöhnen. Es geht darum, dass Sie sich selbst so gut verstehen, wie die Besucher Sie verstehen, damit Sie, wenn deren Blick bis zu Ihren dunkelsten, verborgensten Seiten vordringt, nicht schockiert sind von dem, was Sie dort sehen, und deshalb keine Angst haben. Wenn meine Erfahrung ein Beispiel dafür ist, was Sie erleben werden, wenn Sie sich selbst wirklich kennenlernen, dann können Sie davon ausgehen, dass Sie sich selbst mehr Verständnis entgegenbringen werden. Ihre Scham, Ihre Angst zu versagen, Ihre Unvollkommenheit – all das in Ihnen, dem Sie sich nicht stellen wollen – wird von einer großen Woge der Akzeptanz durchflutet, und Sie werden frei. Immer noch dieselbe Person, aber frei. Und dann werden Sie damit anfangen, tief in Ihrem Leben und tief in sich selbst so viel wie möglich von den Verletzungen zu reparieren, die Sie in die Welt gebracht haben.

Das bedeutet es, ein Suchender zu sein, und wenn Sie sich dieser bunt zusammengewürfelten Truppe anschließen, werden Sie feststellen, dass die Besucher, so schrecklich sie auch manchmal erscheinen mögen, Ihre Gefährten sind.

Im Februar 2019 verbrachte ich mit ihnen die Nacht allein in einem Haus, das meilenweit von jeder Hilfe entfernt war und von wo es kein schnelles Entkommen gab. Wir hatten ein Treffen, und es war nicht angenehm. Sie waren wütend, weil das Buch zu langsam vorankam. Das Treffen war kein zivilisierter Sitzkreis. Das wohl kaum. Aber es war auf jeden Fall ein Treffen. Was passierte, war, dass ich vorschlug, tagsüber an diesem Buch zu arbeiten und nachts an einem Roman, auf den ich mich schon lange freute. Die Antwort war ein entschiedenes »Nein«.

Vor zwanzig Jahren wäre ich aus dem Haus gerannt, in mein Auto gestiegen und direkt in die Tiefen der nächsten Stadt gefahren. In dieser Nacht, nachdem unsere heftige Diskussion abgeschlossen war, ging ich nach oben und legte mich ins Bett. Ich schlief gut, unterbrochen wie immer von der Meditation um 3

Uhr morgens, bei der sie mir so nahe waren, dass es sich anfühlte, als würde mich aus einem Meter Entfernung ein hungriger Tiger anstarrten. Aber da war auch Liebe. Jede Menge Liebe. Ja, ich befand mich Auge in Auge mit einem Tiger, aber ich bin nicht die Beute dieses Tigers, und meine Seele weiß das.

Wie habe ich also dieses kleine Zauberkunststück vollbracht? Ich bin immer noch ziemlich unvollkommen. Der Unterschied ist, dass ich das heute nicht mehr verleugne. Ich kenne und akzeptiere meine Schwächen, und wenn die Besucher sie sehen, sehe ich sie auch und bin weder abgestoßen noch überrascht. Ich habe mich akzeptiert, mitsamt meinen Warzen und allem.

Das Ergebnis ist, dass ich mich wohlfühle, wenn ich mein Seelenleben mit ihnen teile.

Trotzdem fühlt es sich unglaublich gefährlich an, wenn wir sie hereinlassen, wenn wir uns für sie öffnen. Ich weiß das mit Sicherheit, denn ich tue es seit Jahren und hatte immer wieder mit der Angst zu kämpfen, die das in uns auslöst.

Jedenfalls bin ich zu dem Schluss gelangt, dass sie für mich nicht gefährlich sind, und ich denke auch nicht, dass sie es nach meinem Tod sein werden. Anne war nicht perfekt, und sie ist dennoch aufgestiegen. Ich habe es miterlebt. Tatsächlich stirbt die große Mehrheit von uns in einen höheren Zustand hinein, wobei all der Reichtum und die Komplexität und die Schönheit des Lebens, das wir gelebt haben, zu der Ekstase beitragen, die das höhere Ziel allen Lebens ist.

Ekstase beinhaltet jedoch nicht nur angenehme Erfahrungen. Es ist der Prozess des Annehmens aller Erfahrungen. Ekstase ist alles – versöhnt.

Es heißt nicht umsonst, dass der Teufel ein Verführer ist, und ich habe mich von ihm zu allen möglichen Wutausbrüchen, Leidenschaften und so weiter verleiten lassen, einfach weil das aufregend war. Aber dasselbe Wesen, das mich, als Dämon, mit Versuchungen lockte, die mich voller Reue zurückgelassen und meinen späteren Aufstieg behindert hätten, glühte im realen Leben auch vor Erregung, wenn ich Liebe fühlte.

Die Besucher haben mir während all dieser Jahre mit unendlicher Entschlossenheit und Geduld beigebracht, wie ich mich als Mensch auf bestmögliche Weise entwickeln kann, damit ich für sie zum Partner werde, statt ihr Opfer zu sein. Ich habe den Eindruck, dass ich die tiefe Angst vor ihnen verloren habe, weil mein Instinkt mir heute sagt, dass ich nicht zu ihrer Beute werde. Ich bin für sie nicht länger eine potenzielle Nahrungsquelle, sondern ein Partner auf der Reise. Ich teile mein Leben mit ihnen, und im Gegenzug lassen sie mich an ihrem Wissen teilhaben.

Übrigens glaube ich, dass dieses Tauschgeschäft das Potenzial hat, uns zu retten. Was wäre, wenn es zehntausend Wissenschaftler wie Ed Belbruno gäbe, die alle wie er von den Besuchern Wissen empfangen? Wir haben es mit einem weiteren enormen Zuwachs an menschlichem Wissen zu tun, der auch den Zusammenbruch der Barriere zwischen der physischen und der nicht-physischen Seite unserer Spezies mit sich bringen wird, und damit eine neue Vision davon, was der Tod bedeutet und wie man ein moralisches Leben führt.

So wie sie im Bereich des Nicht-Physikalischen Raubtiere sind, sind wir es in der physischen Welt. Lebewesen, mit denen wir in Symbiose leben, sind für uns keine Beute. Hunde und Katzen essen wir nicht, weil sie für uns arbeiten. Die Katzen kamen in die Kornkammern der Ägypter und fraßen die Mäuse und Ratten. Die Ägypter waren so erfreut, dass sie diese Raubtiere nicht nur mit Respekt behandelten, sondern als Götter ansahen. Hunde halfen uns bei der Jagd. Mit Pferden ist es genauso. Zehntausend Jahre lang trugen sie unsere Lasten. Andere Lebewesen, die wir als Haustiere halten und gerne um uns haben, wie Affen, Vögel und dergleichen, müssen ebenfalls nicht fürchten, in unserer Speisekammer zu enden.

In der Natur gibt es symbiotische Beziehungen in großer Zahl, und es deutet alles darauf hin, dass genau das auch zwischen uns und den Besuchern geschehen soll. Es gibt allerdings einen Unterschied zwischen dieser Symbiose und der, die zum Beispiel zwischen uns und Hunden existiert. Er besteht darin, dass auch wir hochintelligent sind. Daher bietet sie das Potenzial für eine wirklich elektrisierende Partnerschaft, von der beide Seiten enorm profitieren werden.

Für uns bedeutet das Erkenntnis und eine Stärkung unserer Fähigkeiten, was wiederum unsere Chancen erhöht, die drohende Katastrophe abzuwenden. Für sie bedeutet es Befreiung aus dem Zustand als lebende Tote, die immer schon wissen, was der nächste Schritt sein wird.

Also stellt sich uns die Frage: »Wie kann ich Symbiont werden, statt gefressen zu werden?« Und die Antwort könnte einfacher nicht sein: Werden Sie eine starke Seele, wobei es keine Rolle spielt, ob Sie wirklich an die Seele glauben oder nicht: Bauen Sie innere Stärke auf.

Die Welt ist voll von Texten darüber, wie die Seele funktioniert, warum es sie gibt und was ihr Schicksal sein mag. Alle diese Texte behandeln die Angelegenheit im Kontext der verschiedenen religiösen Überzeugungen. Das moderne säkulare Skript, dem ich während des größten Teiles meines Erwachsenenlebens gefolgt bin, besagt, dass die Seele überhaupt nicht existiert. Das ist eine schöne Wendung, weil sie diejenigen, die diesem Glauben anheimfallen, so verletzlich macht.

Wenn wir die Realität des Seelenlebens und der Verwundbarkeit der Seele objektiver erforschen, stellt sich die Frage, ob es einen Weg gibt, außerhalb des religiösen Kontextes eine starke Seele aufzubauen. Ist es möglich, ein moderner, säkularer Mensch zu sein und trotzdem bewusst auf die eigene Seele zu achten?

Ja, das ist möglich, und dafür müssen Sie sich noch nicht einmal mit der Frage befassen, ob Sie wirklich eine Seele haben oder nicht. Ein gutes Leben zu führen lohnt sich in jedem Fall, auch ohne den Glauben, dass die Seele real ist. Auf der anderen Seite, wenn die Religion ihr bevorzugter Pfad ist, bietet sie Ihnen sehr effektive Möglichkeiten zum Aufbau einer starken Seele. Natürlich hält sie außerdem Fallstricke bereit, von denen der wichtigste darin besteht, dass die Gläubigen jeden umbringen sollen, der anders gläubig ist als sie. Wie Anne sagt: »Die menschliche Spezies ist zu jung für Glaubenssätze. Was wir brauchen, sind gute Fragen.« Das gilt besonders, wenn es um Religion geht. Für keine heutige oder frühere Religion besitzen wir bisher ein solides Wissensfundament, das den jeweiligen Glauben unterstützt.

Das bedeutet nicht, dass diese religiösen Überzeugungen falsch, und schon gar nicht, dass sie nutzlos sind. Der erhabenste Text über Meditation, der je geschrieben wurde, *Das Geheimnis der Goldenen Blüte*, ist ein taoistischer Text aus dem alten China. Er ist auch eine brillant einsichtige Untersuchung, wie man Seelenenergie nutzen und die Seelenstärke erhöhen kann.

Als die Besucher mir zum ersten Mal zeigten, dass die Seele außerhalb eines religiösen Kontextes verstanden werden kann, machte ich mich auf die Suche nach einer Möglichkeit, dies zu tun. War eine objektive Wissenschaft der Seele möglich? Gab es sie irgendwo, oder hatte es sie je gegeben?

Es gibt einen sehr alten Text, der nicht völlig religiös ist, sondern eher das Leben der Seele durch eine objektive Linse untersucht, die ich Seelenwissenschaft nenne.

Das liegt daran, dass es in diesem Text um das Leben der Seele, ihre Gesundheit und Ernährung und die Reise ihres Aufstiegs geht, aber mit wenigen religiösen Bezügen. Es handelt sich, mit anderen Worten, um eine Art Handbuch für die Arbeit mit der Seele. Und es beruht auf etwas, das ich für eine verlorene, objektive Wissenschaft von der Seele halte.

Ich habe den Verdacht, dass es eine Zeit gab, in der wir unsere Seelen direkter wahrnehmen konnten und sie nicht in jener Illusion verschwinden ließen, die man das Übernatürliche nennt. Mit Wissenschaft meine ich hier die systematische Erforschung durch

Beobachtung und Experiment, bei der wir die Seele als Teil der physischen Welt betrachten wie jedes andere natürliche Phänomen – was sie meiner Meinung nach auch ist.

Der Text, auf den ich mich beziehe, ist der von mir in Kapitel 8 bereits erwähnte dreitausendzweihundert Jahre alte Text, der in der Pyramide des Unas gefunden wurde. Bevor ich schildere, wie darin die Seele und ihre Verbindung zum Körper beschrieben wird, möchte ich auf die hier beteiligte Energie eingehen.

Wir sprechen dabei heute üblicherweise von *Prana*, *Chi* oder *Kundalini*. Aufgrund der Tatsache, dass die Wirksamkeit dieser Energie bei der Akupunktur demonstriert werden konnte, glauben einige westliche Wissenschaftler inzwischen, dass sie existiert, aber ein direkter Nachweis gelang bisher nicht. Ich denke, dass sie aus dem gleichen Grund nicht gemessen werden kann, wie die Existenz der Besucher sich noch der Beweisbarkeit entzieht: Diese Energie wird sich nicht der Entdeckung durch jemanden unterwerfen, der nicht versteht, dass sie ein Bewusstsein besitzt. Es existiert zu diesem Thema bis jetzt wenig Literatur, aber der rätselhafte Meister des Schlüssels sprach während unseres Treffens 1998 ausführlich darüber. Er sagte: »Bewusste Energie ist, anders als unbewusste Energie, nicht der Diener derer, die ihre Gesetze verstehen. Um Zugang zu den Kräften der bewussten Energie zu erhalten, musst du eine Beziehung zu ihr aufbauen. Lerne ihre Bedürfnisse kennen und lerne, sie zu erfüllen.« Ich fragte dann, wie man das macht. Er antwortete: »Indem du zuerst erkennst, dass du nicht von ihr abgeschnitten bist. Es gibt nichts Übernatürliches. Es gibt nur die natürliche Welt, und du hast Zugang zu all dem. Die Seelen sind Teil der Natur.« Er sagte außerdem, dass diese Energie Teil des elektromagnetischen Spektrums und als solche messbar ist, aber auch, dass sie nicht passiv ist und selbst entscheidet, ob sie gemessen werden kann oder nicht, und in welchem Ausmaß.

Die Besucher sind voll von dieser bewussten Energie. Wenn einer von ihnen Sie berührt, spüren Sie die Energie in Wellen durch Ihren Körper strömen. Das kann angenehm sein, so wie es bei Raven Dana der Fall war. Es kann aber auch so stark sein, dass es uns regelrecht außer Gefecht setzt. Ich habe das schon erlebt. Es kann schmerzhaft sein, wie es mir geschah, als sie mich im September 2015 wachrüttelten. In Kontakt mit ihr zu kommen, während sie durch den Körper fließt, kann gesund sein, was der Grund dafür ist, dass Akupunktur und die Wahrnehmungsübung eine so positive Wirkung haben.

Wenn ich den Pyramidentext richtig interpretiere, verfügten die Ägypter zu diesem frühen Zeitpunkt ihrer Geschichte noch über ein objektives Verständnis dieser Energie.

Woher sie dieses Wissen hatten, ist unklar, aber es scheint, dass ein großer Teil unserer Vergangenheit in Vergessenheit geriet. (Das ist im Grunde gar nicht geheimnisvoll. Als die letzte Eiszeit endete, stieg der Meeresspiegel um neun Meter, teilweise noch höher, so dass weite Küstengebiete überflutet wurden.

Unterwasserarchäologie ist teuer und sehr schwierig durchzuführen, mit dem Ergebnis, dass wir wenig darüber wissen, was sich einst an diesen Küsten befand.)

Für die Ägypter zur Zeit des Pharao Unas war die Energie in der Wirbelsäule das Bindeglied zwischen dem physischen Körper und dem, was ich als den energetischen Körper betrachte. Sie glaubten, dass es im Grunde drei spirituelle Körper gibt, den *Ka* oder nicht-physischen Doppelgänger der Person, den *Ba*, der in der Lage ist, zwischen der Welt der Lebenden und der Welt der Toten zu reisen, und den *Akh*, jenen Teil, der den Tod überlebt. Sie glaubten, dass sich bei bösen Menschen kein *Akh* heranbildet, so dass sie nach dem Tod einfach verschwinden, wie Anne es nach ihrem Tod beobachtet hat.

Der Pyramidentext beschreibt die Wirbelsäule als eine Energieschlange. Sie ist mit dem Körper durch sieben sie umgebende kleinere Schlangen verbunden, die *Ta-ntr*. Ich denke, dass aus diesen sieben Schlangen später die *Chakras* oder Energiewirbel wurden, die wir heute aus der indischen Spiritualität kennen, und dass aus der Vorstellung von den *Ta-ntr* das Tantra hervorgegangen sein könnte, obwohl es dafür keine wissenschaftlichen Beweise gibt.

Es kommt aber darauf an, diese Verbindung zu verstehen. Ich hatte schon mehrfach außerkörperliche Erfahrungen. Bei drei dieser Gelegenheiten war ich für andere Menschen sichtbar, daher bin ich mir ziemlich sicher, dass die Vorstellung, es handele sich dabei lediglich um einen inneren Zustand, nicht zutrifft. Die drei Zeugen dieser Vorfälle waren Linda Moulton Howe, die das öffentlich bestätigt, der verstorbene Radiomoderator Roy Leonard und ein Wissenschaftler, dessen Namen ich nicht nennen darf.

Ich habe viele Male versucht, eine außerkörperliche Erfahrung selbst herbeizuführen, aber mit wenig Erfolg. Zweimal wurde ich aus meinem Körper herausgeholt, und ich halte es für wichtig zu erwähnen, dass ich dabei das Gefühl hatte, dass etwas entlang meiner Wirbelsäule geöffnet wurde oder dass eine Art Schockwelle sie von oben nach unten durchzuckte. Dann war ich in der Lage, mich aus meinem physischen Körper herauszurollen und mich durch meine Umwelt zu bewegen, wobei ich bewusst und wahrnehmungsfähig blieb. Als ich von dem Wissenschaftler gesehen wurde, war ich in der Lage, ein Gespräch mit ihm zu führen. Ich war jedoch nicht in der Lage zu kontrollieren, worüber wir sprachen. Ich war als Bote zu ihm geschickt worden und sagte ihm, er müsse sich der Realität seiner Seele stellen und sie stärken. Dafür sei es erforderlich, alles zu tun, um mit sich selbst ins Reine zu kommen. Er beschloss daraufhin, sich der Religion zuzuwenden. Das ist gut so. Wie ich schon sagte, bieten die Religionen nützliche Wege zur Stärkung der Seele an.

Wenn ich eine außerkörperliche Erfahrung mache, verlässt mein Bewusstsein, oder jener Wesensteil, den ich als mein Ich identifiziere, meinen Körper. Es ist nicht der Teil, der meinen Namen trägt, sondern etwas Tieferes. Ich denke, dass es sich dabei um den zweiten Körper handelt.

Er ist nicht formlos, sondern räumlich begrenzt. Ich fühle mich dabei wie eine Art Orb.* Mit anderen Worten, es ist ein Körper, aber er hat nicht die vertraute Form, bis ich für andere sichtbar werde. Daraufhin nimmt er eine Gestalt an, die als meine Person erkennbar ist, im Allgemeinen in der Kleidung, die ich zum Zeitpunkt des Austritts oder kurz davor trug.

Ich möchte an dieser Stelle nochmals erwähnen, dass ich den Vorgang nicht kontrollieren kann. Die beiden klarsten Erfahrungen dieser Art begannen mit jenem Gefühl des Aufgeschlossenwerdens entlang der Wirbelsäule. Dass ich in dem Zustand von anderen gesehen wurde, habe ich mir in keiner Weise ausgesucht, und ich war auch nicht in der Lage, den Vorgang direkt zu steuern, obwohl ich vermute, dass es etwas mit meiner durch jahrelange Meditation trainierten mühelosen Selbstwahrnehmung zu tun hat.

Der Pyramidentext sagt, dass das Rückenmark Licht enthält. Wir können eine Konzentration elektrischer Energie in diesem dichten Nervenbündel nachweisen. Ist diese Elektrizität irgendwie anders als das Licht, das sie damals wahrgenommen haben? Ich vermute, dass die Antwort sowohl ja als auch nein lautet, in dem Sinne, dass die Lebenskraft die elektrische Energie in der Wirbelsäule erzeugt, aber nicht diese Energie ist. Wir können die Elektrizität messen. Die alten Ägypter waren in der Lage, die Lebenskraft zu sehen. Sie glaubten, dass diese Kraft den Körper verlassen kann und dabei kohärent bleibt und dass dies auch geschieht, wenn wir sterben. Es handelt sich also nicht um eine Energie wie die im physischen Teil des Nervensystems, die erlischt, kurz nachdem

---

* *Anmerkung des Verlags:* Ausführliche Informationen über diese kugelförmigen Lichterscheinungen enthält das Buch *Orbs – Lichtboten der größeren Realität*, verfasst und mit einer Farbstrecke versehen von Dr. Klaus Heinemann in Zusammenarbeit mit Gundi Heinemann, sowie die DVD *Orbs – Der Schleier bebt sich*, auf der Randy und Hope Mead nachweisen, dass durch die epochalen Veränderungen unser Bewusstsein steigt, so dass wir immer mehr wahrnehmen. Die CD *Music for Orbs* enthält ein umfangreiches Booklet, das den Kontakt zu Orbs erleichtert. Trailer, Hör- und Leseproben finden Sie auf www.AmraVerlag.de.

das Herz zu schlagen aufhört. Die Lebenskraft steigt stattdessen als eine Art Plasma aus dem Körper und beginnt, das Leben auf eine neue Art zu erfahren.

Ich denke, genau das ist es, was einige der Raubtiere wollen: im Wesentlichen ein vollständiges Leben, das in exquisiten Details ausgekostet werden kann, angefüllt mit all der Energie der Überraschung und des Staunens, die darin steckt. Was ich erlebt habe, wenn meine Lehrer mich aus meinem Körper herausholten, sagt mir, dass die Loslösung durch die Anwendung einer Art von Energie auf die Wirbelsäule hervorgerufen werden kann. Resultat ist der mit Worten kaum zu beschreibende Segen der außerkörperlichen Fortbewegung.

Es könnte aber sein, dass jemand, der das Wunder des Lebens nicht selbst kosten kann, das Verlangen entwickelt, es anderen zu stehlen. Sie könnten das tun, indem sie das Rückenmark aus dem Körper herausreißen und so den Energiekörper abtrennen, was es ihnen ermöglichen würde, von ihm Besitz zu ergreifen.

Wir mögen dies als unsagbar böse empfinden. Und es ist sicherlich furchtbar für den armen Menschen, der diesen seinen kostbarsten Besitz verliert. All die Mühe, die in das Leben geflossen ist, wird ihm genommen, und die Seele steht mit leeren Händen da. Aber ist das böse? Wenn ein Hai einen unschuldigen Schwimmer verschlingt, ist das schrecklich, aber es ist nicht böse. Es ist einfach Teil der Natur. Das Gleiche gilt, wenn ein Mensch in der Nacht angegriffen, ihm das Rückenmark herausgerissen und sein Energiekörper eingefangen wird. Es ist einfach Teil der Natur, wie sie ist – was schön und gut ist, aber die daraus unmittelbar folgende Frage, die sich jeder Schwimmer im Ozean des Lebens stellen muss, lautet: Wie kann ich weiterhin von meinem Schwimmen profitieren, ohne von einem Seelenhai gefressen zu werden?

Das mag jetzt wie eine sehr theoretische und wahrscheinlich für viele Menschen schlichtweg verrückte Frage erscheinen. Aber sie ist nicht theoretisch, sie ist von entscheidender Bedeutung, und sie ist überhaupt nicht verrückt, sondern genau so logisch wie die Frage, wie man sich vor einem physischen Hai schützt.

Wenn die Existenz der Besucher deutlicher zutage tritt, wird es eine Menge Angst geben. Die Medien werden sich darauf stürzen, Horrorgeschichten zu erzählen. Gläubige werden die Gefahr hinausposaunen und behaupten, wir hätten es hier mit den sprichwörtlichen Dämonen aus den dunkelsten Legenden zu tun. Nahbegegnungs-Zeugen werden tränenreich schreckliche Erlebnisse schildern, von denen viele ja durchaus real sind.

Ich bin überzeugt, dass ich meine Angst vor ihnen vor allem durch meine Arbeit am Aufbau einer starken Seele verloren habe, und ich denke, dass wir auf diese Weise die Angst besiegen werden. Wie ironisch, dass alles, was wir tun müssen, um uns vor der räuberischen Seite der Besucher zu schützen, darin besteht, gute Menschen zu werden.

Ein Leben der Liebe, des Mitgefühls und der Demut zu führen, ist alles, was es wirklich braucht. Es ist nicht notwendig, sich auf religiöse Rituale, Magie oder Ähnliches einzulassen. Es ist nicht einmal notwendig zu glauben, dass die Besucher real sind oder dass die Seele existiert. Notwendig ist *nur*, dass wir begreifen, wie wir auf diese Weise leben können, und dann müssen wir es mit äußerster Entschlossenheit tun.

Das Wissen, warum es wichtig ist, ein gutes Leben zu führen, geht bis zu unseren ältesten Moralkodexen zurück, bis zum ägyptischen Gesetz der *Maat* und den Zehn Geboten, die ein Destillat aus dessen vielen Ermahnungen sind.

In meiner Erfahrung mit den Besuchern war die erste offizielle Lektion, die ich erhielt, eine in Demut. Es war 1988, *Die Besucher* war gerade erschienen und ich der King. Mein Bruder, elf Jahre jünger als ich, kam mich im Blockhaus besuchen, um sich anzuschauen, wo das alles passiert war.

Als ich ihn stolz zu der Lichtung hinunterführte, von der ich ursprünglich in das UFO gebracht worden war, hörte ich eine harte

Stimme leise in meinem Kopf sagen: »Arroganz. Ich kann dir antun, was immer ich will.« Ich hoffte, dass es nur meine Einbildung war, die mich ermahnte, und beschloss, die Prahlerei ein wenig zu dämpfen. Aber als wir auf der Lichtung ankamen, erschien ein riesiges UFO. Es war früher Abend, und es stand außer Frage, um was es sich bei dieser großen ovalen Scheibe am Himmel handelte. Wir standen beide da und schauten direkt zu dem UFO hinauf. Dann erblickte ich auf einer nahen Lichtung drei Gestalten. Mein Bruder sah sie nicht, aber das spielte für mich keine Rolle. Ich wusste jetzt, dass die Stimme echt war, und zu meinem Erstaunen erkannte ich, dass ihnen offenbar mein Mangel an Demut missfiel. Aber was würden sie tun? »Ich kann dir antun, was immer ich will.« Am nächsten Morgen rief meine Bank an, um mir mitzuteilen, dass mehrere von mir ausgestellte Schecks nicht gedeckt seien, weil ich kein Konto bei ihnen hätte. Was sollte das heißen? Natürlich hatte ich dort ein Konto! Alles Geld, das ich besaß, befand sich darauf, bis auf etwa fünfzig Dollar in meiner Brieftasche. Der Bankangestellte meinte, dass ich vielleicht zu einer anderen Bank umgezogen sei. Ich sagte ihm, dass sie mein Konto verloren hätten. Das glaubte er mir nicht, willigte aber ein, in ihrem Computer nach den Unterlagen zu suchen. Er sagte auch, dass sie meine Schecks platzen lassen müssten, wenn das Problem nicht vor Geschäftsschluss zu lösen wäre. Ich durchlebte einen höllischen Tag des Wartens. Um zehn Minuten vor fünf rief er an und sagte mir, dass sie mein Konto immer noch nicht gefunden hätten. Nach einigem Hin und Her stimmte er zu, die Schecks einen weiteren Tag zurückzuhalten und eine Suche in den Sicherungsunterlagen der Bank durchzuführen.

Während der schlaflosen Nacht, die darauf folgte, dachte ich tief über Demut nach, dachte lange und intensiv darüber nach, wie sehr ich in meinem Ego lebte, und überlegte, dass »Whitley« schließlich nur ein Name war und dass irgendwo hinter der Fassade des berühmten Schriftstellers eine Seele existierte, die versuchte, eine Lebensaufgabe zu erfüllen, bei der sein aufgeblasenes Geltungsbedürfnis sehr hinderlich war. Ich beschloss, mir »Whitley« als soziales Werkzeug vorzustellen und nicht mehr als das, was ich wirklich bin.

Am nächsten Morgen rief der Banker an. Mein Konto war in der Backup-Datenbank für Notfälle gefunden worden.

Demut ist eine Aufgabe, an der ich immer noch jeden Tag meines Lebens arbeite.

Eine weitere ausgezeichnete Lektion, die sie mir erteilten, das heißt, meinem mit ihnen verbundenen Bewusstsein, und die in Zusammenhang mit ihrer Anwesenheit in meinem Leben steht, betraf wieder einmal den Meister des Schlüssels.

Ich hatte nie wirklich verstanden, was Sünde ist. Als Junge lebte ich in einem Labyrinth aus katholischen Sünden, die alle dazu dienten, sicherzustellen, dass die Kirche mit ihrer Fähigkeit, Vergebung zu managen, ihre zentrale Rolle in unserem Leben behielt. Wir bekamen kleine Karten, auf denen nachzulesen war, wie viele Jahre im Fegefeuer die einzelnen Sünden nach sich zogen. Bist du frech zu deiner Mutter, musst du tausend Jahre lang im Feuer schmoren. Auf Frechheit gegenüber einer Nonne stehen dann schon hunderttausend Jahre. Und Fleisch essen am Freitag bedeutet ewige Verdammnis.

Ich verstand das einfach nicht. Und warum war Fisch okay? War das denn nicht eigentlich auch Fleisch? Und was war mit Huhn? Kam man dafür in die Hölle oder nur ins Fegefeuer?

Ich kann verstehen, dass Dinge wie Mord und Raub und dergleichen Sünden sind, aber die meisten von uns tun nie etwas so Schlimmes. In der Tat, wie ich heute weiß, sind schwere Sünden selten. Es erfordert Arbeit, etwas wirklich Böses zu tun. Dass wir aber Dinge tun, die wir später in unserem Leben bereuen, ist alltäglich, und unsere Angst vor dem Bereuen ist es, die hinter unserer Angst vor den Besuchern steht.

Während des Treffens mit dem Meister des Schlüssels, als ich dasaß und einen weisen Satz nach dem anderen hörte, beschloss ich, ihn nach dem Geheimnis der Sünde zu fragen. Er antwortete sofort: »Sünde ist die Verweigerung des Rechtes darauf, zu gedeihen und gut zu leben.« Seit ich damals diese Worte hörte, verwende ich sie, so gut ich kann, als Prüfstein für mein Leben und als Hilfsmittel, das es mir ermöglicht, die Lebensweise anderer gut genug zu verstehen, um mitfühlend sein zu können, was sich als außerordentliche Herausforderung erweist.

Ich halte mich nicht für qualifiziert, anderen zu sagen, wie man ein moralisches Leben führt, geschweige denn, was Mitgefühl bedeutet und wie man es praktiziert. Ich kann aber sagen, was es für mich bedeutet.

Man denkt immer, dass es bedeutet, unendlich vergebend und freundlich zu sein, aber das ist es nicht. Es beginnt damit, sich tief in Menschen hineinzuversetzen, sich selbst eingeschlossen, ohne zu urteilen oder Vorurteile zu haben, und herauszufinden, welche Bedürfnisse man erfüllen kann. Das schließt jeden ein, nicht nur die Menschen um uns herum, sondern jedes Geschöpf, sei es physisch oder was auch immer – vom Gras unter unseren Füßen bis zum hochfliegenden Engel.

Zum Schönsten und, wie ich finde, Nützlichsten, was Anne nach ihrem Tod gesagt hat, gehört dieser Satz: »Wir sind, jeder von uns, alles, was wir haben.« Wenn wir uns das wirklich zu Herzen nehmen, es uns wirklich in Fleisch und Blut übergehen lassen, es in jedem Moment leben und atmen, ist das wirklich alles, was man über Mitgefühl wissen muss. Wenn wir uns in andere Geschöpfe hineinversetzen, egal wie bescheiden oder wie groß sie sind, werden wir sofort erkennen, dass wir alle die gleichen Mühen teilen und jede und jeder Einzelne von uns zutiefst allein und bedürftig sind.

Als ich ein Junge war, fragte ich eine der Nonnen an meiner Schule, warum sie Ordensschwester geworden sei. Sie sagte: »Weil ich hier immer gebraucht werde.« Das gilt für jeden von uns. Erkennen Sie es, und Mitgefühl wird Ihr Weg.

Wenn wir andere verstehen wollen, müssen wir uns selbst verstehen. Das gelingt nicht mit dem Ego. Es braucht Demut. Sie lässt die Liebe zum Vorschein kommen, und das macht uns umso stärker. Wir werden erkennen, was andere brauchen, wenn wir verstehen, was wir selbst wirklich brauchen. Und obendrein hören wir dann auf, etwas an uns zu haben, das wir lieber vor anderen verbergen wollen. Und wenn die Besucher uns anschauen, deren Blick bis zu unserer Wahrheit durchdringt, kann unsere Wahrheit diesen Blick ohne Angst erwidern.

So fließt die Liebe aus dem Mitgefühl, das in der Demut ruht. Als Anne aus dem Jenseits voller Eloquenz und Leichtigkeit mit mir kommunizierte, erkannte ich, dass sie, die in ihrer Essenz eine Lehrerin war, eine wunderbare Lehrerin in diesem Leben, auf der nächsten Ebene die Meisterschaft erreicht hatte. Ich bat sie, mir zu helfen, ein Ziel zu finden, das dem Rest meines Lebens eine Richtung geben würde. Da sagte sie: »Erleuchtung ist das, was geschieht, wenn von uns nichts als Liebe übrig ist.« Leben Sie das, dann sind die Besucher für Sie nicht länger Dämonen, sondern werden zu Engeln. Wie es in dem Film *Jacob's Ladder* heißt: »Das einzige, was in der Hölle brennt, ist der Teil von dir, der dein Leben nicht loslassen will: deine Erinnerungen, deine Anhaftungen. Sie brennen sie alle weg, aber sie bestrafen dich nicht, sie befreien deine Seele. Wenn du Angst vor dem Sterben hast und festhältst, wirst du erleben, wie Teufel dein Leben wegreißen. Wenn du deinen Frieden gemacht hast, dann sind die Teufel in Wirklichkeit Engel, die dich von der Erde befreien.« Das Leben mit den Besuchern beginnt, wenn wir unseren Frieden mit uns selbst gemacht haben.

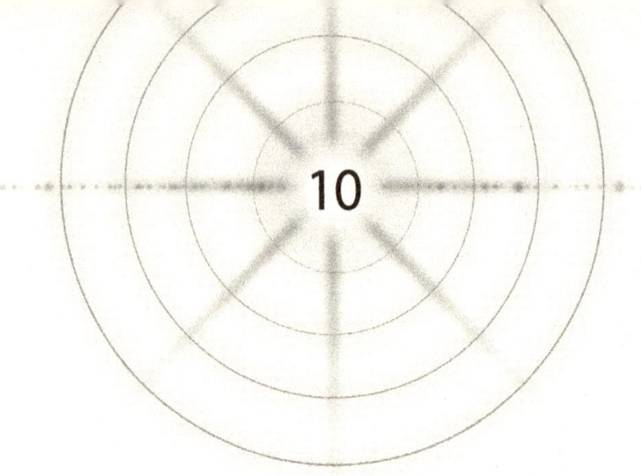

10

DUNKLE WAHRHEITEN UND LICHT

Eine Nahbegegnung mit den Besuchern gehört nicht nur zu den geheimnisvollsten und komplexesten menschlichen Erfahrungen und sicherlich zu den erfüllendsten, sie kann auch gefährlich sein. Aber für die meisten Menschen ist sie das nicht. Ganz und gar nicht. Dennoch, wenn es eine Gefahr gibt, müssen wir klar verstehen, was es mit ihr auf sich hat und wie wir damit umgehen können.

Einige der frühen Forscher sahen nur die dunkle Seite des Phänomens, aber zu der Zeit begannen die modernen Kontakterfahrungen gerade erst, und es gab nicht viel anderes zu sehen. Die gewaltsamen Entführungen begannen in den 1960er Jahren, und als Leute wie Budd Hopkins darauf aufmerksam wurden, existierten noch keine Zeugen, die Beziehungen zu den

Besuchern entwickelt hatten, und so ziemlich jeder war entsetzt über das, was da geschah.

Als ich Budd zum ersten Mal traf, hütete er sich, mir seine Gedanken und Meinungen zu der Geschichte, die ich ihm erzählte, mitzuteilen. Ich für meinen Teil hatte dazu nichts weiter zu sagen, außer sie genau so zu beschreiben, wie sie in meiner Erinnerung aufgetaucht war. Zu diesem Zeitpunkt hatten nur Timothy und Anne davon gehört, und ich behielt meine Verletzungen weitgehend für mich.

Budd empfahl mir Hypnose bei Dr. Donald Klein. Meine beiden Hypnosesitzungen bei Dr. Klein führten dazu, dass ich *Die Besucher* schrieb, und sind auf meiner Website archiviert. Vom Schrecken dieser Erlebnisse bis zu dem Leben, das ich jetzt führe, war es ein langer Weg, aber ich bin ihn nicht allein gegangen, denn es hat sich inzwischen gezeigt, dass es der Weg vieler, wenn nicht der meisten Menschen ist, die solche Nahbegegnungen erleben.

Die Erlebnisse beginnen oft gewaltsam, auf sehr erschreckende Weise – und warum auch nicht, wer könnte solche Erlebnisse nicht erschreckend finden? Einige Menschen, vor allem diejenigen, die nur wenige Kontakte erleben, kommen nie über diesen Punkt hinaus. Andere berichten, dass sie ständig von bizarren Wesen verfolgt werden. Doch für die meisten von uns gibt es einen Bogen, der in der Angst beginnt, aber in ein Leben tiefer innerer Suche und psychologischer, intellektueller und spiritueller Erforschung führt.

Während meiner ersten Hypnose mit Dr. Klein erinnerte ich mich daran, dass ich einen der *Kobolde* in unserem Schlafzimmer stehen sah. Das war ein für mich damals ganz unerwartet kommendes Resultat. Von einer Minute zur anderen wurde meine Vorstellung von der Welt, in der wir leben, auf den Kopf gestellt. Das Ding sah nicht sehr bedrohlich aus, aber es war *da*. Ich brach in ein so lautes Geschrei aus, dass deswegen beinahe die Polizei gekommen wäre. Noch nie hatte ich ein so intensives

Gefühl der Angst erlebt – lodernd, roh und verzweifelt. Und doch hatte das Erlebnis sich die ganze Zeit in mir versteckt, zumindest seit dem vergangenen Sommer. Meine innere Unterwelt war an die Oberfläche getreten.

Wenn man die Literatur über Nahbegegnungen liest, einschließlich der Briefe, die Anne aufbewahrt hat, und der vielen Bücher von Forschern wie Hopkins, David Jacobs und John Mack, formt sich ein Bild, das meiner eigenen Erfahrung ziemlich ähnlich ist: eine furchterregende, das bisherige Weltbild erschütternde erste Begegnung, gefolgt, wenn die Erfahrungen anhalten, von einem langen Ringen darum, mit der Situation zurechtzukommen.

Es gibt eine Organisation namens FREE, gegründet von Rey Hernandez mit Unterstützung durch den ehemaligen Astronauten Edgar Mitchell. FREE steht für Foundation for Research into Extraterrestrial and Extraordinary Experiences. Es ist also eine Stiftung zur Erforschung außerirdischer und außergewöhnlicher Erfahrungen, und diese Organisation hat eine Studie über Nahbegegnungs-Erfahrungen begonnen. Es soll erforscht werden, wie sich die Beziehung der Zeugen zu den Besuchern im Laufe der Zeit entwickelt, wohin sie führt und wie sich die Wahrnehmungen der Zeugen aufgrund des Erlebten verändern. Rey, ein Rechtsanwalt, wurde zur Gründung der Organisation durch seine eigene Nahbegegnung mit einem UFO inspiriert, die sich im Beisein seiner Frau und seiner Tochter ereignete. Wie bei mir, Budd Hopkins und so vielen anderen war es auch bei ihm: Sein persönlicher Kontakt mit dem Phänomen veranlasste ihn, aktiv zu werden.

Trotz der üblichen Knappheit der Mittel hat FREE es geschafft, eine beträchtliche Menge an statistischen Untersuchungen durchzuführen, deren Ergebnisse in einem Buch mit dem Titel *Beyond UFOs: the Science of Consciousness and Contact with Nonhuman Intelligence* (»Jenseits von UFOs: Die Wissenschaft des Bewusstseins und der Kontakt mit nichtmenschlicher Intelligenz«) zusammengefasst sind.

Durch die Einrichtung einer Website, um das Interesse von Nahbegegnungs-Zeugen zu wecken, und durch die Bereitstellung umfangreicher, professionell gestalteter Fragebögen wurde ein Anfang gemacht. Es geht FREE darum, einen Überblick zu erhalten, was Menschen tatsächlich über ihre Nahbegegnungs-Erlebnisse denken. Natürlich leidet die Arbeit von FREE bisher darunter, dass es sich um selbstgewählte, nicht repräsentative Stichproben handelt, aber niemand verfügt auf diesem Gebiet derzeit über die finanziellen Mittel für eine Zufallsstudie. Dennoch gibt es bei über fünftausend Befragten und einem hohen Maß an Konsistenz Grund zu der Annahme, dass FREE ein einigermaßen akkurates Bild der menschlichen Erfahrungen zu diesem Thema eingefangen hat.

Was gefunden wurde, stimmt im Wesentlichen mit der Arbeit von Dr. Jeffrey Kripal überein. Er ist der Ansicht, dass der Erstkontakt einen initiatorischen Charakter hat. In unserem Buch *The Super Natural* (»Das Übernatürliche«) schreibt er: »Die Berufung des Schamanen wird oft durch das signalisiert, was Mircea Eliade in seiner klassischen Studie *Schamanismus und archaische Ekstasetechnik* (1957), eine ›initiatorische Krankheit‹ nannte, eine schwere psychologische Prüfung oder körperliche Krankheit, die eine Transformation des Wesens des zukünftigen Schamanen bewirkt, die ihn spirituell mutiert, wenn man so will. Andere gängige Merkmale sind das Vorhandensein von ›Krafttieren‹ oder Totems, die Fähigkeit, den eigenen Körper zu verlassen und in die Zwischenwelt zu reisen, eine Neigung zu Trancezuständen und robusten visionären Erfahrungen, erotischer Kontakt oder Vermählung zwischen dem Schamanen und einer bestimmten Gottheit, einem Geist oder einem unbekannten Wesen und die Verwendung von psychoaktiven heiligen Pflanzen, um diese verschiedenen magischen Kräfte zu katalysieren und aufzuladen.« Dies könnte die Beschreibung der Eröffnungsphase eines Lebens in engem Kontakt mit den Besuchern sein. Ich betrachte es als Teil eines umfassenden

Prozesses der Wiederverzauberung der Welt. In *Die Seele im Jenseits* weisen Anne und ich darauf hin, dass die Nahtoderfahrung ebenso wie die Nahbegegnung das eigene Verständnis der Realität auf den Kopf stellt und somit auch initiatorischen Charakter hat. Hinzu kommt, dass die medizinischen Fortschritte, durch die es immer öfter gelingt, Menschen vom Rande des Todes zurückzuholen, eine deutliche Zunahme solcher Erfahrungen bewirken. In *Changed in a Flash* (»Blitzartig verändert«) beschreibt Elizabeth Krohn zum Beispiel, dass sie tatsächlich aufgefordert wurde, sich zu entscheiden, ob sie zurückkommen wollte oder nicht, während ihr Körper praktisch tot war. Sie entschied sich für die Rückkehr, die möglich wurde, weil die moderne Medizin sie retten konnte.

Demnach haben wir es bei der Nahbegegnung wie bei der Nahtoderfahrung mit einer tiefgreifenden Initiation zu tun. Es geht hier also weniger um die Ankunft von Außerirdischen als um die Veränderung unseres Bewusstseins – im Wesentlichen um eine Vertiefung unserer menschlichen Wirklichkeitserfahrung. Diese Erlebnisse stellen die Art und Weise infrage, wie der Verstand die Welt sieht, und verändern sogar, zusammen mit Meditationsübungen, die Arbeitsweise des Gehirns.

Während eine Bewusstseinserweiterung in massivem Ausmaß im Gange ist, kann ich persönlich die Erkenntnisse von Hopkins und Jacobs nicht ignorieren. Das liegt daran, dass die Schrecken, die sie in ihren Büchern beschreiben, mir und Anne widerfahren sind. Bei meiner Entführung wurde mir ein Gerät in den Enddarm eingeführt, das eine Erektion hervorrief. Das war nichts Exotisches. Es handelte sich um einen Elektrostimulator, der damals bei sexuellen Funktionsstörungen eingesetzt wurde und auch heute noch in der Tierzucht üblich ist. Mein verzweifelter Versuch, ihn herauszudrücken, verursachte den rektalen Riss, der mir danach jahrelang Schmerzen bereitete.

In meiner zweiten Hypnose-Sitzung können Sie hören, wie ich das Geschehen noch einmal durchlebe und mit spürbarer Verwirrung kommentiere, dass ich eine Erektion habe. Dann wurde mir Sperma entnommen. Irgendwann im folgenden Jahr hatten Anne und ich das Erlebnis, dass uns ein Baby gezeigt wurde, genau wie Hopkins und Jacobs es berichten.*

Also ist diese Erfahrung, wie immer, auf mehr als einer Ebene komplex. Einerseits führt sie sicherlich zu einer Art Erwachen der menschlichen Spezies. Andererseits gibt es tatsächlich unheilvolle, gefährliche und bizarre Elemente, die nicht ignoriert werden sollten.

Darüber sollte aber nicht die ebenso wichtige Tatsache außer Acht gelassen werden, dass Nahbegegnungen für uns außerordentlich nützlich sein können.

Ich weiß, dass finstere Kräfte das, was ich nachfolgend beschreibe, aufgreifen werden, um ihre Machtposition dadurch zu festigen, dass sie anderen Menschen Angst machen. Aus diesem Grund und weil Angst sich gut verkauft, werden sich auch die Medien darauf stürzen, ebenso wie all die Verschwörungstheoretiker und Paranoiker, die in Bezug auf dieses Thema so viel Lärm machen. Aber wenn ich nicht darauf eingehe und die Darstellung dieser Aspekte anderen überlasse, könnte mein ganzes Bemühen, eine Grundlage für die Kommunikation zwischen uns und den Besuchern zu schaffen, dadurch zunichte gemacht werden.

Die Geschichte, die ich gleich erzählen werde, ist wahr. Da bin ich mir in vernünftigem Maße sicher. Aber handelt sie von den Besuchern? Da bin ich mir überhaupt nicht sicher.

Ich bin auch kein Verfechter davon, sie entweder als wohlwollend oder als ausbeuterisch, entweder als gut oder als böse zu definieren. Meine Erfahrung mit ihnen legt nahe, dass sie noch

---

* *Anmerkung des Verlags:* Hier bezieht sich Strieber auf den Historiker und UFO-Forscher und ehemaligen Universitätsprofessor David M. Jacobs, der in seinem Buch *Alien-Hybriden* anhand zahlreicher Fälle nachweist, dass durch Genentnahme bei Entführten auf dem Weg der Hybridisierung eine Integration der Aliens in die menschliche Gesellschaft erfolgt. Sie werden sogar von irdischen Kontaktpersonen unterrichtet. Näheres dazu auf www.AmraVerlag.de.

komplizierter sind als wir, und die moralische Bandbreite in der menschlichen Gesellschaft ist bereits sehr groß. Zu jeder Zeit gibt es in unserer Spezies Verrückte, Kriminelle, Heilige und, zum überwiegenden Teil, eine große Bandbreite an Durchschnittsmenschen mit all ihrer Gewöhnlichkeit und Unvollkommenheit – und ihren positiven Eigenschaften.

Ich kann mir nicht vorstellen, dass die Besucher, die vielleicht nicht einmal ganz von dieser Welt sind oder, was durchaus möglich ist, mehreren unterschiedlichen Evolutionslinien entstammen, uns gegenüber ein weniger zweideutiges Gesicht zeigen als wir untereinander und, was das betrifft, auch ihnen gegenüber. Würden wir eine andere Welt besuchen, kann man sicher davon ausgehen, dass deren Bewohner uns als komplex und widersprüchlich erleben würden. Es kämen vermutlich religiöse Gruppen zu ihnen, und ebenso Wissenschaftler, Touristen, das ganze Spektrum menschlicher Wesen, einschließlich der Verrückten und der Kriminellen. Wenn man dann noch etwas hinzunimmt, das bei uns schon bald Realität sein wird, nämlich intelligente, sogar bewusste, Maschinen, dann dürfte die Vielfalt und Widersprüchlichkeit dessen, was die unschuldigen Einheimischen jener Welt mit uns erleben würden, wahrscheinlich sehr dem ähneln, was wir heute mit den Besuchern in unserer Welt erleben.

Missionare würden eine Agenda verfolgen, Anthropologen eine andere. Biologen könnten die Einheimischen entführen, so wie wir es mit wilden Tieren und die Besucher mit uns tun, um zu wissenschaftlichen Zwecken ihre DNA und anderes physisches Material zu extrahieren. Wie wir es auch mit Tieren tun, könnten sie Exemplare der Bewohner dieses Planeten züchten, teils um deren Spezies zu erhalten, teils um sie genauer zu erforschen. Wenn es etwas Wertvolles an ihnen gäbe, das geerntet werden könnte, würden wir das vielleicht auch tun. Wäre das illegal, würden Kriminelle es vielleicht trotzdem tun, wenn auch in geringerem Ausmaß als zum Beispiel bei offiziell sanktionierten Entführungen.

Mit anderen Worten: Unsere Beziehung zu Unschuldigen in einer anderen Welt könnte sehr ähnlich aussehen wie die Beziehung der Besucher zu uns.

So wie eine Sitzung beim Tierarzt für eine Hauskatze furchteinflößend ist, empfinden wir eine Sitzung mit den Besuchern als furchteinflößend. Wir sind jedoch keine Hauskatzen. Wir sind viel lernfähiger und können die Motive, Methoden und Ziele der Besucher verstehen. Ich glaube, dass wir sie auch dazu bringen können, die Würde unseres Wesens zu respektieren, und vielleicht ist dies in den vergangenen etwa vierzig Jahren geschehen, was den stetigen Rückgang der schrecklichen Entführungen und das zunehmende Gefühl der Verbundenheit mit den Besuchern erklären würde, das unter den Menschen mit Nahbegegnungs-Erlebnissen wächst.

Angesichts meiner persönlichen Erfahrungen und der Erfahrungen so vieler anderer Menschen habe ich das Gefühl, dass wir durch kohärente Kommunikation und den bewussten Aufbau von Beziehungen unser Ansehen bei den Besuchern individuell und, so glaube ich, auch kollektiv verbessern können.

Tiere dürfen von Menschen ohne allzu viel Aufhebens getötet werden. Wenn sie krank sind oder ausgesetzt werden, schläfern wir sie ein oder lassen sie einfach sterben.

Sie haben nur in wenigen menschlichen Gesellschaften Rechte, und auch das nur sehr begrenzt.

Wir führen an ihnen Forschungen durch, die für sie qualvoll und oft tödlich sind. Wir können sie einfach ihren Familien wegnehmen, für immer. Wir können sie zu unserem Vergnügen in Käfigen halten, bis sie sterben.

Wenn wir also sehen, was die Besucher den Tieren antun, wie zum Beispiel die berüchtigten Rinderverstümmelungen, sehen wir nichts, was wir ihnen nicht selbst antun würden.

Die Besucher wenden nur andere Methoden an, was wir dann als verstörend empfinden.

Spätestens seit Anfang des zwanzigsten Jahrhunderts werden Nutztiere Opfer einer bizarren Form der Verstümmelung, bei der unter anderem Augen entfernt, Zungen herausgeschnitten, Lippen abgetrennt, Enddärme entnommen werden und Blut abgelassen wird. Oft werden die Tiere auch mit entferntem Rückenmark gefunden, was ohne Spaltung der Wirbelknochen unmöglich erscheint. Zuletzt wurden im Juli 2019 aus Oregon mehrere solcher Vorfälle gemeldet. Dort fand man fünf Preisbullen, die auf diese mysteriöse Weise getötet und verstümmelt worden waren.

Wenn die Medien über diese Ereignisse berichten, wird in der Regel die Version des lokalen Sheriffs übernommen, das Vieh sei Raubtieren zum Opfer gefallen, obwohl es im National Public Radio über die Verstümmelungen im Juli 2019 hieß, sie seien eher rätselhafter Natur.

Es besteht durchaus die Möglichkeit, dass es sich bei dem, was da in der Dunkelheit der Nacht auf abgelegenen Farmen passiert, nicht um normale Angriffe von Raubtieren handelt. Zum Beispiel müsste ein Kojote oder Puma die Wirbelsäule Wirbel für Wirbel aufbrechen, um an das Rückenmark zu gelangen. Auch werden die Kadaver in der Regel vollkommen blutleer gefunden. Ein Kojote wird nicht das Blut bis auf den letzten Tropfen trinken, so dass der Kadaver und der Boden darunter völlig trocken sind.

Für jeden, der sich der Bedeutung des Rückenmarks als Verbindung zwischen physischem und energetischem Körper bewusst ist, hat dieser Aspekt des Phänomens etwas besonders Beunruhigendes. Wir denken nicht gerne daran, dass Tiere ein Bewusstsein oder eine Seele haben, aber wie mir meine Katzen mit ihrer Angst in der Nacht des neunmaligen Klopfens so beredt gezeigt haben, ist die Seele überall, und man kann sie dazu bringen, dass sie sich verletzlich fühlt, wenigstens bei den höheren Tieren.

Könnte es also sein, dass durch das Herausziehen des Rückenmarks der Energiekörper freigesetzt wird und eingefangen werden kann? In meinem Leben ist das Herauslösen entlang der

Wirbelsäule, das eine außerkörperliche Erfahrung einleitet, nichts Bedrohliches. Im Gegenteil, wenn es geschieht, reagiere ich darauf mit freudiger Aufregung.

Aber ich bin mir nicht sicher, ob das immer so ist.

Nicht nur Schafe und Rinder, sondern auch Hauskatzen werden Opfer von Verstümmelungen. Vielleicht wissen meine Katzen das ja intuitiv, was erklären würde, warum sie in jener Nacht so verängstigt reagierten. Im Juli 2015 berichtete Linda Moulton Howe, die weltweit führende Expertin für dieses bizarre Phänomen, in meinem Podcast *Dreamland*, die Katzen würden mit »sehr präzisen Schnitte gefunden. Einige Katzen sind einfach sauber in zwei Hälften zerteilt, wie mit einer Bandsäge, einem sehr scharfen Messer oder dergleichen, aber es ist überhaupt kein Blut zu sehen, als wäre es ihnen vollständig ausgesaugt worden. Sie wurden in zwei Hälften geschnitten, und entweder die vordere oder die hintere Hälfte wurde zurückgelassen. Bei anderen Tieren wurden nur Fleischstücke entfernt oder ein paar Organe, oder sämtliche Organe. Bei einigen wenigen wurde nur die Wirbelsäule auf eine sehr präzise Art und Weise entfernt. Auch hierbei ist in der Regel das Blut restlos verschwunden.« Einige der Katzenverstümmelungen kamen in Wellen und zogen auf der ganzen Welt von Stadt zu Stadt, als ob jemand sehr Unangenehmes langsam den Planeten umkreist und diese Tiermorde auf organisierte und methodische Weise durchführt. Im August 2019 wurden Katzenverstümmelungen in Everett, Washington, gemeldet. Am 10. August 2019 sagte ein Vertreter des Everett Police Departments im Fernsehsender KING: »Das sind sehr einzigartige Verletzungen, die nicht von einem anderen Tier verursacht zu sein scheinen.« Wie immer wurde kein Täter gefunden, obwohl in diesem Fall alle fünf Verstümmelungen im gleichen Stadtviertel stattfanden. Alles, was übrig blieb, waren die Beine der Katzen, auch wieder völlig blutleer.

Dies ist nur der jüngste von vielen solchen Fällen weltweit. Meistens findet man von den Katzen nichts weiter mehr als eine blutleere Körperhälfte. Wie bei den Nutztierverstümmelungen gelingt es nie, Täter ausfindig zu machen, trotz umfangreicher behördlicher Ermittlungen.

Aber warum findet man sie nicht? Könnte es daran liegen, dass die Täter Gedanken lesen und kontrollieren können und deshalb nicht gefasst werden? Wenn ich solche Fähigkeiten nicht in Aktion beobachtet hätte, würde ich niemals glauben, dass so etwas möglich sein könnte. Aber ich habe es selbst erlebt. Als Anne und ich in unserer kleinen Eigentumswohnung in San Antonio lebten und der bizarre Mann, der in dem Wald hinter unserem Blockhaus in Upstate New York gehaust hatte, mit zwei Begleitern auftauchte, folgten sofort bizarre Ereignisse, vor allem eindeutige Beispiele für seine Fähigkeit, Gedanken zu kontrollieren. Er war klein und hatte etwas von einem wilden Tier – eine Art Wolfskind. Er war Kettenraucher, weswegen er mir ursprünglich in unserem Wald aufgefallen war. Ich war besorgt über das viele Rauchen im trockenen August und ging auf ihn zu, um ihn zu warnen. Als ich das tat, wurde mir klar, dass dies kein gewöhnliches Kind war, wenn überhaupt ein Kind. Ich hielt mich nach dieser Begegnung von ihm fern.

Nachdem wir das Blockhaus verloren hatten, zogen wir in eine kleine, ebenerdige Eigentumswohnung in San Antonio. Sie hatte eine abgeschirmte Veranda mit angeschlossenem Garten. Die schmale Sackgasse zwischen unserem und dem Nachbarhaus schuf einen schattigen Raum direkt vor dem Schlafzimmer. Kaum hatten wir uns eingelebt, wurde mir klar, dass der kleine Mann nachts in dieser Sackgasse stand und rauchte. Ich stellte fest, dass ich ihn in meinem Geist fühlen konnte, buchstäblich eine andere Präsenz in mir spürte. Das war anders als die Kommunikation mit den Besuchern. Es war nichts Sanftes oder Unterstützendes dabei. Vielmehr schien es irgendwie sexuell zu sein, und zwar auf eine hässliche, aufdringliche Art. Es war eine nicht-physische Vergewaltigung, um ehrlich zu sein, und ich fühlte mich extrem unwohl dabei. Ich fühlte, dass jemand einige sehr private Teile meines Geistes ausforschte.

Wenn ich zurückblicke, spüre ich immer noch das seltsam erregende und doch hässliche Gefühl, das ich dabei hatte. Es erinnert mich an das Gefühl der Beherrschung, das ich nach der in *Die Besucher* beschriebenen Erfahrung empfand und das mich dazu brachte, die Kurzgeschichte »Pain« (»Schmerz«) zu schreiben.

Das ist es, was in vielen mystischen Traditionen der Kontakt mit der dunklen Seite nach sich zieht. Er führt dich an Orte in dir selbst, die du sonst niemals aufsuchen würdest, aber bist du erst einmal dort, findest du deine eigene Dunkelheit und ihr Geheimnis und den Nervenkitzel, der damit verbunden ist. In meinem Fall, als er so in mich eindrang, erlebte ich ein homoerotisches Vergnügen. Ich hatte Angst vor ihm – und vor dem Teil von mir, mit dem er sich verbinden konnte –, und ich vertrieb ihn aus meinem Leben. Aber auch das ist in mir, genauso wie der erotische Masochismus, den ich in »Pain« erforscht habe. Als Anne diese Geschichte las, sagte sie: »Das klingt, als wolltest du ausgepeitscht werden. Super, dann fangen wir gleich damit an.« Sie hätte es tatsächlich getan, aber ich wagte nicht, das Experiment weiterzuführen. Vielleicht hätte ich es tun sollen und vielleicht hätte ich dieses schauderhafte Wesen vollständiger in mich eindringen lassen sollen, aber ich wagte es nicht. Wenn wir unsere eigene Dunkelheit in unser äußeres Leben einladen, gibt es keine Garantie, dass sie aufhört und wieder verschwindet, sobald wir genug haben.

Die Nächte vergingen, und er lungerte nur wenige Meter von unserem Schlafzimmer entfernt herum. Anne und ich wurden auf zwei sehr sonderbare Männer aufmerksam, die in der Wohnung direkt hinter unserer wohnten. Er wohnte bei ihnen. Eines Tages sah ich in der örtlichen Drogerie, wie einer der Männer Einkaufstüten mit Rauchwaren aller Art füllte, die damals noch in offenen Regalen verkauft wurden. Jeder im Laden hätte ihn dabei sehen können. Er marschierte vor den Augen der Angestellten mit zwei Tüten randvoll mit Zigaretten, Pfeifentabak, Zigarren und so weiter hinaus. Jeder Angestellte im Laden stand da wie eingefroren und starrte geradeaus. Bis auf mich waren die Kunden alle in der gleichen Verfassung. Als er an mir vorbeiging, warf er mir einen Blick zu, der zugleich wissend und giftig war, und seit diesem Moment weiß ich, dass es Menschen gibt, die in dieser Welt tun können, was sie wollen, denn wenn man die Gedanken der Menschen um sich herum kontrollieren kann, hat man die Kontrolle über die eigene Welt.

Ich entdeckte bald, dass die drei Hausbesetzer waren. Die Eigentumswohnung, in der sie sich eingenistet hatten, gehörte ihnen gar nicht. Ich sagte dem Besitzer der Wohnung Bescheid, und er ließ sie hinauswerfen. Das Letzte, was ich von ihnen sah, war, dass die beiden Männer in der Wohnanlage herumliefen und versuchten, uns anderen die Möbel des Besitzers zu verkaufen. Da natürlich jeder wusste, dass sie illegale Eindringlinge waren, kaufte niemand etwas. Ein paar Tage später, als ich morgens im Garten arbeitete, kam das »Wolfskind« plötzlich aus der schmalen Sackgasse zwischen unserem Schlafzimmer und dem Nachbarhaus. Der unheimliche kleine Mann ging eilig davon.

Seitdem sah ich ihn nicht wieder.

Und deshalb weiß ich, dass es Menschen gibt, die den Verstand anderer kontrollieren können. Man sollte meinen, dass ihnen das nahezu unbegrenzte Macht verleihen würde, aber ein Blick auf die brodelnde, verzweifelte Welt der menschlichen Eliten zeigt, dass sie, wer auch immer sie sind, nicht an die Spitze unserer Gesellschaften aufsteigen. Nach dem Verhalten dieser Männer zu urteilen, das sehr seltsam war und bei dem kleinen Mann, dem »Wolfskind«, offenkundig schizophrene Züge hatte, begreift man, warum das so ist. Nichtsdestoweniger erwies sich dieser Teil meiner Erfahrung, was persönliche Einsichten angeht, als äußerst produktiv. Durch die erotische Beherrschung, die damit verbunden war, entdeckte ich Aspekte von mir, die ans Licht gebracht und als Teil von mir akzeptiert werden mussten. In diesem Sinne kann das, was mir widerfahren ist, als therapeutisch betrachtet werden. Und das ist der Weg der dunklen Seite: In der Dunkelheit entdecken wir, was ans Licht gebracht werden muss.

Ich kann mir vorstellen, dass Wesen wie diese drei ihre Aufmerksamkeit auf Hauskatzen richten könnten. Wenn die, denen wir begegneten, überhaupt exemplarisch sind, dann geht von ihnen eine brodelnde, rachsüchtige Gefahr aus. Ich halte es für möglich, dass sie die Katzen allein aus dem Grund töten, weil es unsere geliebten Haustiere sind.

Im Jahr 2000 stieß ich auf einige Fälle, in denen Menschen anscheinend die gleichen furchtbaren Verstümmelungen erlitten, die auch Tieren angetan wurden. Bis vor Kurzem hatte ich dafür nur wenige Belege, außer einem dubiosen Fall in Pennsylvania und einem Bericht aus zweiter Hand aus New York über eine Reihe von außergewöhnlich brutalen, unaufgeklärten Morden an Obdachlosen. Kürzlich erhielt ich jedoch eine Abschrift, die nahelegt, dass die Fälle ernst genommen werden sollten.

Anfangs hörte ich nur von zwei Geschichten. Die erste, im Jahr 2000, war, dass insgesamt siebzehn Obdachlose, alle ohne bekannte Verwandte oder jemanden, der sich wirklich um sie kümmerte, aus Brooklyn und möglicherweise anderen Städten in New Jersey und im Staat New York entführt worden waren. Man erzählte mir, ihnen wären bei lebendigem Leib Augen, Zungen und Genitalien herausgeschnitten worden. Dann hätte man sie im Meer ertränkt und anschließend auf Dächern in der Nähe der Orte zurückgelassen, von wo sie verschleppt worden waren. Die Leichen wiesen einen drei Zentimeter langen Einschnitt direkt unter dem Wirbel C1 auf, durch den auf irgendeine ungeklärte Weise das ganze Rückenmark herausgezogen wurde.

Im August 2002 ereignete sich in Pennsylvania ein weiterer Fall, an dessen Aufklärung ich anfangs kurz mitwirkte. Ich hörte zuerst von Peter Davenport vom National UFO Reporting Center, dass ein Unbekannter berichtet hatte, er habe gesehen, wie ein Mann in einem Wald oberhalb seiner Farm in die Luft geho- …………

ben wurde und in etwas verschwunden sei, das wie eine Fliegende Untertasse aussah. Ich sagte zu Peter: »Wenn das stimmt, wird es bald eine Vermisstenmeldung geben« – und tatsächlich, es gab eine. Es wurde nach einem Mann namens Todd Sees gesucht, der zuletzt in dem besagten Wald am Steuer eines Geländewagens gesehen worden war.

Wie ich von Linda Moulton Howe erfuhr, hat auch sie in der Angelegenheit recherchiert. Sie stieß auf einige beunruhigende Fakten, die auf ein falsches Spiel hindeuteten, aber meines Wissens gab es keine konventionellen Ermittlungen.

Etwa vierundzwanzig Stunden, nachdem Mr. Sees als vermisst gemeldet worden war, fand man seine Leiche, Nachrichtenberichten zufolge »stark entstellt«, in einem sumpfigen Gelände unweit seines Hauses. Es wurde nie eine eindeutige Todesursache bekanntgegeben. Soweit ich weiß, hat kein Mitglied seiner Familie die Leiche zu Gesicht bekommen. Ich habe nicht herausfinden können, was aus dem Autopsiebericht wurde, und bis heute sind mir zu diesem tragischen Fall keine weiteren Details bekannt.

Aktuell liegt mir allerdings die Abschrift eines Interviews mit einem der Gerichtsmediziner vor, der an den Ermittlungen zu den Mordfällen an den New Yorker Obdachlosen beteiligt war, deren Leichen eine solch frappierende Ähnlichkeit mit den Rinderverstümmelungen aufwiesen. Darin heißt es, dass auch hier das Rückenmark entfernt wurde, wenngleich – und ich denke, das könnte wichtig sein – nicht mit der gleichen Präzision wie bei den Rinderverstümmelungen.

Dieses Transkript wurde von einer Krankenschwester erstellt. Wie gesagt, entstammt es einem Gespräch mit einem Gerichtsmediziner, der an den Autopsien beteiligt war. Ich weiß nicht, an wie vielen dieser Autopsien er mitwirkte, denn in dem Gespräch geht es nur um eine. Aber abgesehen vom allgemeinen Befund der Verstümmelung werden drei seltsame Dinge erwähnt. Das Seltsamste ist wahrscheinlich, dass ein Teil des Gewebes der Leiche überhaupt nicht identifiziert werden konnte. Es war weder menschlich noch tierisch, und doch schien die Leiche sowohl äußerlich als auch innerlich menschlich zu sein. Im Bauchbereich wurden kleine Metallkugeln gefunden. Auf Anregung der Krankenschwester, die von Forschungen wusste, die Dr. Roger Leir zu jener Zeit gerade in Kalifornien durchführte und bei denen eine seltsame Fluoreszenz an den Körpern von Menschen beobachtet wurde, die behaupteten, von den Besuchern berührt worden zu sein, wendeten die Gerichtsmediziner ultraviolettes Licht auf die Überreste an. Dabei stellten sie fest, dass sie fluoreszierten. Das fluoreszierende Material, das der Haut entnommen wurde, untersuchte man anschließend in einem forensischen Labor. Eine anorganische Substanz wurde nachgewiesen, die nicht identifiziert werden konnte.

In diesem Gespräch mit dem Gerichtsmediziner geht es zunächst darum, dass ein Schnitt im Bereich des Querfortsatzes an einem der Wirbel vorgenommen wurde, die das Rückenmark umschließen.

Dann fährt das Transkript wie folgt fort …

Gerichtsmediziner: Wir haben beträchtliche Schäden an den Muskeln festgestellt.

Krankenschwester: Sah es so aus, als wäre das Rückenmark herausgerissen oder durchtrennt worden?

Gerichtsmediziner: Herausgerissen. Das ist die Ursache für die Beschädigung.

Krankenschwester: Okay.

Gerichtsmediziner: Eintritts- und Austrittsschäden.

Krankenschwester: Ein einziges Loch?

Gerichtsmediziner: Es sieht so aus, als hätte ein Drahtkleiderbügel den Schaden verursacht. Jedenfalls ein Werkzeug mit einem Haken.

Krankenschwester: Aber ist der Querfortsatz nicht breiter als drei Zentimeter?

Gerichtsmediziner: Ja, der war völlig zerbrochen.

Krankenschwester: Andere Wirbel auch? Betraf es den Bereich vom C1 bis zum Kreuzbein?

Gerichtsmediziner: Die Kraft, die man braucht, um es herauszuziehen …

Krankenschwester: Gab es weitere Überreste?

Gerichtsmediziner: Zwei Steißbeinwirbel. Die wurden zertrümmert.

Krankenschwester: Äußere Blutergüsse als Hinweis auf die Ursache der zertrümmerten Wirbel?

Gerichtsmediziner: Nein, nur innere Blutergüsse. Das macht das Ganze so rätselhaft.

Krankenschwester: Wurden die Unterleibsorgane in irgendeiner Weise beschädigt?

Gerichtsmediziner: Nicht, dass ich wüsste.

Krankenschwester: Das ergibt keinen Sinn.

Gerichtsmediziner: Peritonealwand nicht gerissen, aber sechs Rippen gebrochen und Lungenschaden.

Hier endet das Transkript …

Die Leiche wurde auf einem Dach gefunden, furchtbar zugerichtet und mit herausgerissenem Rückenmark. Die Person war verstümmelt und ertränkt worden, und anschließend erfolgte dann noch dieser brutale Eingriff. Bei dem Opfer handelte es sich um einen Obdachlosen ohne bekannte Verwandte und ohne Ausweis.

Kurz nach der oben transkribierten Unterhaltung endeten die Gespräche des Gerichtsmediziners mit der Krankenschwester, und die beiden stehen nicht mehr miteinander in Kontakt.

Dies ist nicht der einzige Bericht über Vorfälle, bei denen einem Menschen durch einen kleinen Schnitt im Nacken, in der Nähe des obersten Halswirbels, das Rückenmark herausgezogen wurde. Man muss sich also fragen: Wird durch die Entfernung des Rückenmarks der energetische Körper gewaltsam vom physischen getrennt und kann der Täter dadurch die Kontrolle an sich reißen? Kurz gesagt, kann er den Energiekörper einfangen?

Einige alte Überlieferungen legen nahe, dass es so etwas wie hungrige Seelen gibt. Das sind nicht-physische Wesen, die unsere physische Welt nicht betreten können, aber danach dürsten, sie zu erleben – so wie es auch bei unseren Besuchern der Fall zu sein scheint. Derartige Kreaturen hätten sicherlich ein Motiv, den Energiekörper eines Menschen oder eines Tieres zu erbeuten, wenn darin tatsächlich alle Details aus dessen Leben aufgezeichnet sind. Das könnte vielleicht die Imitation eines echten physischen Lebens ermöglichen, die für solche Wesen dann das Äquivalent einer für sie unwiderstehlichen, süchtig machenden Droge wäre. Ob ein gutes oder schlechtes Leben dazu dient, würde meines Erachtens nach keine Rolle spielen. Es käme einfach nur darauf an, physische Lebendigkeit auszukosten, jedes bisschen davon.

In seinem Buch *Die kosmische Schlange* berichtet Jeremy Narby, dass unter den Schamanen im Amazonasgebiet der Glaube herrscht, bestimmte Geister würden nach dem Geschmack des Lebens hungern. Doch ist Tabakrauch das einzige, was sie noch wahrnehmen können. Wenn ein Schamane mit ihnen kommunizieren will, raucht er deshalb starken Tabak.

Ist es möglich, dass es physische Wesen gibt, die das Leben nicht mehr sinnlich erfahren können, sich aber nach diesen Erfahrungen sehnen? Wenn es sich tatsächlich um physische Wesen handelt und nicht um körperlose Geister oder wenn sie sich physisch manifestieren können, erklärt das vielleicht das zwanghafte Bedürfnis nach Tabak bei jenen Wesen, die uns nach Texas folgten. Wenn sie sich in einem Zustand tiefer Lebensbetäubung befinden – in Wahrheit sind sie tot, während sie noch in physischen Körpern stecken –, hätten sie möglicherweise ein Motiv, den Energiekörper eines Menschen zu rauben. Aber vielleicht hat es ja auch gar nichts mit dem Energiekörper zu tun, sondern geschieht, um die motorischen Neuronen des Rückenmarks zu ernten, oder sie benötigen aus einem anderen Grund Rückenmarksgewebe …? Bevor wir unsere Fantasie mit uns durchgehen lassen – besser gesagt, habe ich gerade meine mit mir durchgehen lassen –, darf nicht vergessen werden, dass die Geschichten über Menschenverstümmelungen lediglich Geschichten sind. Ein Transkript eines Gesprächs ist kein notariell beglaubigter Obduktionsbericht. Zwar kenne ich die betreffende Krankenschwester persönlich und glaube nicht, dass sie sich das ausgedacht hat. Aber sie ist Mitglied des Mutual UFO Network, das zumindest teilweise mit Leuten innerhalb der US-Geheimdienst-Community in Kontakt steht. Und die Geheimdienste hatten meines Erachtens in der Vergangenheit ein starkes Interesse, die Kontrolle über das Kontakt-Narrativ zu behalten, indem sie die Leute in Angst und Schrecken versetzten. Und soweit ich weiß, besteht dieses Interesse nach wie vor. Könnte die Krankenschwester also mutwillig getäuscht worden sein? Oder muss man aufgrund der groben Misshandlung der Opfer davon ausgehen, dass diese Verbrechen, im Gegensatz zu den Rinderverstümmelungen, von einem Serienkiller verübt wurden?

Leider lässt sich das bislang nicht endgültig beantworten. Es gibt dafür einfach nicht genug Informationen. Allerdings war das FBI sowohl in den Fall Sees als auch zumindest in den einen Obdachlosenmord in Brooklyn involviert, von dem die Krankenschwester weiß. Das lässt darauf schließen, dass hier offenbar seitens der Behörden doch die Umstände als ungewöhnlich eingestuft wurden.

Wenn die Entfernung des Rückenmarks eine Methode ist, den energetischen Körper zu ernten, würde ich dies ganz und gar nicht mehr als ein konventionelles Verbrechen betrachten, sondern als ein spirituelles Verbrechen einer Art, über die wir bisher noch kaum etwas wissen. Wir sollten besser mehr darüber herausfinden und lernen, wie wir uns dagegen schützen können. Der einzige Weg des Schutzes, den ich kenne, ist, wie bereits erwähnt, der Aufbau einer starken Seele.

In der Vergangenheit wurde die gewalttätige Seite unserer Beziehung zu den Besuchern oft ignoriert oder vertuscht. Der

UFO-Forscher Philip Imbrogno berichtet, dass Dr. Hynek nicht zulassen wollte, dass Berichte über Viehverstümmelungen oder Menschenentführungen und Todesfälle in *Night Siege* (»Nächtliche Belagerung«) aufgenommen werden. Dr. Hynek fürchtete die negative Publicity, die Entführungsberichte bringen könnten. Wahrscheinlich befürchtete er, dass das gesamte Buch abgelehnt werden würde, weil die Menschen nicht in der Lage wären, sich mit derartigen Geschichten auseinanderzusetzen. Da ich selbst 1985 keine fünfzig Kilometer von dem Gebiet entfernt, in dem die Sichtungen im Hudson Valley stattfanden, entführt wurde, kann ich bezeugen, dass mindestens eine solche Entführung tatsächlich stattgefunden hat.

John Keel, der berühmte Erforscher des Paranormalen, interpretierte das Kontakt-Phänomen nicht als Besuche außerirdischer Raumfahrer auf unserem Planeten und wies darauf hin, dass diese Wesenheiten eine lange Geschichte feindseliger Aktivitäten gegenüber der Menschheit haben. Jacques Vallee ist ebenfalls der Ansicht, dass es sich bei dem, womit wir es hier zu tun haben, nicht um Kontakte mit Außerirdischen handelt, sondern um etwas sehr viel Fremdartigeres. Er beschreibt seine Forschungen in seinen Büchern, vor allem in *Messengers of Deception* (»Gesandte der Täuschung«) und *Passport to Magonia* (»Reisepass für Magonien«).

Obwohl die im Energiekörper gesammelten Lebenserfahrungen mir der primäre Fokus des Phänomens zu sein scheinen, ist der physische Aspekt ganz gewiss vorhanden, und physischer Kontakt kann eindeutig gefährlich sein, zumindest mit manchen Entitäten. Außerdem existiert zwar ein Großteil des Phänomens schon seit uralter Zeit, aber einige Aspekte scheinen doch ziemlich neu zu sein, zumindest wenn die Geschichten über Verstümmelungen und Rückenmark-Extraktionen wahr sind. Wir haben keine geschichtlichen Aufzeichnungen über Morde, die mit derartigen Verstümmelungen einhergehen, und wenn es sie schon lange gäbe, fänden sich gewiss historische Berichte darüber. Geschichten von

Mordfällen, die mit solch einer sehr ungewöhnlichen Verletzung einhergehen, wären berühmt wie die Geschichten von Jack the Ripper. Es gibt aber nur eine einzige bis zu den frühen 2000er Jahren, als dieses Sammelsurium an zum Teil eher fragwürdigen Berichten auftaucht. Dann endet es. Es geht nicht weiter. In den Vereinigten Staaten und einigen anderen entwickelten Ländern könnte man das vielleicht alles vertuschen, doch nicht überall, und außer einem ziemlich dubiosen Fall in Brasilien gibt es keine weiteren Berichte. Dieser Fall ereignete sich am 29. September 1988. In der Nähe eines Stausees südlich von Sao Paulo wurde eine Leiche gefunden, die Verstümmelungen aufwies, die jenen bei Rindern ähnelte und auch den aus New York berichteten Mordfällen. Es könnte jedoch sein, dass die Leiche chemischen Verätzungen ausgesetzt war oder die Schäden auf herkömmliche Aasfresser zurückgehen. Es gibt zwar sehr erschreckende Fotos, aber sie ermöglichen keine eindeutige Interpretation.

Seit 1985 hatten die Besucher reichlich Gelegenheit, mit mir alles anzustellen, was sie wollten. Angesichts ihrer Macht hätten die Männer, die mich in meiner Wohnung aufsuchten, alles Mögliche tun können, verhielten sich allerdings nicht feindselig.

Ich habe mich bewusst den Besuchern geöffnet, ohne Grenzen zu setzen, wer mich aufsuchen darf, oder was sie tun dürfen. Kürzlich, im Februar 2019, hielt ich mich an einem Ort in Texas auf, wo ich ihnen schon einmal begegnet bin. Auch diesmal tauchten sie physisch auf. Ich erhaschte nur einen flüchtigen Blick auf einen von ihnen, aber ich konnte sie ganz deutlich um mich herum hören. Ich war ein bisschen erschrocken, aber nicht allzu sehr. Nachdem unsere recht intensive Begegnung vorbei war, ging ich ins Bett, wozu ich früher niemals in der Lage gewesen wäre.

In allen Briefen, die Anne nach der Veröffentlichung von *Die Besucher* gesammelt hat, wird nur ein einziges Mal ein mit einer Nahbegegnung in Zusammenhang stehender Todesfall erwähnt. Dabei ging es um einen Mann, der mit einer Schrotflinte einigen

Kobolden nachstellte. Er wurde tot neben einem kleinen See auf dem Privatbesitz seiner Familie gefunden. Seine Leiche wies keine äußeren Veränderungen auf, aber man fand auf seiner Brust eine Beule, die durch ein Objekt unter seiner Haut verursacht wurde. Bei der Autopsie wurde dieses Objekt entfernt und von den Behörden beschlagnahmt. Es wurde keine spezifische Todesursache gefunden und der Tod als Unglücksfall eingestuft. Das entfernte Objekt wurde nicht an die Familie zurückgegeben.

Mit unserem begrenzten Verständnis, was es mit der hinter all den Phänomenen stehenden Präsenz insgesamt auf sich hat, ganz zu schweigen davon, wie viele verschiedene individuelle Lebensformen beteiligt sind und wie sie sich zueinander verhalten, können wir keine anderen Schlüsse ziehen, als zu sagen, dass einige Situationen entstanden sind, die seltsam sind und auf Gewalt hindeuten. Aber auch wenn die Kontakte zu einem großen Teil beängstigend und manchmal gewalttätig zu sein scheinen, sind sie in der Regel auf Dauer keineswegs gefährlich und bringen, wenn man sie aktiv aufrechterhält und kultiviert, großen Nutzen für unsere intellektuelle, emotionale und spirituelle Entwicklung.

Wenn die Tötung und Verstümmelung von Menschen tatsächlich vorkommt, muss die Öffentlichkeit darüber aufgeklärt werden. Das betrifft alle verfügbaren Informationen über konkrete Fälle ebenso wie sämtliche Theorien darüber, warum es geschieht und wer die Täter sind.

Was ist also zu tun? Hier kommt die Kommunikation ins Spiel. Wenn wir physisch bedroht werden, müssen wir den Grund verstehen, sonst wird es uns nie gelingen, wirksame Gegenmaßnahmen zu ergreifen.

Das kann ein langer Weg sein, aber wenn wir stark sind und uns dabei vorrangig um unsere eigenen Bedürfnisse kümmern, werden wir, so meine ich, zu einem für uns zufriedenstellenden Ergebnis gelangen. Ich glaube das, weil es in meinem eigenen Leben so war und ist. Es gibt mich noch, und ich schreibe gerade dieses Buch.

Ich liege nicht zerfetzt irgendwo auf einem Acker, und es gab und gibt nach wie vor reichlich Gelegenheiten, wo sie mir das antun könnten. Ich schütze mich nicht, nicht mit Waffen, nicht mit Gebeten oder Ritualen oder überhaupt durch irgendetwas. Stattdessen geht es mir in erster Linie darum, mich tiefer zu öffnen, nicht die Tür vor ihnen zu verschließen und nicht zu versuchen, mich zu verstecken oder zu kämpfen oder die Beziehung in irgendeiner bestimmten Weise zu kanalisieren. Was sie mit mir und für mich tun, bleibt ganz ihnen überlassen, mit dem Ergebnis, dass sie mich mit Wissen und Erfahrung überhäufen und mir ein reiches Leben voller Wunder ermöglichen.

Also treffe ich mich weiter mit ihnen, gewähre ihnen Zutritt in die intimsten Ebenen meines Lebens und lerne von ihnen alles, was ich kann.

Wir sind auf diesem kleinen, gemarterten Planeten mit ihnen allein. Sie besitzen Geheimnisse, die uns weiterhelfen können, da bin ich mir ganz sicher. Mein Fokus liegt also nicht darauf, sie abzuwehren, sondern mit der gebotenen Vorsicht das anzunehmen, was sie anzubieten haben. Das scheint mir bei weitem der pragmatischere und nützlichere Ansatz zu sein.

Es ist durchaus vorstellbar, dass Fälle in der entwickelten Welt durch eine Art konzertierte internationale Anstrengung vertuscht werden, aber wären weltweit solche bizarren Morde geschehen, hätten einige Fälle ans Licht kommen müssen.

Das ist nicht der Fall.

In Anbetracht dessen denke ich, dass wir unterm Strich unsere Vorsicht zurückstellen sollten, solange es keine klaren Beweise gibt, die ein besonderes Misstrauen rechtfertigen würden. Tun wir doch stattdessen besser, was wir können, um unsere Beziehung zu den Besuchern in den Fokus zu rücken. Ich denke, wenn die Leute anfangen, ihre Bereitschaft zur Kommunikation zu signalisieren, indem sie zum Beispiel regelmäßig die Wahrnehmungsübung praktizieren, wird es wahrscheinlich eine Reaktion geben. Dabei sind gerade intellektuell und wissenschaftlich gebildete Menschen für die Besucher von besonderem Interesse, denn ich weiß, dass sie ein vorrangiges Interesse daran haben, mit Wissenschaftlern und anderen Intellektuellen zu kommunizieren, die eine große Hilfe dabei sein können, unseren Planeten zu retten.

Wenn wir wollen, dass die Besucher in unserem Leben in Erscheinung treten, müssen wir bestimmte grundlegende Realitäten akzeptieren. Dazu gehört, dass wir nicht wissen, wer und was sie sind, dass wir die möglicherweise von den Kontakten mit ihnen ausgehende Gefahr nicht kennen und daher ein Risiko eingehen. Aber es ist ein kalkulierbares Risiko. Wären sie Invasoren, die den Planeten übernehmen wollen, hätten sie uns längst versklavt oder getötet. Nicht alle von ihnen mögen Motive haben, die uns gefallen oder in unserem Interesse sind, aber einige von ihnen schon, sonst würden Menschen wie ich keine positiven Erfahrungen mit ihnen machen. Als ich auf sie reagierte, indem ich versuchte, meine eigene Angst zu überwinden, reagierten sie auf eine zutiefst positive und beständige Weise. Sie demonstrierten mit Dr. Belbruno, was sie unserer Wissenschaft anzubieten haben, und mit mir, was sie uns im Hinblick auf ein reicheres und wahrhaftigeres inneres Leben und Weltverständnis vermitteln können.

Trotzdem wird das für uns eine sehr schwierige Aufgabe werden.

Wie können Wesen mit einer anderen Biologie, einer anderen Historie, einem anderen Wahrnehmungssystem und einem anderen Bezug zur Realität darauf hoffen, beispielsweise unseren Regierungsbeamten oder Wissenschaftlern etwas zu vermitteln? Diese können sich doch gar keine andere Form der Kommunikation als die mündliche oder schriftliche vorstellen, die in dieser Situation sicher alles andere als angemessen ist? Es gibt einfach keine Möglichkeit zu sagen, was tatsächlich geschieht, wenn wir versuchen, eine gewöhnliche Unterhaltung mit ihnen zu führen. Sie mögen Wörter wählen, von denen sie gelernt haben, dass sie eine passende Antwort auf eine Frage oder einen Kommentar darstellen, aber wie können wir wissen, ob sie die Bedeutung dieser Worte wirklich verstehen und damit auch das übermitteln, was sie uns mitteilen wollen?

Als ich im Dezember 1985 von den Besuchern entführt worden war, benutzten sie ein Gerät, das künstlich eine sanfte, weiblich klingende Stimme erzeugte, die ständig wiederholte: »Was können wir tun, damit du aufhörst zu schreien?« Es war ihnen offensichtlich bewusst, dass die Worte und der Tonfall durchaus beruhigend auf Menschen wirken konnten. Aber wussten sie auch, was sie tatsächlich bedeuteten? Die Stimme klang sanft, aber ebenso leblos. Man hatte eindeutig das Gefühl, dass sie maschinell erzeugt wurde, was alles andere als beruhigend auf mich wirkte. Eher wurde meine Angst dadurch zusätzlich verstärkt.

Man sollte aber nicht vergessen, dass ich schrie. Sie wollten, dass ich mich ruhig verhalte, und hätte ich das getan, wären die Dinge, glaube ich, viel weniger belastend für mich gewesen. Aber angesichts dessen, was ich sah und was mit mir gemacht wurde, war ich dazu einfach nicht in der Lage.

Es ist unwahrscheinlich, dass die gewöhnliche Sprache hierfür ein zuverlässiges Werkzeug darstellt, da beide Seiten wahrscheinlich nicht wissen, ob sie, wenn sie diese Sprache benutzen, wirklich die jeweils gewünschte Bedeutung kommunizieren. Ich kann mir vorstellen, dass die visuelle Demonstration, wie wir sie im Blockhaus erlebten, als der Mann aus dem Paradies sich uns auf diese Weise mitteilte, eine gute Basis für die Kommunikation mit unserer akademischen Welt sein könnte, da die dem Intellekt zugrunde liegenden Symbole und Archetypen seit vielen Jahren Gegenstand der Forschung sind. Das Werk Joseph Campbells oder Carl Gustav Jungs ist beispielhaft für diese Art von Forschung. Ich vermag gar nicht zu ermessen, zu welch tiefgreifenden Erkenntnissen Wissenschaftler vom Rang dieser beiden gelangen können, wenn sie in Kontakt zu dem Mann aus dem Paradies treten würden.

Wir müssen also die Möglichkeit einer von manchen Besuchern ausgehenden physischen Gefahr zumindest in Betracht ziehen, solange es dazu keine eindeutigen Informationen gibt. Falls die Tötung und Verstümmelung von Menschen überhaupt vorkommt, scheint sie selten zu sein, denn sonst wäre darüber mehr bekannt. Doch auch wenn die physische Gefahr wenig bedeutsam ist und es keine spirituelle Gefahr für unsere Seelen gibt, haben die Besucher selbst auf eine andere Gefahr aufmerksam gemacht. Sie ist überaus real und muss von unserer Gesellschaft auf allen Ebenen mit größter Sorgfalt behandelt werden.

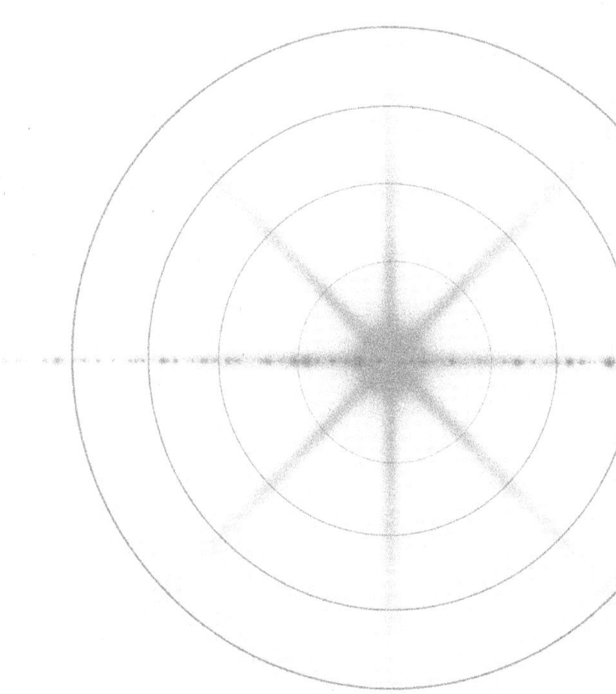

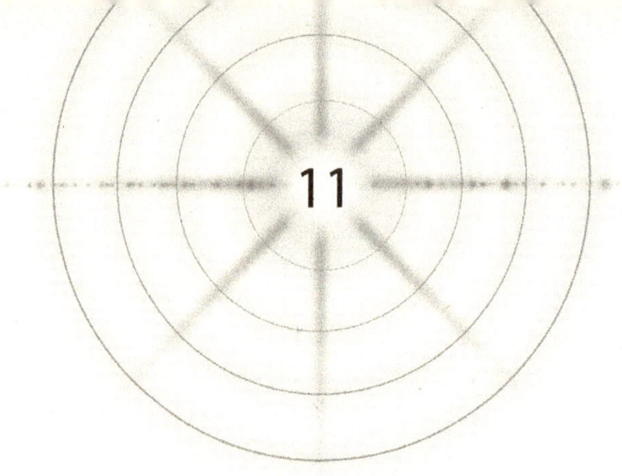

DIE »UFO-SPENDE« UND EINE WARNUNG

Wenn dieses Buch seinen Zweck erfüllt, wird das, was bereits einigen Wissenschaftlern und Akademikern widerfahren ist, in Zukunft weit häufiger geschehen. Ed Belbruno ist nicht der einzige Wissenschaftler, den sie kontaktiert haben. Ein anderer Freund, der verstorbene Chemie-Nobelpreisträger Kary Mullis, hatte in seinem Ferienhaus in Nordkalifornien eine wunderbare Begegnung mit einem Besucher, die er in seinem Buch *Dancing Naked in the Mind Field* (»Nackt im Gedankenfeld tanzen«) beschrieb. Es gibt noch weitere Personen, die erstaunliche Begegnungen hatten, aber diese beiden haben ihre Erlebnisse öffentlich gemacht.

Die Ausweitung des Kontakts ist unbedingt notwendig, und da diese Möglichkeit nun besteht, möchte ich auf eine Warnung aufmerksam machen, die die Besucher vor vielen Jahren auf einem Feld in New Mexico hinterließen.

In *Jesus Thaumaturge* (»Jesus der Wundertäter«) berichtet Bertrand Méheust ausführlich von der Bilokation der spanischen Nonne María de Jesús de Ágreda. Ab 1620 begann sie angeblich, von den Jumano gesehen zu werden, Indianern im heutigen Neu-Mexiko. Sie unterrichtete sie im Christentum und brachte ihnen sogar Rosenkränze mit. Die Indianer erzählten franziskanischen Missionaren von der Dame in Blau, die sie den neuen Glauben gelehrt hatte. Das Wunder wurde von der katholischen Kirche untersucht, aber nie anerkannt, da eindeutige Beweise fehlten. Ob die Bilokation tatsächlich stattgefunden hat oder nicht, ist hier jedoch nicht von Belang. Relevant ist die kulturelle Dislokation, die die Jumanos erdulden mussten, und der Ort, an dem sie sich abspielte.

In der Gegend, wo damals die mutmaßlichen Ereignisse um die Ordensschwester María stattfanden, ereignete sich in jüngerer Zeit ein UFO-Absturz. Die Wissenschaftler, die seit Jahren von der Absturzstelle geborgene Trümmer und Artefakte untersuchen, betrachten dieses UFO nicht als zufälligen Absturz, sondern als eine Art Spende. Wichtig ist die Tatsache, dass der Absturzort der »UFO-Spende« in einem Gebiet liegt, wo in der Vergangenheit ein scheinbar unmögliches Ereignis stattfand, mit dem versucht wurde, die Auswirkungen eines gefährlichen kulturellen Umbruchs zu minimieren.

Die Jumanos glaubten, dass ihnen auf geheimnisvolle Weise ein neuer spiritueller Weg geschenkt wurde, und die UFO-Spende bietet uns etwas Ähnliches – einen grundlegenden Wissenszuwachs, der nicht nur Wissenschaft und Technologie umfasst, sondern auch eine größere Einsicht in das, was es bedeutet, ein Mensch zu sein – und überhaupt lebendig zu sein.

Ich bin überzeugt davon: Wenn die an der Absturzstelle endeckten Materialien der Wissenschaft frei zugänglich gemacht werden, kann das die Welt verändern. Und akademische Fachleute, die analysieren, was damals beim Auftauchen der Spanier mit den Jumanos geschah, und es damit vergleichen, was heute geschieht, wenn die Realität der Besucher in den Fokus rückt, werden uns davor bewahren, in dieselbe Falle zu tappen, die seinerzeit die Kultur der Jumanos zerstörte.

Um die Warnung zu verstehen, müssen wir auf das zurückblicken, was sich im frühen siebzehnten Jahrhundert in jener Region ereignete. Die Spanier waren gerade dabei, von Mexiko aus nach Norden zu expandieren, und brachten eine neue Gesellschaftsordnung mit sich und damit auch Krankheiten, Unruhen und die Inquisition. Sie hatten bereits Mexiko erobert und waren dabei, die dortige Zivilisation vollständig zu zerstören und die indianische Bevölkerung zu versklaven. Hundert Jahre später würde die große Mehrheit der Ureinwohner tot und die Überlebenden würden Sklaven der Spanier sein, in einer schrecklichen Knechtschaft, mit dem Tod als einzigem Ausweg.

Dass genau in dieser Gegend der Menschheit gezielt ein UFO »gespendet« wurde, ist für mich eine klare Botschaft: Der Kontakt lohnt sich für euch, aber er ist auch gefährlich. Während die Gemeinschaft mit den Besuchern sich entfaltet, müssen wir sehr sorgfältig darauf achten, dass wir weiterhin zu unseren eigenen Überzeugungen und Erwartungen an das Leben stehen und uns selbst und unsere Zivilisation wertschätzen. Wir müssen unseren Besuchern mit offenem, aber auch vorsichtigem Geist begegnen. Die Warnung ist unmissverständlich: Andernfalls werden die Dinge nicht gut laufen. Spirituelle und mentale Kontakte sind real und zutiefst schockierend. Aber der physische Kontakt, um den es bei der UFO-Spende geht, wird noch intensiver sein. Er wird einen raschen kulturellen Wandel, Verwirrung, Angst und alle möglichen unvorhergesehenen Folgen mit sich bringen.

Doch er wird uns angeboten, sonst hätten sie uns dieses UFO niemals zur Verfügung gestellt.

Die Tatsache, dass es ausgerechnet in diesem Gebiet niederging, deutet für mich darauf hin, dass man uns warnen will, weil wir auf Wesen treffen werden, deren Kultur die unsere überwältigen könnte. Also müssen wir uns selbst treu bleiben, dafür sorgen, dass unsere Gesellschaft intakt bleibt, und für die Werte unseres Geistes und der von uns geschaffenen Kulturen eintreten. Wenn wir keine Verantwortung für uns und unsere Rolle bei den Kontakterfahrungen übernehmen, können wir nicht erfolgreich sein. *Erfolgreicher Kontakt bedeutet für mich drei Dinge: erstens eine klare Kommunikation, zweitens eine Bereicherung für beide Seiten und drittens ein gemeinsames Leben in dieser neuen Form der Kommunion.*

Aber es wird auch eines der durchgehenden Themen dieses Buches betont, nämlich dass man vorsichtig sein muss. Wir müssen nicht nur aufpassen, dass wir nicht zu Bittstellern werden, wenn wir mit atemberaubend fortschrittlichen Fähigkeiten und Technologien konfrontiert werden, die wir gerne besitzen würden, wir müssen uns darüber hinaus bewusst machen, dass die Wesen, die über diese Kenntnisse und die außergewöhnliche Macht verfügen, die damit einhergeht, nicht unbedingt ethisch höher entwickelt sind als wir. Die Spanier waren im Vergleich zu den Ureinwohnern technologische Meister, aber in moralischer Hinsicht waren sie primitiv. Sie hatten keinerlei Respekt vor den Kulturen, die sie vorfanden. Überall, wo sie hinkamen, zerstörten sie die lokale Kultur, versklavten die Bevölkerung und mordeten hemmungslos. Überall auf der Welt wurden indigene Kulturen diesem Schock ausgesetzt, als die westliche Zivilisation auftauchte. In vielen Fällen war es ein todbringender Schock, oft selbst dann, wenn die Annäherung seitens der Europäer relativ wohlwollend war. Der Grund dafür ist, dass Menschen, wenn sie mit einer Kultur konfrontiert werden, die ihnen als viel mächtiger als ihre eigene erscheint, den Glauben an die Elemente ihrer eigenen Kultur verlieren: an ihre Götter, ihre Religion, ihren Selbstwert. Die Cargo-Kulte in Melanesien sind ein Beispiel für den Versuch einer weniger mächtigen Kultur, sich die wünschenswerten Eigenschaften einer mächtigeren anzueignen, ohne jedoch etwas von den technologischen Fähigkeiten zu begreifen, um die es eigentlich geht. Es stellt sich eine Ebene der Demütigung und des Verlustes des Selbstwertes ein, der zur Degeneration nicht nur der säkularen Gesellschaft, sondern auch der spirituellen Kultur führt, selbst wenn diese der mächtigeren technologischen Kultur eigentlich überlegen ist.

Ein Beispiel für die Gefahr, die uns droht: Aliens tauchen auf, die in der Lage sind, riesige Entfernungen im Weltraum zu durchqueren. Wir sind völlig eingeschüchtert von ihren Errungenschaften. Wenn wir beginnen, mit ihnen zu kommunizieren, sagen sie, dass es so etwas wie die Seele gar nicht gibt. Sie sagen, dass nicht nur unsere Religionen bloße Fantasie sind, sondern dass die Idee des spirituellen Lebens so bedeutungslos ist, wie es viele unserer Intellektuellen jetzt bereits glauben.

Und was ist, wenn sie das Gegenteil sagen? Wenn sie verkünden, dass es einen Gott gibt und sie Engel sind?

Wir werden für beide Äußerungen gleichermaßen anfällig sein. In dem Moment, in dem wir uns ihrer überlegenen Macht bewusst werden, laufen wir Gefahr, uns selbst, unsere Sicht der Realität und unsere Fähigkeiten als minderwertig zu betrachten.

Kurz gesagt, wir werden uns entmachtet fühlen, und so wie dieses Gefühl für indigene Völker auf der ganzen Welt eine Illusion war, wird es das auch für die Menschheit als Spezies sein. Die Vorteile der Beziehung zu diesen Wesen werden wir nur dann wirklich für uns nutzen können, wenn wir uns weiterhin den Sinn für unsere eigenen Stärken bewahren, statt uns völlig an den Fähigkeiten und Errungenschaften der Besucher zu orientieren.

Außerdem wird es uns helfen, uns daran zu erinnern, dass ihre Fähigkeiten zwar weitaus größer sein mögen als unsere, dass dies aber ebenso auf ihre Fehler und Schwächen zutrifft, die beträchtlich sein können, wenngleich vermutlich von ganz anderer Art als unsere.

Lassen Sie mich das ein wenig näher ausführen.

Jeder Ethiker wird Ihnen sagen, dass technologischer und ethischer Fortschritt nicht unbedingt Hand in Hand gehen. Ein kurzer Blick in unsere eigene Geschichte zeigt, dass die Spanier keinesfalls die einzige Gesellschaft waren, die technologisch weniger fortgeschrittene Kulturen mit Füßen trat. Ein noch eklatanteres Beispiel ist Nazi-Deutschland, das seine überlegene Organisation und fortschrittliche Waffentechnologie dazu nutzte, den größten Teil Europas zu verwüsten und Millionen von unschuldigen Menschen sinnlos zu vernichten. Und warum? Weil die gesamte Kultur des Nationalsozialismus nicht nur ethisch verarmt, sondern proaktiv wahnsinnig war.

So ist die »UFO-Spende« sowohl Versprechen wie Warnung, dass es da draußen ein großes Universum gibt. Wir haben durch dieses UFO wunderbare Technologie erhalten. Jeff Kripal ist so weit gegangen, einen der Menschen, der am meisten dafür getan hat, das Gefundene in nützliche Fortschritte für die Menschheit umzusetzen, als Engel zu bezeichnen.

Es ist an der Zeit, ein neues Gespräch mit den Besuchern zu beginnen. Das bedeutet für beide Seiten eine Herausforderung. Sie müssen das Risiko eingehen, dass wir ihre Anwesenheit nicht ertragen können, und wir müssen das Risiko eingehen, dass sie uns auf unwiderrufliche Weise gefährlich werden könnten.

Es gibt große Verheißungen für uns: das Wissen, dass der Energiekörper real ist und existiert, um einer Seele zu dienen, die ebenfalls sehr real ist, das Wissen, dass man seinen physischen Körper verlassen und weite außerkörperliche Reisen unternehmen kann, die Verheißung zu lernen, wie man eine zuverlässige Kommunikation zwischen der physischen und der nicht-physischen Menschheit aufbauen kann. Vor allem aber die Schaffung einer realen Kommunikation mit den Besuchern und, davon ausgehend, das Eintreten in einen Zustand der Gemeinschaft mit ihnen, von dem sie profitieren, weil wir den Reiz des Neuen in ihr Leben bringen, während sie uns an ihrem Wissen teilhaben lassen.

Während wir diese Dinge tun, werden wir, so glaube ich, erkennen, dass vieles von dem, was wie außergewöhnliche Technologie aussieht – die Fähigkeit, sich unsichtbar zu machen, große Entfernungen ohne Fahrzeug oder Fluggerät sekundenschnell zurückzulegen, ja sogar zwischen den Universen hin und her zu reisen –, in Wahrheit etwas ist, das dem Leben selbst innewohnt und erlernt werden kann. Ich denke, dass solche Fähigkeiten physische Ausdrucksformen der Seelenkunst sind.

Zu den wichtigsten Fortschritten, die vermutlich stattfinden, wenn wir uns den Besuchern annähern, gehört, dass außerkörperliche Reisen zu etwas Alltäglichem werden.

Da unser zweiter Körper, der Energiekörper, mit den uns heute zur Verfügung stehenden Instrumenten nicht gemessen werden kann, wird die Vorstellung, dass er existiert, geschweige denn, dass wir mit ihm nicht-physische Reisen unternehmen können, allgemein abgelehnt.

Meine bislang letzte außerkörperliche Reise ereignete sich im Institute of Noetic Sciences in Nordkalifornien. Dabei sah mich jener Wissenschaftler, dessen Namen ich nicht nennen darf. Ich befand mich in einem Gästehaus mit kleinen Einzelzimmern. Ich hatte wie üblich um 23 Uhr abends und 3 Uhr früh meditiert, als ich zu meiner Verärgerung um 4 Uhr von etwas geweckt wurde, das sich wie ein elektrischer Strom anfühlte, der meine Wirbelsäule hinunterschoss. Ich stand auf, versuchte wieder zu meditieren, war aber zu müde und ging erneut ins Bett. Im nächsten Augenblick stand ich auf dem Flur vor meinem Zimmer. Ich drehte mich um und sah, dass meine Tür geschlossen und damit auch verriegelt war. Einen Moment lang dachte ich, ich hätte mich ausgesperrt, aber dann wurde mir aufgrund der gleitenden Bewegung meines Körpers klar, dass ich mich im nicht-physischen

Zustand befand. Ich dachte sofort, dass ich mich so vielen an der Konferenz teilenehmenden Akademikern und Wissenschaftlern wie möglich zeigen wollte. Ich ging in das Zimmer von Jeff Kripal, aber er schlief wie ein Stein. Ich habe nicht versucht, ihn zu wecken. Ich weiß aus Erfahrung, dass ich in diesem Zustand körperlich nichts ausrichten kann. Ich habe zum Beispiel einmal vergeblich versucht, ein Blatt von einem Baum abzuzupfen. Obwohl ich selbst ständig von nicht-physischen Wesenheiten geweckt werde, gelang es mir bisher nicht, im nicht-physischen Zustand etwas in der physischen Welt zu beeinflussen.

Nachdem ich es bei Jeff versucht hatte, versuchte ich es bei der Person im Nebenzimmer.

Das Ergebnis war das gleiche.

Im dritten Raum, den ich betrat, fand ich den Bewohner irgendwie halb wach. Ich machte die Wahrnehmungsübung, die, wie ich glaube, dazu beitragen kann, mich sichtbar zu machen. Es fühlt sich nicht so an wie im physischen Zustand. In diesem Zustand ist es so, dass man sich seiner Grenzen bewusst wird, als ob man irgendwie von den eigenen Händen gehalten wird.

Er hat mich eindeutig gesehen.

Ich konnte es an seinem Gesicht ablesen.

Ich ertappte mich dabei, dass ich mich mit ihm unterhielt, aber nicht aus freiem Willen und nicht körperlich. Ich wurde benutzt, um ihm eine Botschaft über die Seele zu bringen und darüber, wie wichtig es ist, ein Leben zu führen, dass nicht von Schuldgefühlen belastet ist. Einige Monate später traf er die Entscheidung, auf seiner Seelenreise den religiösen Weg einzuschlagen. Wenn man ihn beschreitet, ohne dabei dogmatisch zu werden oder in jene Falle des Glaubens zu tappen, die dazu verleitet, andere zu verletzen, kann Religion – besser gesagt der unvermittelte Zugang namens Spiritualität – eine reiche Erfahrung sein.

Nach dem Ende des Gesprächs erlebte ich eine Art Aufstieg. Ich schwebte durch die Decke und so hoch hinauf in den Himmel, dass ich im Osten den Lichtstreif der Morgendämmerung und darunter den dunklen Schatten der kalifornischen Küste sehen konnte. Ich schwebte am oberen Rand der Atmosphäre, und es war herrlich. Mir war weder heiß noch kalt. Ich brauchte nicht zu atmen. Dann schoss ich mit halsbrecherischer Geschwindigkeit nach unten und ostwärts, bis ich mich offenbar auf einem Universitätscampus befand. Ich prägte mir alle Details ein, die mir auffielen. Ich versuchte, einen Fußgänger auf mich aufmerksam zu machen, aber das gelang mir nicht. Ich betrat ein Studentenwohnheim und ging darin einen Flur entlang, konnte aber den Mann, den ich in einem der Zimmer schlafend vorfand, nicht aufwecken. Neben der Tür an der Wand lehnte etwas, das für mich wie ein ungewöhnlich großes Hackbrett aussah.

Später, als ich dasselbe Wohnheim in der physischen Realität betrat, sah ich, dass es eine mir unbekannte Form des Skateboards war, ein Longboard. Dieses winzige Detail sollte nicht vergessen werden, denn es veranschaulicht ein viel größeres Problem im Hinblick darauf, was uns zur Verfügung steht, wenn wir uns nicht im physischen Körper befinden. Ich habe dabei erlebt, dass ich in diesem Zustand Mühe habe, etwas richtig wahrzunehmen und einzuordnen, das ich im physischen Zustand noch nie gesehen habe. Ohne die Vergleichsdaten und die Logik des Gehirns scheint das schwierig zu sein, jedenfalls für mich.

Ein paar Minuten später, als ich merkte, wie weit ich von meinem physischen Körper entfernt war, verspürte ich den Wunsch, in ihn zurückzukehren. Ich schwebte sanft nach oben und schoss dann blitzschnell in meinen Körper hinein.

Staunend lag ich im Bett. Was für ein Erlebnis!

Am nächsten Morgen beim Frühstück stellte ich zu meiner Freude und Belustigung fest, dass der Wissenschaftler den Leuten erzählte, was passiert war, und dass er gesehen hatte, wie ich durch die Decke seines Zimmers davongeschwebt war. Als ich den Campus beschrieb, auf dem ich gewesen war, kannten Diana

Pasulka und einer der anderen Teilnehmer ihn gut: Es war ihrer, die University of North Carolina in Wilmington. Ein Jahr später befand ich mich in der erstaunlichen Lage, physisch einen Ort zu besuchen, den ich zum ersten Mal gesehen hatte, als ich mich im nicht-physischen Zustand befunden hatte. Als ich das Wohnheim betrat, in das ich im nicht-physischen Zustand gegangen war, sah ich – wie schon erwähnt – dasselbe Longboard, das ich im Jahr zuvor gesehen hatte, aber diesmal erkannte ich, dass es sich um eine Art Skateboard handelte.

Während einige Mitglieder der wissenschaftlichen und akademischen Gemeinde eher als in der Vergangenheit bereit sind, die Möglichkeit in Betracht zu ziehen, dass unidentifizierte Flugobjekte ein reales Phänomen sein könnten, ist es nach wie vor strengstens verboten, öffentlich zu erörtern, dass diese UFOs Besatzungen haben könnten, die unter Umständen gar aussteigen und mit Menschen interagieren.

Diese Haltung ist offensichtlich unlogisch, aber dennoch weit verbreitet. Seriöse Wissenschaftler, seriöse Akademiker und die seriösen Medien weigern sich, über die Möglichkeit zu sprechen, dass irgendetwas in diesen UFOs sein könnte – oder, genauer gesagt, sie wollen es nicht wahrhaben.

Angesichts der Dringlichkeit der Situation flehte ich die Besucher im Februar 2017 an, sich zu zeigen. Ich beharrte Tag und Nacht auf dieser Forderung, bis sie wütend auf mich wurden. Ich war überzeugt, dass mein eigenes Beispiel beweisen würde, dass wir unsere Angstreaktion im Zaum halten können, uns nicht davon überwältigen lassen müssen. Da ich mich schon zweimal in meinem Leben vor einem direkten physischen Kontakt gedrückt hatte – das neunmalige Klopfen und der Vorfall im Wald im Februar 1987 –, führten sie mit mir ein Experiment durch.

Ich wachte mitten in der Nacht auf und merkte, dass etwas im Bett zwischen meinen Beinen lag. Es berührte ganz leicht meine Genitalien. Da ich allein lebe und keine Haustiere habe, schloss ich sofort, dass es jemand von *ihnen* war. Ein gewaltiger Schreck durchfuhr mich, und ich sprang aus dem Bett. Das tat auch die dunkle Gestalt, die zur Decke hochschoss und weg war. Zurück blieb ein tiefer Kratzer an meiner linken Wade, der noch ein Jahr später schwach sichtbar war. Ich schickte ein Bild davon an die Gruppe von Leuten, mit denen ich zusammenarbeite, und beschrieb ihnen das Erlebnis.

Dann haben die Besucher sich auf eine weitere wunderbare Lektion eingelassen und versucht, mir zu offenbaren, was sie wollen, was sie dafür als Gegenleistung zu geben bereit sind und wie die Kommunikation mit uns funktionieren kann. Dieses Buch ist das Ergebnis.

Wie ich hier schon früher gesagt habe, sind die Besucher eine komplexe Präsenz ... genau wie wir. Weil wir so wenig über sie wissen, neigen wir dazu, sie als außerirdische Spezies zu betrachten. Jede Spezies muss entweder gut oder böse sein. So kursiert zum Beispiel der Glaube an böse Reptiloide und engelsgute blonde Humanoide. Aber ist das glaubwürdig? Schauen Sie doch uns selbst an! Adolf Hitler und Mahatma Gandhi lebten zur gleichen Zeit, und das ist nur ein Beispiel für die ungeheure Vielfalt an Leben, Motiven, Überzeugungen und Kulturen, die schon innerhalb einer einzigen Spezies besteht – bei uns Menschen.

Nur wenn wir uns für die Fülle der Möglichkeiten öffnen, die uns der Austausch mit den Besuchern eröffnet, und gleichzeitig bereit sind, die mit einem Kontakt verbundenen Risiken einzugehen, kann unser Bemühen erfolgreich sein. Weil sie hier sind, um miterleben zu dürfen, wie wir uns vom Leben überraschen lassen und Neues entdecken, werden sie uns in gewisser Weise immer fremd bleiben, ihr Verhalten unvorhersehbar, und das, obwohl sie sich intensiver mit uns beschäftigen werden als wir selbst. Die Kommunion mit ihnen wird intimer sein als die Intimität, die zwischen Menschen untereinander möglich ist. Es wird das Intimste sein, was überhaupt möglich ist. Können wir uns daran gewöhnen, es in unser Leben integrieren? Mit anderen Worten: Können wir es ertragen?

Das ist die grundlegende Frage dieses Buches und, da bin ich mir ziemlich sicher, des menschlichen Lebens in dieser Zeit.

Können wir?

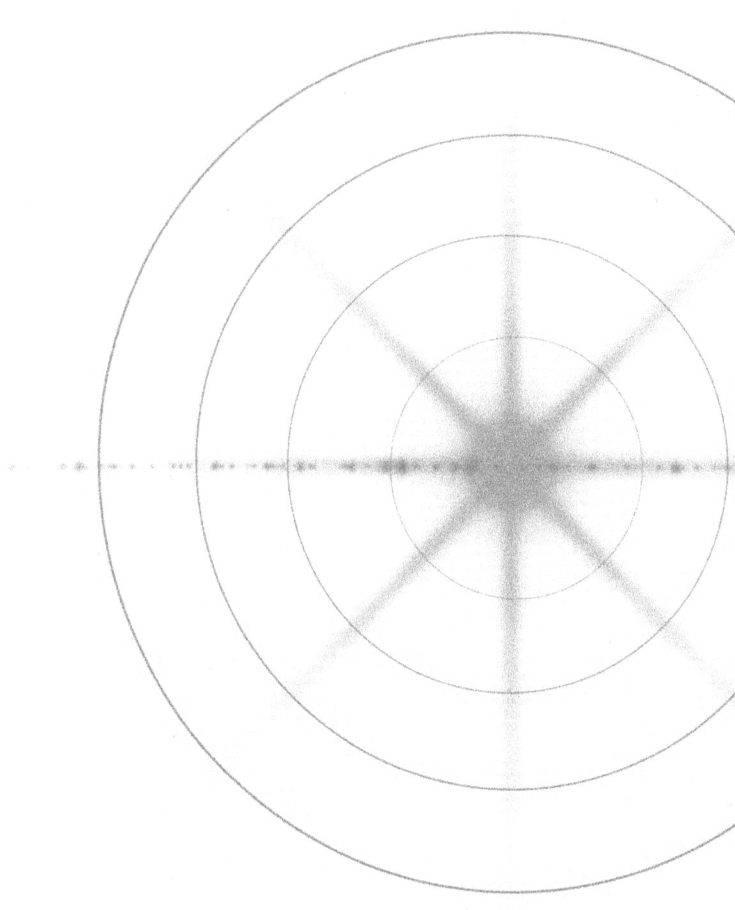

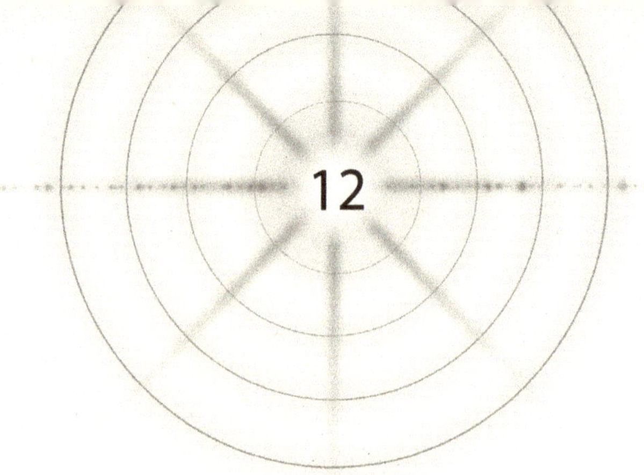

IST IRGENDETWAS DAVON REAL?

Jetzt sind wir zum Kern vorgedrungen. Ich denke, nur wenn das Material, das ich nun besprechen werde, sorgfältig beachtet wird, kann in Zukunft mehr direkte Kommunikation mit den Besuchern stattfinden. Ich hoffe, dass dieses Buch die Besucher veranlassen wird, auf klarer definierte Art in unserer Welt in Erscheinung zu treten. Dafür ist das, was ich in diesem Kapitel darlege, von entscheidender Bedeutung.

Wie ironisch, dass ich hier keinen Beweis dafür liefern kann, dass sie real sind! Man sollte doch meinen, dass Fragen wie die, ob sie tatsächlich eine physische Präsenz sind oder nicht, eigentlich geklärt sein müssten, um überhaupt sinnvoll mit ihnen kommunizieren zu können.

Nur dürfen wir möglicherweise gerade *nicht* versuchen, diese Unklarheiten zu beseitigen, wenn wir eine echte Beziehung zu ihnen entwickeln wollen.

Während wir uns dem Höhepunkt der hier vorgelegten Überlegungen nähern, erweist sich, dass diese Wesenheiten, die bisher als Legende, als Mythos, als Märchenfiguren galten, offenbar weit mehr sind als das. Dabei stehen uns zwei Dinge klar vor Augen: die akute Gefährdung unseres Überlebens auf unserem Planeten und die Tatsache, dass Paralleluniversen real sind. Kann es also sein, dass die Bewohner von rätselhaften Orten wie dem Spiegeluniversum aus versuchen, sich in unserer Welt zu materialisieren, um uns zu helfen? Ich denke, dass es durchaus Beweise gibt, die in diese Richtung deuten. Gleichzeitig entpuppen sich Feen, Sylphen, Trolle, Dschinns und teilweise sogar das, was früher als Götter bezeichnet wurde, als reale Wesenheiten, die wahrscheinlich schon seit Urzeiten hier mit uns in unserem Universum leben und die wir in der heutigen Zeit als Außerirdische wahrnehmen. Wenn man dazu noch eine bisher unbemerkte Präsenz hinzufügt, die vor etwa hundertfünfzig Jahren anfing, in immer größerem Ausmaß Rinder zu verstümmeln, und die vielleicht vor Kurzem dasselbe mit einigen von uns gemacht hat, ergibt sich ein ziemlich erstaunliches Bild. Aber das ist noch nicht alles. Wir haben auch etwas, das einem nachweisbaren Kontakt mit unseren eigenen Toten sehr nahekommt oder zumindest so aussieht.

Es scheint, dass nun, wo wir mit einer heraufziehenden Krise konfrontiert sind, die das Überleben der gesamten Menschheit bedroht, die verborgene Welt, die in der Vergangenheit immer vage und schwer einzuordnen war, in eine neue Art von Fokus rückt – und sich als real erweist.

Nur … was genau bedeutet das Wort »real« eigentlich?

Kommen Sie mit mir in den Kaninchenbau, in den wir jetzt gehen müssen.

Ich weiß, dass meine Geschichten im Allgemeinen unglaublich klingen. Aber ich weiß dennoch, dass sie tatsächlich passiert sind.

Wirklich?

Die Welt der Besucher ist so fremdartig, so völlig außer Rand und Band, dass sie, sollte man meinen, unmöglich real sein kann. Wäre sie real, dann müsste das, was wir jetzt für real halten, die eigentliche Fantasie sein.

Oder könnten sie *beide* gleichzeitig real und fantastisch sein?

Lassen Sie uns das gemeinsam erkunden.

Eine wachsende Zahl von Theorien und nun auch Beweisen legt nahe, dass es vielleicht keine endgültige Wahrheit gibt, jedenfalls nicht in diesem Universum. Vielleicht gelten in anderen Universen andere Gesetze, aber in diesem funktioniert der Glaube nicht – und das nicht nur auf der Ebene des extrem Kleinen, der Quantenebene, wo nichts feststeht und definitiv ist, solange es niemand beobachtet. Auch auf unserer Ebene funktioniert der Glaube nicht. Der Grund dafür ist, dass wir keinen absoluten Boden der Wahrheit haben, auf den wir uns vollständig verlassen können. Je nachdem, wie unsere Situation aussieht, entscheiden wir einfach, dass die eine oder die andere Sache wahr ist.

Wie ich in *Transformation* berichtete, sah ich einmal eine Stadt, die mir als »ein Ort, an dem die Wahrheit bekannt ist«, beschrieben wurde. Damals dachte ich: »Oh je, dort müssen ja tolle Geheimnisse aufbewahrt sein.« Jetzt vermute ich, dass die Botschaft etwas subtiler war. Es könnte gut sein, dass die Bewohner dieser Stadt eher gemäß einer Input- statt einer Output-Strategie denken. Da wir eine Output-Strategie verwenden, werden wir auf jeden Fall wissen, dass die Struktur in der Speisekammer eine Müslipackung ist, und somit in der Lage sein, zu frühstücken. Doch wir werden nicht wissen, was diese Schachtel tatsächlich *ist* – was aber für uns auch kein Problem darstellt. Normalerweise. Allerdings haben wir mit unserem exquisiten Verstand Formeln entwickelt und Maschinen konstruiert, die uns in die Lage versetzen, hinter jene Grenze zu schauen, wo die Output-Strategie nicht mehr funktioniert. Wir verfügen inzwischen über Detektoren, mit denen unsere output-orientierten Gehirne in die verborgenen

Abläufe der inneren Welt blicken können. Mit anderen Worten: Wir können die Wahrheit sehen.

Und wir sehen, dass diese innere Welt nicht eindeutig ist!

Die Stadt, in der die Wahrheit bekannt ist, war von hellem Licht durchflutet – vermutlich um die dort herrschende Klarheit zu symbolisieren –, aber sie hatte kein Ende. Ich gelangte niemals an einen Stadtrand. Der Grund ist natürlich, dass etwas Mehrdeutiges keine Grenze hat.

Wir wissen, dass die Quantenunbestimmtheit real ist, weil wir sie sehen können. Aber aufgrund der Art und Weise, wie unsere Gehirne gebaut sind und entsprechend unser Verstand funktioniert, ergibt das für uns keinen Sinn. Eine Welle kann sich nicht in ein Teilchen auflösen, nur weil wir sie betrachten. Aber genau das geschieht. Das Doppelspaltexperiment, mit dem das bewiesen wird, lässt sich absolut zuverlässig reproduzieren. Es funktioniert immer.

Es macht mich auch wahnsinnig, aber ich liebe es.

Es gibt jedoch bezüglich des Doppelspaltexperiments ein paar Dinge, die etwas näher betrachtet werden müssen, bevor wir akzeptieren können, dass die populäre Vorstellung zutreffend ist, ein Beobachter wäre erforderlich, damit sich eine Welle in ein Teilchen auflöst. Es gibt eine Quantentheorie namens Dekohärenz, die besagt, dass die Wellenfunktion niemals kollabiert, sondern dass der Anschein von Kohärenz von der Umgebung herrührt. Wenn man die Theorie ein wenig ausdehnt, könnte dies tatsächlich bedeuten, dass unser Gehirn dafür sorgt, dass uns die Welt kohärent erscheint. Mit anderen Worten: Unsere Output-Strategie ist für uns die Realität.

Aber, Moment mal, eine Gehirnstrategie ist doch nur eine Methode, die Dinge auf eine bestimmte Weise aussehen zu lassen! Oder irre ich mich da? Es ist nicht einmal die einzige Output-Strategie. Bienen zum Beispiel können ultraviolettes Licht sehen und haben somit eine ganz andere.

Dies löst zwar nicht das Rätsel, deutet aber darauf hin, dass, wenn die zugrundeliegende Wellenfunktion niemals tatsächlich kollabiert, die ihr innewohnende Zweideutigkeit immer noch vorhanden ist, auch wenn das, was wir um uns herum sehen, völlig kohärent erscheint.

Und in der Tat deutet Schrödingers Katzenhypothese darauf hin, dass wir in einer zweideutigen Realität leben, in dem Sinne, dass zwei einander widersprechende Zustände gleichzeitig real sein können. Schrödingers Katze kann wahrhaftig gleichzeitig lebendig und tot sein. Aber sicher sind das Fragen der Physik, keine Probleme des realen Lebens, über die wir uns Gedanken machen sollten. Quanten sind sehr winzig, also lassen sich diese Verhältnisse doch gewiss nicht auf unsere große Welt der absoluten Realitäten und zuverlässigen Output-Strategien übertragen! Schrödingers Katze ist überhaupt keine Katze, sie ist ein subatomares Teilchen. Um also ein großes Genie des zwanzigsten Jahrhunderts, Professor Alfred E. Neumann, zu zitieren: »Was, ich soll mir Sorgen machen?« Na, ich schon!

Das liegt daran, dass die Unbestimmtheit der Wellenfunktion nicht auf Quanten beschränkt zu sein scheint. Wir leben in ihr, weshalb ich unsere Welt ein Spiegellabyrinth nenne.

Es ist also alles zweideutig. Problem gelöst.

Aber nein, auch das ist nicht wahr. Denn dieser ganze zweideutige, trügerische und verwirrende Garten der verzweigten Wege funktioniert so, wie er funktioniert, und erscheint so, wie er ist, aufgrund von … Konstanten.

Aha …

Als ich durch das Schreiben dieses Buches noch mehr in den Wahnsinn getrieben wurde als sonst, wandte ich mich hilfesuchend an mein Implantat. (Und da fragen sich die Leute, warum ich es nicht entfernen lasse! Aber warum sollte ich auch, es ist ja nicht real. Anne hatte Recht, und ich danke allen Heiligen, dass sie sich damals durchgesetzt hat, denn trotz der Tatsache, dass es gar nicht existiert, ist es mein treuer Führer durch das Spiegellabyrinth.)

Ich bat also das Implantat, mich zu etwas zu führen, das ich für dieses Buch wissen musste, von dem ich aber bislang nicht die geringste Ahnung hatte.

Hier kommen nun der Physiker Wolfgang Pauli, der Psychiater Carl Gustav Jung und die seltsamste Sache der Physik ins Spiel, die sogenannte Feinstrukturkonstante. Sie ist von der Natur auf 1/137 festgelegt. Das ist ein absoluter Wert. Wäre es eine andere Bruchzahl, wäre alles anders und der größte Teil der Welt würde nicht funktionieren. Alles schön und gut, aber warum gerade diese Bruchzahl? Warum nicht 1/136 oder, sagen wir, 1/7000?

Das Lustige daran ist: Niemand weiß es. *Es ist einfach so.*

Die anderen Konstanten können als unvermeidliche Resultate der Prozesse betrachtet werden, die sie definieren. Nicht jedoch die Feinstrukturkonstante. Sie ist dimensionslos. Das bedeutet, dass sie, egal in welchem Einheitensystem man sie ableitet, immer 1/137 sein wird.

Physikalisch gesehen handelt es sich um die Aufspaltung der Spektrallinien von Wasserstoffatomen.

Das scheint keine große Sache zu sein, bis auf ein winziges Detail: Wäre dieser Abstand anders, wäre die gesamte Welt völlig anders und würde in den meisten Szenarien überhaupt nicht funktionieren.

Und doch sie ist einfach da. Es gibt kein zugrundeliegendes Prinzip, das sie dazu zwingt, so zu sein, wie sie ist. Gott hätte genauso gut sagen können: »He, das hier sieht hübsch aus. Das nehme ich.« Das trieb Pauli in den Wahnsinn, wie auch viele andere Physiker seither. Ich gehöre nicht einmal zu dieser speziellen verrückten Randgruppe (meine ist bei weitem nicht so verrückt), und doch macht es auch mich verrückt.

Wie Pauli liebe ich Dinge, die mich verrückt machen. Anne sagte zu Lebzeiten immer, dass die Auseinandersetzung mit unbeantwortbaren Fragen den Geist wachsen lässt. Ich denke, das Mysterium der Besucher ist genau diese Art von Frage, und vielleicht geben sie sich so vieldeutig, um die Entwicklung des menschlichen Intellekts zu fördern.

Auch wenn solche Fragen in der Output-Welt hinreichend beantwortbar sind, blicken Sie doch einmal in die innere Welt – und schon ist alles zweideutig! Aber das ist in Ordnung. Schließlich befinden wir uns in der Output-Welt. Ein Apfel ist hier ein Apfel, daran besteht kein Zweifel.

Es sei denn … nun, ich habe Sie gewarnt.

Der große Pauli, immer noch von der Frage nach dem Warum der Feinstrukturkonstante in den Wahnsinn getrieben, starb am 15. Dezember 1958 … in Zimmer 137 des Krankenhauses, in das er mit weit fortgeschrittenem Bauchspeicheldrüsenkrebs eingeliefert worden war. Er starb nicht nur mit seiner Frage, er tat es, während er in eine dieser mysteriösen Synchronizitäten verwickelt war, über die sein Freund Carl Gustav Jung so viel geschrieben hat. (Es sei denn, es war ein abgekartetes Spiel, und Pauli sorgte selbst dafür, dass man ihm ausgerechnet dieses Zimmer gab. Schon möglich, denn er hatte Sinn für Humor …)

Mein vermeintlich nicht mehr vorhandenes Implantat nutzt, wie ich schon sagte, Synchronizitäten. Tatsächlich benutzte es eine solche, um mich auf dieses Mysterium aufmerksam zu machen. Aber vergessen Sie nicht: Es ist nicht da. Es gibt kein »dort« mehr. Außer natürlich, Schrödingers Katze lebt auch noch …

Wie ironisch, dass die eine Konstante, von der die Befreiung aus der Zweideutigkeit am meisten abhängt, selbst aus dem Nichts zu kommen scheint.

Tatsächlich ist es so, dass auch unsere wertvolle, stabile, kohärente Output-Strategie, genau wie die Input-Strategie, Resultate hervorbringt, die gleichzeitig real und illusorisch sind. Die Input-Strategie beginnt dort, denn sie muss mit Unbestimmtheit beginnen.

Unsere Strategie dagegen beginnt sehr bestimmt. Wie ich schon sagte, ein Apfel ist ein Apfel.

Und nun möchte ich Ihnen einen weiteren Scherzbold vorstellen. Genauer gesagt, einen Philosophen. (Nein, bitte, fallen Sie nicht ins Koma! Es handelt sich um einen exzellenten Philosophen. Mit ganz wenigen Worten wird er alles verändern, was Sie über alles wissen, und Sie werden dabei jede Menge Spaß haben. Es sei denn, Sie werden wahnsinnig ...)

Im Jahr 1963 veröffentlichte Edmund Gettier einen kurzen Aufsatz mit dem Titel »Is Justified True Belief Knowledge?« (»Ist gerechtfertigte, wahre Meinung Wissen?«) Damit begründete er das, was heute als Gettier-Paradoxon bekannt ist und die Idee in Frage stellt, etwas, was gerechtfertigterweise als wahr betrachtet wird, wäre tatsächlich endgültiges und absolutes Wissen. Gettier zeigte, dass es das, was unter Philosophen als gerechtfertigte, wahre Meinung bekannt ist, nicht geben kann. Mit anderen Worten, er erfüllte die Forderung eines früheren Philosophen, Friedrich Nietzsche, dass eine »Philosophie des gefährlichen Vielleicht« entwickelt werden müsse. Was Gettier demonstrierte, ist, dass, selbst wenn man aufgrund von Beobachtungen sicher davon ausgeht, dass etwas wahr ist, dies dennoch kein Wissen in einem endgültigen Sinne sein kann.

Dies lässt sich mit Hilfe des Kuhproblems veranschaulichen. Ein Bauer besitzt eine Holstein-Kuh, die Anzeichen einer Erkrankung zeigt. Er beschließt, sie zu isolieren, um besser auf sie aufpassen zu können. Also bringt er sie auf eine Wiese, die er von seiner Scheune aus sehen kann, während er arbeitet. Die Wiese weist nur zwei besondere Merkmale auf, einen Baum und eine kleine Mulde. Nur wenn die Kuh in die Mulde wandert, kann der Bauer sie nicht sehen. Das ist ziemlich unwahrscheinlich, weshalb er sich darüber keine Gedanken macht.

Er geht seiner Arbeit nach, schaut von Zeit zu Zeit auf die Wiese und beobachtet die Kuh, der es gut zu gehen scheint. Während er seinen Traktor putzt, wandert sie in die Mulde. Zur gleichen Zeit weht ein zufälliger Windstoß ein großes Stück schwarzweißes Papier ins Feld, das sich unter dem Baum verfängt.

So sieht die Situation jetzt aus: Die Kuh befindet sich in der Mulde, unsichtbar für den Bauern. Sie ist in Ordnung. Unter dem Baum ist ein Stück schwarzes und weißes Papier gefangen.

Er blickt in das Feld und sieht das Papier. Aus dieser Entfernung kann er keine Details erkennen, also nimmt er an, dass es seine schwarzweiße Holstein-Kuh ist und schließt daraus, dass sie in Ordnung ist. Er hat nun gleichzeitig Recht und Unrecht. Er denkt, dass er seine Kuh gesehen hat, aber er hat sie nicht gesehen. Also irrt er sich. Aber es geht ihr tatsächlich gut. Er hat also Recht.

Wenn wir die Welt um uns herum beobachten, und auch wenn unsere Output-Strategie immer wieder funktioniert, können wir nie in einem absoluten und endgültigen Sinn wissen, ob wir mit irgendetwas, das wir beobachten, richtig liegen.

Und doch sind wir von einer Welt umgeben, die vollkommen wahr zu sein scheint. Diese Wahrheit kann für uns allerdings niemals Wissen sein, nicht in Wirklichkeit. Hinzu kommt das Problem, dass wir sie gar nicht wirklich sehen können.

Es scheint, dass die Realität überhaupt nicht feststeht, sondern eher wie ein Ozean ist, der niemals aufhört, sich zu bewegen. Sie ist auch ein Meer der Wunder. Wir haben sogar einen Namen dafür. Viele Namen, um genau zu sein. Aber der wichtigste für uns ist der, der uns am nächsten ist. Wir nennen ihn »den menschlichen Geist«. Er ist auch das Universum, denn alles, was wir sehen, ist notwendigerweise in unserem Kopf. Für uns gibt es kein Außen. Die ganze Welt und alle Erfahrung ist und muss immer in uns sein, in den singenden, »knisternden« Neuronen, die unseren Verstand umhüllen. Wir sehen nur das, was unser Detektor – unser Gehirn und seine verschiedenen Eingabegeräte wie Augen, Nase, Haut, Ohren und so weiter – uns liefert. Das ist nie das, was wirklich da ist, sondern nur das, was unser Gehirn zu sehen vermag. Wir beobachten nie die schimmernde ultraviolette Welt, die Bienen sehen. Das Gehirn ist unser Detektor. Da wir neugierige Menschen sind, haben wir schon seit Langem dessen Reichweite mit prothetischen Hilfsmitteln vergrößert. Und was für eine außergewöhnliche Geschichte diese Hilfsinstrumente uns erzählen! Die optischen Prothesen, die wir als Teleskope kennen, enthüllen Wunder am Himmel ... und die Geheimnisse, die sie offenbaren, bestätigen immer wieder, dass das Einzige, an das wir fraglos glauben müssen, die Frage selbst ist.

Mehrdeutigkeit regiert, ja, aber gilt das auch überall? Vielleicht gibt es eine kleine Ecke im Universum, wo Konstanten Absolutheiten hervorbringen und nicht all die verflixten Fragen, mit denen wir uns herumschlagen müssen.

Kürzlich haben wir eine unserer Prothesen benutzt, um das herauszufinden. Es sind eigentlich zwei, die zusammen betrieben werden, das William-Herschel-Teleskop und das Telescopio Nazionale Galileo, die sich beide auf der Kanareninsel La Palma befinden. Mit den beiden Teleskopen untersuchte ein Forscherteam unter Leitung des Quantenphysikers Anton Zeilinger von der Österreichischen Akademie der Wissenschaften Quasare, die sich an entgegengesetzten Enden des Universums befinden. Sie sammelten Photonen von diesen Quasaren und verschränkten sie dann, indem sie sie in einer dritten Maschine, einem mobilen Labor, das sich am nahegelegenen Nordic Optical Telescope befindet, zusammenbrachten. (Auf La Palma gibt es sechs Teleskope.) Dann wurden sie zu Empfangsstationen bei den beiden anderen Teleskopen geschickt, und ihr verschränkter Zustand wurde bestimmt.

Man stellte fest, dass das von den gegenüberliegenden Enden gesammelte Licht des Universums genauso verschränkt werden kann wie das Licht von zwei verschiedenen Lampen in einem Labor, was bedeutet, dass die Gesetze der Quantenphysik in einer wichtigen Hinsicht konsistent sind: Sie gelten von einem Ende des Universums bis zum anderen.

Teleskope wurden verwendet, um Licht zu sammeln – klassische Physik bei der Arbeit, die wir sehr gut verstehen … irgendwie. Aber das Licht wurde dann verwendet, um Quantenverschränkung zu induzieren – was überhaupt keinen Sinn ergibt.

Das Problem ist, dass beide Arten von Physik funktionieren, wenn auch auf verschiedenen Ebenen. Aber die bequeme Annahme, dass die Dinge auf der klassischen Ebene einen gewissen Sinn ergeben, ist wahrscheinlich falsch, wie das Gettier-Paradoxon so eloquent illustriert.

Ich liebe so etwas! Tatsächlich hielt ich nur zum Spaß einen Moment inne und ging aufs Klo, dessen weiße Wand um diese Zeit am Morgen hell von der Sonne erleuchtet wird. Ich sagte zum Geist meines Implantats: »Was auch immer richtig ist, ist richtig, ja? Oder nein? Oder ja und nein?« Und tatsächlich: Nach ein paar Sekunden sah ich in dem Schlitz, der sich in meinem Auge öffnet, Worte vorbeirasen. Nachdem ich mich einige Augenblicke konzentriert hatte, gelang es mir, einem Satz zu folgen: »Die Stadt mag Apophis nacheifern«, und dann las ich »Konzentration«, bevor der Strom der Worte wieder beschleunigt wurde.

Als Apophis vorbeiflog, musste ich laut lachen.

Im ägyptischen Pantheon verkörpert er das Chaos, das Gegenteil von Wahrheit! Was soll ich davon halten? Hat mir mein Implantat vielleicht gerade mitgeteilt, dass die Stadt, in der die Wahrheit bekannt ist, verlassen ist, vielleicht sogar in Trümmern liegt? Wenn ja, könnte das ein Problem sein.

Denn, wie Sie vielleicht erkannt haben, ist diese Stadt nicht das, wofür ich sie hielt, als ich *Transformation* schrieb – ein wunderbarer Ort auf irgendeinem fernen Planeten. Sie ist hier. Wir leben in ihr. Natürlich ist sie auch dort. Die Stadt, in der man die Wahrheit kennt, ist das Universum selbst.

Wir haben im Laufe dieses Buches viele Gefahren dieser Stadt erforscht, aber die größte Gefahr besteht darin, die Tatsache zu ignorieren, dass die Wahrheit keinen sicheren Ruheplatz hat.

Wenn wir in näheren Kontakt zu den Besuchern treten, werden wir die Starrheit ihrer Input-Strategie genauso kennenlernen, wie sie die Freuden unserer Output-Strategie erleben werden, durch die wir gleichzeitig in der tieferen Realität leben, dass die einzige bekannte Wahrheit diejenige ist, dass es keine endgültige Wahrheit gibt, und zwar nirgendwo in dieser riesigen Wiege, die wir alle unser Zuhause nennen.

Aber es gibt ein gewisses Potenzial für ein Gleichgewicht, und zwar dort, wo die intimste und reichste Möglichkeit für echte Kommunikation und Gemeinschaft zu finden ist.

Doch was hat es mit diesem Gleichgewicht auf sich? Was würde Gleichgewicht zwischen uns und den Besuchern bedeuten? Wie würde es in unserem Leben funktionieren und sich anfühlen?

Bevor Anne und ich heirateten, häkelte sie ein Tuch, das bis heute in unserem Schlafzimmer an der Wand hängt: »Zwei sind besser als einer allein, und eine dreifache Schnur reißt nicht so schnell.« Diese Zeilen aus dem Buch Kohelet, die sie am Anfang unserer Partnerschaft auf das Tuch stickte, erweisen sich als Grundlage nicht nur für unsere Ehe, sondern auch für die Beziehung zu den Besuchern, und sind das abschließende Thema dieses Buches. Wir sind der eine Strang der Schnur, sie sind der andere, und die Gemeinschaft, die sich zwischen uns einstellen möchte, ist der dritte.

Es lohnt sich, dies im Sinne von Gurdjieffs drei Kräften zu betrachten. Wir sind die passive Kraft, die versucht zu verstehen, wie wir uns ihnen öffnen können. Die Besucher sind die aktive Kraft, die versucht, einen Weg zu finden, in uns einzudringen. Die dritte Kraft ist das Geheimnis, das zwischen uns liegt, die Angst, die Sehnsucht, die Neugierde, das Staunen, die Gefahr, die Freude, all das. Indem wir diese vielen verschiedenen Zustände miteinander in Einklang bringen und das Gleichgewicht finden, das ihnen allen zugrunde liegt, werden wir in die Gemeinschaft mit den Besuchern gelangen. Am Ende erwartet uns einfach das: Die Liebe, die dem Leben zugrunde liegt, Anne nennt sie »die

Sehnsucht«, ist ebenso ein Mysterium wie die Feinstrukturkonstante, etwas, von dem unsere Herzen abhängen, und vielleicht, wie die Feinstrukturkonstante, auch einfach alles, was ist.

Im Moment sind beide Seiten dabei, eine Entscheidung zu treffen. Sie entscheiden, ob sie an uns festhalten oder uns gehen lassen wollen. Wir entscheiden, ob wir sie in uns ertragen können oder nicht. Wenn meine eigene Erfahrung mit ihnen überhaupt irgendeine Gültigkeit hat, dann die, dass dieser Weg, der bei mir vom Schrecken eines wilden Tieres zu der aufregenden Entdeckungsreise führte, die mein Leben heute ist, die Wagnisse und Mühen auf jeden Fall lohnt.

Der Annäherung steht die Frage der Unsicherheit im Weg. Sind sie Parasiten, die hierher kommen, um zu nehmen, ohne zu geben, oder streben sie eine Symbiose an, ein harmonisches Geben und Nehmen? Wenn es sich bei ihnen um parasitäre Wesen handelt, dann sind sie die größte Gefahr, mit der wir jemals konfrontiert waren. Wenn sie jedoch hier sind, um zu teilen, dann sind sie buchstäblich die kostbare Perle, die es wert ist, dafür alles zu geben, was wir haben.

Es gibt genug dunkles Material, das rechtfertigt, sich vor den Besuchern zu verstecken oder sie zu bekämpfen. Es gibt genug haarsträubende Aussagen, die es rechtfertigen, das Ganze rundheraus abzulehnen und als lächerlich zu bezeichnen. Es gibt genug Unklarheit über den Zustand der Erde, um zu der Einschätzung zu gelangen, dass der Klimanotstand nicht so dramatisch ist, deswegen kein Massenaussterben droht und somit keine Dringlichkeit des Handelns besteht.

Aber es überwiegen die Beweise, dass die Besucher real und hier sind, dass unsere Situation in der Tat dringendes Handeln erfordert und dass wir gemeinsam schließlich einen neuen Weg und eine Neue Welt finden können.

Wenn sie – und wir – ein wenig näher zusammenrücken, werden sich mehr Möglichkeiten zur Kommunikation auftun, und es wird von ihrer Seite aus Angebote für ein gemeinschaftliches Leben mit uns in einem sehr viel größeren Umfang als bisher geben. Ich kenne die Besucher zu gut, um eine genaue Vorherzusage zu wagen, wie – oder ob – sich das alles entwickeln wird.

Stehen wir unter dem Eisen einer Falle, die nur darauf wartet, zuzuschnappen, oder erwarten uns herrliche Zeiten? Oder muss in Wahrheit ein solcher Platz in der Geschichte immer beides sein?

Ich hoffe, dass dieses Kapitel deutlich gemacht hat: So wie Schrödingers Katze gleichzeitig tot und lebendig ist, ist diese ganze Erfahrung sowohl eine Falle als auch der Schlüssel, um uns aus dieser Falle zu befreien.

Akzeptieren Sie die Frage, akzeptieren Sie die Wahrheit. Leben Sie die Frage, und Sie werden in der Neuen Welt leben.

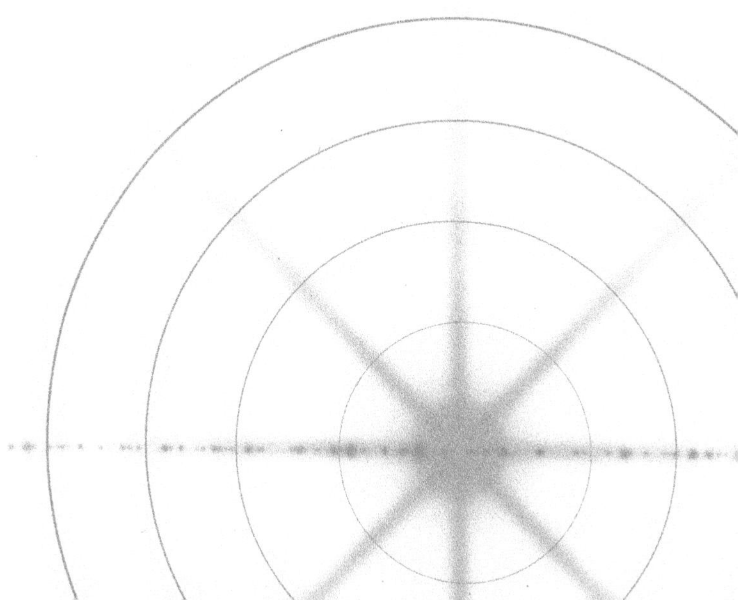

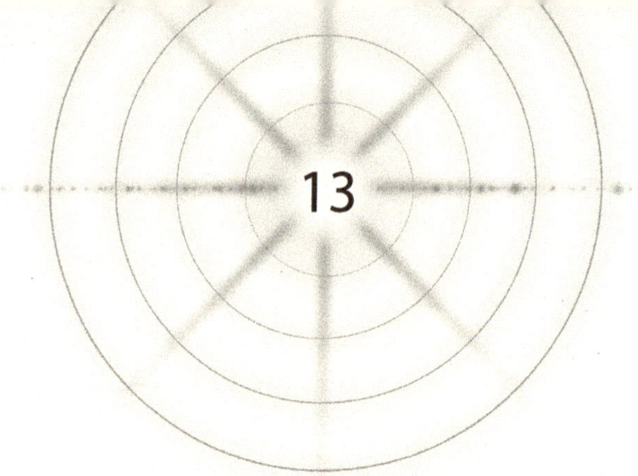

ES IST AN DER ZEIT

Während dieses Buches habe ich die Wesenheiten, um die es geht, generell als »die Besucher« bezeichnet und weitgehend darauf verzichtet, auf die Unterschiede zwischen ihnen einzugehen. Das war durchaus beabsichtigt. Der Grund ist, dass ich nicht weiß, was es mit ihren verschiedenen Erscheinungsformen genau auf sich hat. Ich habe die *Kobolde* gesehen, die etwas monströsen Greys, die großen Blonden, menschenähnliche Kreaturen, die Gedanken lesen konnten und einen ziemlich gestörten Eindruck machten, und eine weitere Erscheinungsform, die ich als eine Art brillante kleine Primaten beschreiben würde. Das sind die, die 2007 in unsere Wohnung geschwärmt sind und mir wie Hunde vorkamen, die mich seitdem zu begleiten scheinen. Ich habe auch gesehen, wie ein Toter in physischer Gestalt erschien, und ich habe normal wirkende Menschen gesehen, die irgendwie Teil dieses rätselhaften Netzwerks zu sein scheinen.

Diejenigen, die ich gesehen habe, während ich mich in meinem normalen Wachbewusstsein befand, die also vollkommen physisch in Erscheinung traten, sind ein Kind der großen Blonden, verschiedene alltäglich wirkende Menschen, die *Kobolde*, die Anne und ich in Manhattan sahen, die Personen, die in mein Haus eindrangen und mir das Implantat ins Ohr einsetzten, der psychisch arg gestörte kleine Mann und seine zwei gruseligen Begleiter sowie der Meister des Schlüssels.

Ich habe bei allen eine komplexe und nuancierte Bandbreite von Verhaltensweisen beobachtet. Außerdem gibt es bei dieser Erfahrung keine objektiven, zuverlässigen Zeugen. So wie wir heute sind – und so wie sie sind –, ist das einfach nicht möglich. Vielleicht kann jemand in der Zukunft, der mehr Fakten zur Verfügung hat, eine genauere Einschätzung abgeben als diese. Im Moment kann ich nur von meinen Erfahrungen erzählen und muss mich dabei auf meine persönlichen Erinnerungen verlassen.

Anne hat mich immer gewarnt: »Verbinde die Punkte nicht, bis du beweisbare Fakten kennst.« Diese habe ich nicht vorzuweisen, also werde ich das nicht tun.

Dennoch habe ich im Laufe der Jahre eine beträchtliche Menge an Informationen darüber gesammelt, was unsere Besucher über uns und unsere Welt denken, und vieles davon unterscheidet sich deutlich von dem, was wir über uns selbst denken.

Erstens sehen sie die Ursachen für das unvorstellbare Blutvergießen, das 1914 begann und inzwischen fast eine halbe Milliarde Menschenleben gekostet hat, nicht in politischen und ideologischen Auseinandersetzungen. Meinem Verständnis dessen nach, was ich von ihnen gelernt habe, hat all dieses Morden mehr mit Bevölkerungsdruck als mit Politik zu tun. Genau wie Tiere können wir gewalttätig werden, wenn wir uns bedrängt fühlen. Wie bei vielen anderen Spezies auch fangen wir dann an, uns gegenseitig umzubringen. Hitler will mehr Lebensraum und ersinnt eine ausgeklügelte ideologische Rechtfertigung für das Töten, um diesen Lebensraum zu beschaffen. Stalins Paranoia führt dazu, dass er Millionen von Menschen als überflüssig ansieht, und er lässt ganze Bevölkerungen verhungern. Mao tut dasselbe. Währenddessen bleiben die Vereinigten Staaten, die nicht unter dem Bevölkerungsdruck Europas oder Asiens litten, friedlich.

Bis jetzt erscheint den Besuchern das alles so weit ganz natürlich. Aber dann erfinden wir die Atombombe, und ihnen wird klar, dass wir zu weit gehen könnten.

Wir könnten als Spezies kollektiven Selbstmord begehen und komplett aussterben. Daher beginnen sie Kontakte zu initiieren, in der Hoffnung, technologisch eingreifen zu können, um die effektive Größe des Planeten durch Innovation zu erweitern, damit wir Menschen ein größeres individuelles Raumgefühl entwickeln können und dadurch der instinktive selbstzerstörerische Impuls gestoppt wird, der uns zu vernichten droht.

Aber wegen der komplexen Kluft zwischen uns, die ich in diesem Buch zu verdeutlichen versucht habe, treten die Besucher nicht sofort offen in Erscheinung. Stattdessen beginnen sie einen Prozess des Social Engineering, der auf Kontakten mit einigen Regierungen und der Bildung menschlicher sozialer Organisationen mit spezieller Verbindung zu ihnen beruht, die schließlich die Kluft überbrücken sollen.

Dann kommt das einundzwanzigste Jahrhundert, und die amerikanische Bevölkerung, die von 78 Millionen im Jahr 1900 auf 230 Millionen im Jahr 2000 explodiert ist, beginnt die gleiche Art von Selbstzerstörungsinstinkt zu spüren, der den Blutzoll in Europa verursacht hat. Aber wir sind anders, und die Zeiten sind es auch. Wir haben die Fähigkeit, das Leben auf der Erde mit einem Knopfdruck zu zerstören. Wir haben außerdem eine weltweite Führungsposition, wenn es um den Klimawandel geht. Zwischen 1970 und der Gegenwart verstrickte sich die amerikanische Gesellschaft immer mehr in die Todessehnsucht, bis im

November 2018 von Regierungswissenschaftlern ein verheerender Klimabericht namens Fourth National Climate Assessment veröffentlicht wurde, auf den der US-Präsident mit den Worten reagierte: »Das glaube ich nicht.« In meinem eigenen Leben erfolgte darauf eine unmittelbare Reaktion der Besucher. Sie intensivierten ihre Kontakte mit mir und drängten immer mehr darauf, dass ich fertigstellte, was ich ihrer Ansicht nach freiwillig als Aufgabe übernommen hatte, nämlich etwas zu tun, von dem ich ihnen gegenüber behauptet hatte, es gut zu können: ein Buch schreiben, in dem ich meine Kommunikationserfahrungen mit ihnen gut genug schildere, um ihnen eine sinnvolle Erweiterung ihrer Kontakte mit der Menschheit zu ermöglichen.

Ich geriet in die unangenehme Lage, ein Autor zu sein, der keine Hoffnung hat, einen Verleger zu finden, und der unter außerordentlichem Druck steht, innerhalb weniger Monaten ein Buch veröffentlichen zu müssen, von dem er selbst bezweifelte, ob er überhaupt in der Lage war, es zu schreiben.

So sieht es aus.

Aber das ist noch nicht ganz das Ende, denn es gibt eine weitere Ebene, die erforscht werden muss, bevor dieses Buch zugeklappt werden kann. Sie hat damit zu tun, was wir sind und was unser Platz in der viel größeren Welt ist, in der wir uns wiederfinden.

Wir sind möglicherweise nicht das, was wir zu sein scheinen. In der Tat könnte die Form, in der wir gerade existieren, nicht die einzige menschliche Form sein. Eine der bekanntesten Alien-Spezies sind vielleicht … wir.

Das glauben Sie nicht? Lesen Sie weiter.

Ein Psychologe, den ich kannte, erzählte mir, wie er einmal auf dem Grand Central Parkway in Queens in zähem Verkehr am New Yorker Flughafen LaGuardia vorbeifuhr. Zu seinem Entsetzen sah er einen Jet im Landeanflug – auf den Highway! Zuerst durchfuhr ihn ein großer Schreck, aber als die Maschine in niedriger Höhe vorbeiflog, erkannte er, dass es gar nicht wirklich ein Flugzeug war. Als es über seinen Kopf dahinglitt, dachte er, dass das Ding aussah wie eine riesige Attrappe aus Pappmaché. Natürlich war er extrem verwirrt, aber er steckte im Stau und konnte das seltsame Flugzeug nicht weiter beobachten, als es aus seinem Sichtfeld verschwand. Dann drehte er den Kopf und bemerkte ein großes, wie eine Leuchtreklame aussehendes Schild neben der Autobahn. Die blinkenden Buchstaben darauf wirkten wie Hieroglyphen. Dann bemerkte er, dass entlang des Seitenstreifens Autos angehalten hatten und dass zahlreiche Menschen in einem Kreis standen, etwas abseits im Schatten. Natürlich wollte er mehr wissen, also parkte er, stieg aus und ging auf den Kreis zu. Als er das tat, stellte sich ihm eine kleine, dunkle Gestalt in den Weg und knurrte drohend: »Verschwinde, und zwar schnell!« Er gehorchte, stieg in sein Auto und fuhr weiter. Aber was hatte er dort gesehen? Waren das Außerirdische, die aus einem unerfindlichen Grund eine bestimmte Gruppe von Menschen am Straßenrand versammelt hatten? Und was hatte es mit den Hieroglyphen auf sich? Es war keine ihm bekannte menschliche Schrift.

Oder sind Menschen unter uns, die sie lesen können?

Als ich diese Geschichte hörte, wurde mir klar, dass sie und zwei weitere mir bekannte Vorfälle zusammengenommen einen für mich überraschenden Hinweis auf die Natur der *Kobolde* gaben. Ich fühlte mich an die Zeit erinnert, als Anne und ich ähnliche Wesen in einem kleinen Laden in Manhattan beobachtet hatten, die dabei waren, den verzweifelten Mann im Anzug zu entführen, und auch an eine bemerkenswerte Geschichte, die uns Lorie seinerzeit schickte. Im Jahr 1954 lag sie eines Nachts gegen 23 Uhr im Bett. Ihr Mann arbeitete, und sie war allein zu Hause. Sie war schwanger. Sie bemerkte eine Bewegung und blickte auf. Zu ihrem Entsetzen standen mehrere kleine, dunkelblaue Männer mit breiten Gesichtern an ihrem Bett. Als sie entsetzt zurückwich, sagte der, der ihr Anführer zu sein schien: »Hab keine Angst. Wir sind nicht deinetwegen gekommen. Wir interessieren uns für das kleine Mädchen, mit dem du schwanger bist.« Das versetzte sie natürlich vollends in Angst und Schrecken. Dann legte er seine Hand auf ihre und fragte: »Warum fürchtest du dich vor uns?« Sie platzte heraus: »Weil ihr so hässlich seid!« Als ich erfuhr, was er ihr darauf antwortete, fügten sich für mich viele Puzzleteile ein wenig besser zusammen. Er sagte: »Eines Tages, meine Gute, wirst du so aussehen wie wir.« Etwa zehn Jahre, nachdem ich diese Geschichte gehört hatte, saß ich mit lieben Freunden in einem OP-Wartezimmer. Der Vater dieser Familie musste sich einer Notoperation am Herzen unterziehen. Es war unwahrscheinlich, dass er überleben würde. Das nächste, was ich weiß, ist, dass ich ihn aus dem Operationssaal gehen sah. Zu diesem Zeitpunkt in meinem Leben hatte ich schon viele tote Menschen auf diese Weise erscheinen sehen, und ich flüsterte Anne zu, dass er gerade gestorben war. Einen Moment später erschien der Chirurg und überbrachte seiner Frau die Nachricht.

Dann sah ich vor meinem geistigen Auge etwas ganz Außergewöhnliches. Er wurde von zwei *Kobolden* getragen. Sie waren nicht hier, sondern auf einem überfüllten Platz.

Aus der Umgebung schloss ich, dass es vermutlich ein Ort in Indien war. Sie machten eine schnelle Drehbewegung, und im nächsten Moment befand er sich im Körper eines Babys, das ein junger Mann in seinen Armen hielt. Das Baby schrie, und ich wusste sofort, was geschehen war.

Er war in diesem Leben kein sehr guter Mensch gewesen, hatte aber gleichzeitig einige gute Kinder großgezogen, die ihm wirklich zur Ehre gereichten.

Hätte er sich seinem Leben stellen müssen, wäre er am Boden zerstört gewesen, und all das Gute, das in ihm begraben war, hätte keine Möglichkeit mehr gehabt, sich zu entfalten. Er hatte eine neue Chance verdient, und deshalb war er ganz schnell in diesen neuen Körper hineingesprungen, bevor er Gelegenheit gehabt hatte, sich selbst wirklich zu erkennen.

Wenn Kinder in unserem Blockhaus die *Kobolde* sahen, sagten sie, dass diese Wesen sich selbst Ärzte nannten. Sie richteten Lampen auf sie und sagten, dass sie ihre Seelen untersuchten. Lorie Barnes hörte, dass sie sich selbst »Seelentechniker« nannten. Ich selbst stelle sie mir eher als Seeleningenieure vor.

Ich weiß, das alles klingt, als hätte ich es frei erfunden. Ich bin mir aber sicher, dass ich Dinge beschreibe, die wir klarer sehen und verstehen werden, wenn wir uns stärker den Besuchern annähern und damit auch unseren eigenen wahren Platz in der Welt besser erkennen.

Mir sagen diese Erlebnisse, dass die *Kobolde* in gewisser Weise ein Teil von uns sind, vielleicht eine andere Form der menschlichen Spezies, die dafür zuständig ist, die Entwicklung unserer Seelen zu managen und über sie zu wachen.

Viele Spezies weisen mehr als eine Gestalt auf. In der Natur ist es nicht ungewöhnlich, dass eine Larvenform und eine ausgewachsene Form völlig unterschiedlich beschaffen sind, so wie Kaulquappe und Frosch, Raupe und Schmetterling.

Je besser die Wissenschaft lernt, die Realität zu verstehen, und je besser es der Philosophie gelingt, diese wissenschaftlichen Erkenntnisse zu deuten, desto deutlicher zeigt sich, dass die Welt viel größer und komplexer ist, als wir uns das jemals vorgestellt haben, und dass mysteriöse Wesen wie unsere Besucher, die wir als imaginär abgetan haben, sich als in mancher Hinsicht buchstäblich realer erweisen als wir selbst. Die Verbindung mit ihnen scheint nicht so sehr etwas zu sein, das es zu erreichen gilt, sondern etwas, das schon immer ein Teil von uns war und das nun wieder seine uralte Stimme erhebt und uns alle auffordert, zu den Sternen und nach innen in die Unendlichkeit unseres Geistes zu blicken, um unsere eigene Größe zu finden und uns selbst zu retten.

Wenn die Besucher sich uns nähern, erscheinen uns Barrieren wie die riesigen Entfernungen zwischen den Sternen schon beinahe trivial. Während sie heimlich über unseren Himmel und in unsere Gedanken gleiten, zeigt sich, dass sie keine Trugbilder, sondern eher eine geisterhafte Wahrheit sind, der wir bisher nicht ins Auge zu blicken wagten.

Wenn wir erkennen, dass sie real und hier sind, stehen wir vor der gleichen Frage, die Colonel Philip Corso vor langer Zeit stellte, als er einem von ihnen in der Dunkelheit einer Höhle gegenübertrat: »Was habt ihr uns anzubieten?« Die Quintessenz hier ist: Wer auch immer *sie* sind und wer auch immer *wir* sind, sie wollen Gemeinschaft mit uns. Sie wollen in bewusstem Kontakt mit uns leben. Sie brauchen uns, aber mehr noch brauchen wir sie – ihre Weisheit und ihre schonungslos präzisen Einsichten in die zerbrechliche Wahrheit der Welt.

Wagen wir es, ihnen unsere Tür zu öffnen?

In der Nacht zum Mittwoch, dem 12. Juni 2019, setzte ich mich zu meiner üblichen 23-Uhr-Meditation hin. Fast augenblicklich spürte ich um mich herum einen Druck, als wäre die Luft dichter geworden. Es war fast so, als hätte mich jemand in eine unsichtbare Decke gewickelt. Im nächsten Moment hörte ich eine junge Männerstimme aufgeregt sagen: »Wir sind drin!« Plötzlich sah ich vor mir ein kompliziertes Diagramm in der Luft schweben. Ich ertappte mich dabei, dass ich versuchte, es mit meinen Gedanken wegzuschieben, wodurch es zu zittern begann. Das tat ich erneut, aber dann verschwand das Ding, und ich wusste, dass sich gerade jemand in mich hineingedrängt hatte. (Ich kann nicht sagen, was auf dem Diagramm dargestellt war. Es schien eine Art Schaltplan zu sein. Ich sah, denke ich, das Input-Level der Präsenz, die da mit mir in Kontakt trat.)

Nach einem kurzen Moment beruhigte ich mich. Ich beendete die Meditation und ging zu Bett. Während der Meditation um drei Uhr morgens fühlte ich, wie mein Ohr heiß wurde. Das Implantat hatte sich eingeschaltet. Einen Moment später ertappte ich mich bei dem Wunsch, um Schutz zu beten. Das Gefühl, dass jemand in mich eindrang, hatte mir Angst gemacht. Ich wollte nicht, dass das wieder passierte. Am Donnerstag- und Freitagabend umgab ich mich in meiner Vorstellung mit schützendem Licht und sagte mir, dass niemand dieses Licht durchdringen konnte, der mir nicht im Gegenzug dafür, dass ich ihm die Teilnahme an meinem Leben ermöglichte, etwas mitbrachte, das mich stärken und meinen Wohlergehen dienen würde. Auch betete ich und rief Jesus an, dessen Reise ich inzwischen auf eine tiefe Weise verstehe und bei dem ich Grund zu der Annahme habe, dass er uns antwortet, wenn wir uns an ihn wenden.

Wieder einmal kam niemand zu mir, obwohl ich ihnen meine Tür geöffnet hatte.

Dann, am 16. Juni 2019, es war Vatertag, verbrachte ich die Nacht in einem Hotel. Ich praktizierte wie immer die 23-Uhr-Meditation. Später, ungefähr um vier Uhr morgens, setzte ich mich für die Morgenmeditation auf einen Stuhl. In dem Moment bemerkte ich eine vertikale längliche Form, absolut schwarz, die mitten in der Luft schwebte, vielleicht drei Meter von mir entfernt. Ich fragte mich, ob es ein Schatten war, und drehte meinen Kopf hin und her. Das Ding bewegte sich nicht. Dann spürte ich eine Präsenz, als stünde eine Person vor mir.

Aber es handelte sich nicht um eine Person, wie wir diesen Begriff verstehen. Sie ähnelte am meisten einer Vesica Piscis, der Schnittfläche zweier sich überlappender gleichgroßer Kreise. Sie erscheint in Euklids erstem Satz, wo sie bei der Bildung eines gleichseitigen Dreiecks verwendet wird. Es ist außerdem sowohl ein christliches als auch ein freimaurerisches Symbol. In der mittelalterlichen Kunst wurde es verwendet, um Figuren von Heiligen und Christus zu umschließen. Der Deckel des Chalice Well in Glastonbury zeigt eine Vesica Piscis. In der Antike war der Bereich, der von der Vesica umschlossen wurde, mehr als nur leerer Raum. Er war eine heilige Einheit. Aus diesem Grund wurden heilige Figuren in ihr platziert. Der Grund dafür, dass sie als heilig angesehen wurde, war, dass man vor der Entwicklung einer hochentwickelten Mathematik bei der Planung von Bauwerken die Geometrie verwendete. Sie war die Grundlage des menschlichen Strebens, und die Vesica war die grundlegende geometrische Form, mit der alle Messungen begannen. Der Mensch baute mit Hilfe der Geometrie, und die Vesica enthielt die Grundlage der Messung. Aus diesem Grund ist sie auch ein so wichtiges Symbol in der Freimaurerei.

In meinem Hotelzimmer sah ich mich in jener Nacht der lebendigen Verkörperung dieser grundlegenden und zutiefst heiligen Form gegenüber. Sie war mit mir durch den Chalice Well verbunden, an dem ich einige der tiefsten und freudigsten Meditationserfahrungen meines Lebens machte.

Ich wünschte, ich hätte die Geistesgegenwart besessen, all das in diesem Moment zu verstehen, aber ich war aufgeregt und ziemlich erstaunt. Daher verbrachte ich meine Zeit einfach damit, die Form zu beobachten, während sie sich auf mich zu bewegte. Und ehe ich mich versah, war sie auf den Boden gefallen und lag quer über meinen Füßen. Ich fühlte dort etwas Leichtes, aber Festes. Es schien wie ein Lebewesen zu sein, obwohl ich nicht glaube, dass es eine biologische Entität war, wie wir sie verstehen. Es war eher eine Art lebendiges Symbol, das irgendwie von einer Intelligenz geleitet wurde. Vielleicht war es ja auch wirklich ein Körper, den ich durch eine Input-Strategie gesehen hatte, bevor er sich in physischer Form zeigte. Hätte ich ihn mittels einer Output-Strategie wahrgenommen, wäre er mir vielleicht wie ein Lebewesen vorgekommen.

Ich schaute nach unten, und das vertikale Oval bedeckte nun meine Füße mit Schwärze. Ich dachte sofort: »Wenn ich mich nicht bewege, wird es in mich eindringen.« Wieder war ein solcher Augenblick gekommen wie das neunmalige Klopfen damals, die Konfrontation im Wald 1987 und das Erlebnis im Jahr 2017, als die Entität zwischen meinen Beinen auftauchte. Alle drei Erfahrungen hatten bei mir eine Angstreaktion ausgelöst, und ich hatte den Versuch der Kontaktaufnahme zurückgewiesen.

Diesmal erlebte ich ein ganz anderes Gefühl. Es fühlte sich an, als ob das Wesen, das quer über meinen Füßen lag, mich geradezu anflehte, es in meinen Körper hineinzulassen. Aber was würde das bedeuten? Ich dachte, dass es mich überfordern könnte, einfach offen zu erlauben, dass es direkt in mich eindrang.

Es ist eine Sache, während der Meditation zu kommunizieren. Einem anderen Bewusstsein das tatsächliche physische Eindringen zu gestatten ist dagegen etwas ganz anderes. Es ist, vorsichtig ausgedrückt, eine viel größere Herausforderung. Ich hatte das Gefühl, dass das Wesen dies unbedingt wollte, aber auch, dass es mich auf keinen Fall unter Druck setzen, sich mir nicht aufdrängen wollte. Ich zog meine Füße leicht zurück, und sofort verschwand es. Eine Zeit lang fuhr ich mit der Wahrnehmungsübung fort. Plötzlich befand ich mich in einer Art Wachtraum. Da war ein Mann, der eine große silberne Pistole auf mein Gesicht richtete. Sie war jedoch nicht real. Ich konnte deutlich sehen, dass der Lauf verstopft war. In der Tat sah sie aus wie eine Spielzeugpistole aus meiner Kindheit.

Damit endete die Veranstaltung. Da waren nur noch ich, das dunkle Hotelzimmer und das ferne Rauschen des nächtlichen Verkehrs auf dem Highway. Ich setzte die Meditation noch kurze Zeit fort und legte mich dann wieder ins Bett. Ich schlief geborgen wie ein Kind.

Für mich bedeutet diese Botschaft, die ich erhielt, als ich gerade dieses Buch beendete, dass sie eine tiefere Verbindung wünschen – dass es von ihrer Seite ein deutliches Verlangen danach gibt, aber auf sanfte Art.

Sie werden nichts erzwingen, und das Ganze hat ein spielerisches Element. Deshalb die Verwendung eines Kinderspielzeugs, das eine tödliche Waffe repräsentiert.

Als ich am nächsten Abend nach Hause kam, bedauerte ich die Bedingungen, die ich dem Wesen auferlegt hatte. Wieder bat ich um Führung.

In der folgenden Nacht war alles wieder normal. Vor der frühmorgendlichen Meditation erscheint manchmal eine Reihe von Hieroglyphen wie auf einer Schnur aufgereiht vor dem Fenster neben meinem Bett. Sie sind nicht ägyptisch, und in der Regel sehe ich sie nur einen kurzen Moment. Ich verstehe ihre Bedeutung nicht und habe den Eindruck, dass es jedesmal andere Schriftzeichen sind. Diese Hieroglyphen erscheinen nur ein paar Mal im Jahr, aber an diesem Morgen geschah es. Was es bedeutet, weiß ich nicht, aber sobald ich es sah, ging ich in eine Meditation, die so tief wurde, dass es mir vorkam, als säße ich gleichzeitig in dieser Welt und in einer anderen.

Diesmal öffnete ich meinen Körper für das Bedürfnis, dessen Präsenz ich spürte.

Wäre, wenn ich mich weiterhin geweigert hätte, die Aufforderung nachdrücklicher geworden? Wäre die Schusswaffe zu einer echten Bedrohung geworden? Das ist eine Frage, die ich nicht beantworten kann. Ich kann nur den eingeschlagenen Weg fortsetzen, mir selbst und den Besuchern so gut wie möglich zu vertrauen und dabei nie zu vergessen, dass es bei der Kommunion nicht darum geht, etwas Neues zu tun, sondern etwas, das schon immer Teil des menschlichen Lebens war, zu akzeptieren, indem wir unser Bewusstsein dafür öffnen. Wenn wir das tun, bedeutet es einen exponentiellen Sprung hin zu einer reicheren Existenz für beide Seiten. Ich weiß das, weil ich am 16. Oktober 2019 endlich bei vollem Bewusstsein den Eintritt in mich gestattet habe. Nicht nur das, ich schaffte es, eher zufällig, den Moment als Audioaufnahme festzuhalten.

Wie ich schon sagte, hatte ich trotz jahrelanger Versuche sehr wenig Glück mit Videoaufzeichnungen. Am Nachmittag des 15. Oktober entdeckte ich zufällig, dass es eine »Schlafrekorder-App« gibt. Sie zeichnet Geräusche auf, die man im Schlaf macht. Ich beschloss, damit zu experimentieren. Als der Abend des 15. kam, spürte ich, dass die Besucher in der Nähe erscheinen würden –

nicht unbedingt physisch, aber sehr nah. Nach einer extrem tiefen Wahrnehmungsmeditation um 23 Uhr, die fast eine Stunde dauerte, ging ich schlafen. Als ich nach der 3-Uhr-Meditation abermals einschlief, spürte ich, wie sich ein Gewicht auf meine Beine legte. Im Gegensatz zu dem, was bei dem Erscheinen der Vesica Piscis geschah, spürte ich nun in mir ein ruhiges Willkommensgefühl. Ich war offen. Dann schlief ich ein.

Am Morgen hörte ich mir an, was der Schlafrekorder aufgezeichnet hatte. Zu meinem Erstaunen waren neben den vorhersehbaren Grunz- und Schnarchlauten auch einige Worte zu hören. Kurz nach vier Uhr sagte ich mit schlaftrunkener Stimme: »Was ist das?« Dann, einen Moment später, immer noch nicht ganz aus dem Schlaf erwacht: »Oh, Mature.« Wieder vergingen ein paar Sekunden, bevor ich mit einer komplett anderen Stimme voller Vergnügen und sinnlicher Vorfreude sagte: »Unterrichte mich, Mature.« Kurze Zeit später ertönte ein kleiner Seufzer, der nicht nach mir klang. Er klang weiblich. Ein Geräuschexperte hat es analysiert, wenn auch nicht allzu tief, und meinte auch, dass es eine weibliche Stimme war. Aber es war keine Frau bei mir.

Oder doch? Nach etwa fünfzehn Minuten Stille hört man, wie ich um Anne trauere.

Lassen Sie mich erklären, was ich von dem, was passiert ist, verstanden habe. Erstens, die Verwendung des Wortes »Mature« – »reif« oder »erwachsen« – als Name. Ich denke, dass es anstelle von »Master«/»Meister« verwendet wird, weil Letzteres zu sehr mit Ego aufgeladen ist. Ich habe das Gefühl, dass die Besucher ein Wort wie »Mature« bevorzugen, das auf jemanden hinweist, der kein Bedürfnis hat, wieder in die physische Welt hinabzufallen. Mit anderen Worten, das, was wir einen Aufgestiegenen Meister nennen würden.

Außer dem Seufzen gibt die Entität nie einen physischen Laut von sich. Nach meiner Erfahrung gab es fast keine physischen Worte. »Hab Freude« und vielleicht noch ein paar mehr. Woran ich mich erinnere, ist ein Gefühl von intensivem intellektuellen Kontakt, der mir ein Vergnügen bereitete, das fast sexueller Natur war. Wenn Sie sich eine Erkundung von Ideen vorstellen können, die so schön und intensiv ist, dass es sich wie eine Art spiritueller Sex anfühlt, könnte das in die Richtung dessen gehen, was ich erlebte.

Ich denke, dass dieses ganze Buch in jenen wenigen Momenten überprüft worden sein könnte. Ich denke, dass es von ihnen im Gegensatz zu *Die Besucher*, über das sie wohl mehr oder weniger gelacht haben, als nützliche, lohnende Leistung akzeptiert wurde. (Die Geschichte über ihre Reaktion auf *Die Besucher* finden Sie in *Transformation* und *The Super Natural*. Es genügt zu sagen, dass sie einen Lektor von William Morrow & Company wissen ließen, ich hätte eine Menge falsch gemacht, und sie hätten das Buch lediglich amüsant gefunden … aber gleichzeitig honorierten sie meine Bemühungen, indem sie vor dem Lektor immerhin mitten in einer Buchhandlung auftauchten.)

Ich darf das nicht falsch verstehen, nicht dieses Mal. Wir müssen uns dringend auf eine neue Ebene der Kohärenz erheben, was wir nur in tiefster Verbundenheit tun können. Und mit »wir« meine ich alle Ebenen des Daseins, physische und andere, menschliche und andere.

Am Morgen des 27. Oktober 2019 hatte ich eine Begegnung, die sich körperlich und gleichzeitig mehrdeutig anfühlte – mit anderen Worten, eine Begegnung damit, wie das Leben in Gemeinschaft mit ihnen sein wird.

Sie werden sich an den kleinen Mann erinnern, der im Wald in Upstate New York und dann vor unserer Wohnung in Texas herumlungerte. Ich sah ihn wieder, aber dieses Mal in einem sehr viel besseren Zustand. Er wirkte sauber, ruhig und glücklich. Seine Augen leuchteten. Er rauchte nicht, öffnete den Mund und zeigte mir die rosa Zunge eines Kindes. Dann sah ich eine Frau mit einem lieblichen, süßen Gesicht. Ich konnte nicht sagen, ob die beiden körperlich waren oder nicht. Ich schien nicht zu träumen, aber sie standen auch nicht einfach neben dem Bett. Sie befanden sich an einem Ort, der, wie ich vermute, vertrauter werden wird, wenn wir tiefer in die Gemeinschaft gehen. Dieser Ort ist die Quintessenz des »gefährlichen Vielleicht«, die unbehagliche Grenzzone zwischen unserer Alltagswelt und dem größeren Mysterium, in das sie eingebettet ist. Die Frau erschien mir gleichzeitig fremd und doch sehr vertraut. Sie zu sehen, weckte in mir ein schmerzliches Gefühl der Erinnerung. Ich fragte sie: »Wie lange kennst du mich schon?« Sie antwortete: »Seit du geboren wurdest.« Und dann endete die Erfahrung. Ich glitt in den Schlaf und sie in den Ozean, der unter unser aller Leben wogt. Dieser arme Junge hatte sich verwandelt, das Wolfskind, das mir in den Geheimnissen der Nacht gefolgt war, eine sehr reale Person im Besitz von Werkzeugen des Verstandes, die ihn befähigten, an Orte in mir vorzudringen, wo er nicht hingehörte. Jetzt, da ich Frieden gefunden habe, hat der Schmerz auch ihn nicht länger im Griff, und er ist ein sanftes Kind geworden.

Das ist natürlich unmöglich. Er müsste jetzt dreißig sein oder älter. Jemand wie er kann eigentlich nicht sehr lange leben. Irgendwo an einem schattenhaften Ort liegen gewiss seine Gebeine, vielleicht begraben, vielleicht nicht. Und die Frau, was ist mit ihr? Ganz in Weiß stand sie da, ein Mädchen wie ein Tropfen Sonnenlicht, eine junge Mutter, dachte ich; ich nahm sie als Mutter wahr. Aber meine Mutter kann es nicht sein.

In diesen wenigen Minuten befand ich mich unter dem Wasser des Lebens, an einem Ort, an den uns die Gemeinschaft unweigerlich führen muss, wo unsere Dämonen und Engel miteinander tanzen, süß singen und uns dazu einladen, die Klippen der Erkenntnis zu erklimmen, dicht am Abgrund entlang.

So endete es, und ich denke, dass diese schöne, sanfte Erfahrung perfekt veranschaulicht, was ich in diesem Buch anrege und vorschlage, nämlich dass wir, wenn wir über den Kontakt hinaus in die

Gemeinschaft mit den Besuchern eintreten wollen, die grundlegende Mehrdeutigkeit des Bewusstseins umarmen und das Mysterium, das uns umgibt, als das »unermessliche große Wohlwollen« akzeptieren müssen, das die Teilnehmerin, die mich auf der Konferenz kurz verschwinden sah, während dieser Erfahrung spürte.

Jetzt ist es Morgen. Die Sonne scheint hell. Ich kann den Rauch ferner Feuer riechen. Später werde ich eine weitere nächtliche Reise antreten, mittlerweile offen für die Umarmung und nicht mehr ängstlich. Vorletzte Nacht hat sich, wie so oft, eine Präsenz auf meinem Körper niedergelassen. Diesmal hatte sie jedoch mehr Gewicht und Substanz als je zuvor. Ich öffnete meine Augen, konnte aber nichts sehen. Ich konnte es nur fühlen. Das Gewicht war fest und sehr real. Ich war offen und bereit. Aber das Wesen löste sich sanft wieder von mir und verschwand.

In diesen wenigen Monaten seit der Begegnung mit der Vesica Piscis habe ich das Gefühl, dass ich die Angst endlich überwunden habe. Ich erkenne, dass die Grenzen, mit denen wir uns selbst definieren, die eigentliche Quelle der Angst sind, denn sie existieren nicht wirklich, und wir wissen das. Sich unserer grenzenlosen, umherwandernden Realität zu stellen, fühlt sich beinahe so an, als würden wir aufhören zu existieren. In diesem Sinne fühlt sich die Gemeinschaft mit den Besuchern wie der Tod an. Deshalb war Jeff Kripal, als er in jener Nacht in Esalen für einen kurzen Moment damit in Kontakt kam, so geschockt und desorientiert. Aber wir haben keine Grenzen. Es gibt nur ein Selbst – außerirdisch, menschlich, lebendig, tot, was auch immer. Und dieses Selbst, das wir sind, ist eine Wellenfront des Bewusstseins, die ins Unbekannte rast.

Wenn Sie diese Ambiguität als Ihr Selbst akzeptieren, entdecken Sie den dauerhaften Frieden, den die Hindus *Shanti* nennen. Er ergibt keinen Sinn. Er versöhnt nichts. Und doch kommt in Ihnen alles zur Ruhe, all die Ängste, die Wut, der Hass, die Begierden, die Enttäuschungen, die Ambitionen, alles, was Teil der Bandbreite Ihres Lebens ist, und dann wissen Sie, dass Sie Ihr Herz gefunden haben.

Das ist es, was Anne meinte, als sie sagte: »Erleuchtung ist das, was geschieht, wenn von uns nichts als Liebe übrig ist.« Wenn alles, wogegen und wofür Sie gekämpft haben, abgestreift wird, wird Ihre Nacktheit, die Sie so lange erschreckt hat, in den hauchzarten Mantel der Engel gehüllt.

Doch es ist nicht einfach. Der erste Schritt aus sich selbst heraus und in die Gemeinschaft mit ihnen fällt sehr schwer. Die offene, unschuldige Hingabe an die enorme Präsenz, die der Realität zugrunde liegt, wird auch in Zukunft nicht einfach sein. Sie wird immer mit viel Ungewissheit und Unsicherheit verbunden bleiben. Aber es ist auch eine unbezahlbare Ressource, die einen Weg zu größerem Wissen eröffnet, zu einer neuen Wissenschaft, die wahrer ist, weil sie mehr von dem beinhaltet, was wirklich existiert. Sie schenkt uns philosophische Erkenntnis, die unseren Verstand mit dem Stoff der Wahrheit füttert und eine grenzenlose Erweiterung des Spielraums der Menschheit möglich macht.

Diese Serie von Interaktionen, die ich gerade beschrieben habe, ist ein perfektes Beispiel dafür, wie die Kommunikation mit den Besuchern abläuft. Ich stellte eine Frage, die sie mit einer Reihe von Demonstrationen beantworteten. Die erste Manifestation drängte sich mir auf. Die zweite flehte, deutete dann aber an, dass man zu Drohungen greifen könnte, falls ich mich weiterhin verweigerte. Ich empfand ein akutes Gefühl des Versagens und versuchte, mich zu öffnen. Als das Wesen zum dritten Mal zu mir kam, leistete ich keinen Widerstand.

Nun bin ich mit etwas konfrontiert, das mir außerordentlich schön zu sein scheint, zugleich real und unwirklich, sozusagen eine Herausforderung aus Stevensons Bettdecken-Land; und der süße Wind von Asphodel singt sich in mein Herz hinein.

Doch es bleiben praktische, entscheidende Fragen. Werden die Besucher wirklich mehr Nähe zulassen? Werden sie sich jemals physisch so konkret manifestieren, dass sie für uns mehr sein können als eine bloße Hypothese? Mit anderen Worten: Wird die Beschwörung, die dieses Buch darstellt, funktionieren? Wenn ja, werden die Besucher sich für uns als unerträglich erweisen, oder werden sie in unserem Alltag zu einem Motor der Freude, wie es sich in meinem jüngsten Kontakt andeutet?

Damit diese Fragen sinnvoll angegangen werden können, genügt es nicht, dass die Besucher heimlich in der flüsternden Nacht zu mir kommen. Ganz im Gegenteil: Sie müssen die Türen ihrer Schule weit öffnen, für uns alle. Wir haben einen Planeten zu verlieren und mit ihm unser Leben, oder wir müssen uns auf eine Entdeckungsreise einlassen.

Wohin soll die Reise gehen? Diese Entscheidung müssen wir alle treffen – und sie, die Besucher. Sollen wir uns aktiv an dem beteiligen, was im Wesentlichen eine Neue Welt und eine neue Art zu leben ist, oder werden sie in der Dunkelheit verschwinden und wir im Sturm?

Wir müssen uns entscheiden, und zwar jetzt, und sie auch.

Es ist an der Zeit.

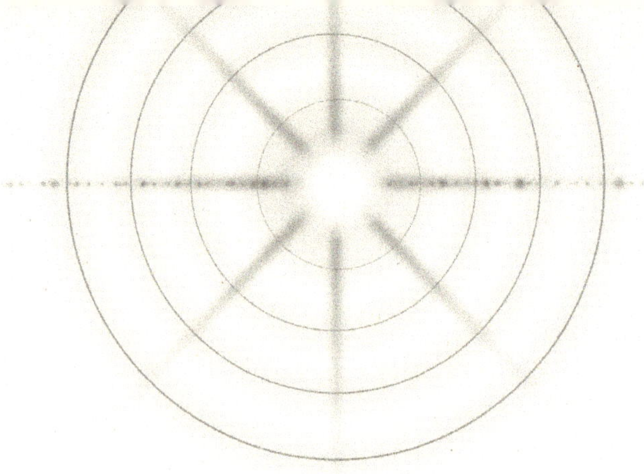

BIBLIOGRAFIE

Berliner, Don. *UFO Briefing Document: The Best Available Evidence.* Doubleday, New York 2000.

Conroy, Ed. *Report on Communion.* William Morrow, New York 1989.

Eliade, Mircea. *Schamanismus und archaische Ekstasetechnik.* Rascher, Zürich 1957.

Hernandez, Rey. *Beyond UFOs: The Science of Consciousness & Contact with Non-Human Intelligence.* Create Space, New York 2018.

Hopkins, Budd. *Intruders.* Random House, New York 1987. – Dt. Ausgabe: *Eindringlinge.* Kellner, Hamburg 1991.

Howe, Linda Moulton. *An Alien Harvest.* LMH Productions, Albuquerque, New Mexico 1989.

Howe, Linda Moulton. *Glimpses of Other Realities Vol. 1: Facts and Eyewitness.* LMH Productions, Albuquerque, New Mexico 1997.

Howe, Linda Moulton. *Glimpses of Other Realities Vol. 2: High Strangeness*. LMH Productions, Albuquerque, New Mexico 1998.

Howe, Linda Moulton. *Mysterious Lights and Crop Circles*. Paper Chase Press 2001.

Hynek, Allen, Philip Imbrogno & Robert Pratt. *Night Siege: The Hudson Valley UFO Sightings*. Llewellyn Publications, Woodbury 1998.

Jung, Carl Gustav. *Das rote Buch – Liber novus*. Patmos, Düsseldorf 2009.

Kripal, Jeffrey J. *The Flip*. Belleview Literary Press, New York 2019.

Krohn, Elizabeth & Kripal, Jeffrey: *Changed in a Flash*. North Atlantic Books, Berkeley 2018.

Lammer, Helmut und Marian. *Verdeckte Operationen: Militärische Verwicklungen in UFO-Entführungen*. Heyne, München 2000.

Marden, Kathleen. *Extraterrestrial Contact*. Red Wheel Weiser, New York 2019.

Matthiessen, Peter. *In the Spirit of Crazy Horse*. Viking Press, New York 1983.

Mehust, Bertrand. *Jesus Thaumaturge*. InterEditions, Paris 2015.

Morrow, Susan Brind. *The Dawning Moon of the Mind*. Farrar, Straus & Giroux, New York 2017.

Mullis, Kary. *Dancing Naked in the Mind Field*. Pantheon, New York 1998.

Narby, Jeremy. *The Cosmic Serpent*. Tarcher/Putnam, New York, 1999. – Dt. Ausgabe: *Die kosmische Schlange*. Klett-Cotta, Stuttgart 2001.

Ouspensky, P. D. *In Search of the Miracolous*. Harcourt Brace, New York 1949. – Dt. Ausgabe: *Auf der Suche nach dem Wunderbaren*. Barth, München 1978.

Padgett, Jason Dwain & Maureen Ann Seaberg. *Struck by Genius: How a Brain Injury made Me a Mathematical Marvel*. Houghton Mifflin, New York 2014.

Ring, Kenneth: *The Omega Project.* William Morrow & Co, New York 1992.

Strieber, Whitley und Anne. *The Afterlife Revolution.* Walker & Collier, San Antonio 2017. – Dt. Ausgabe: *Die Seele im Jenseits.* AMRA, Hanau 2020.

Strieber, Whitley. *Breakthrough.* Harper-Collins, New York 1995.

Strieber, Whitley. *Communion.* Beechtree Books, New York 1987. – Dt. Ausgabe: *Die Besucher.* Ueberreuter, Wien 1988

Strieber, Whitley und Anne. *The Communion Letter.* Walker & Collier, San Antonio 2003.

Strieber, Whitley. *Confirmation.* St. Martin's Press, New York 1998.

Strieber, Whitley. *The Key.* Tarcher/Perigree, New York 2011.

Strieber, Whitley. *The Secret School.* Harper/Collins, New York 1997.

Strieber, Whitley. *Solving the Communion Enigma.* Tarcher/Penguin, New York 2011.

Strieber, Whitley & Jeffrey J. Kripal: *The Super Natural.* Tarcher/Penguin, New York 2016.

Strieber, Whitley. *Transformation.* Beechtree Books, New York 1988. – Dt. Ausgabe: *Transformation.* Heyne, München 1992

Vallee, Jacques: *Passport to Magonia.* Henry Regnery, Chicago 1969.

Webb, Don: *Uncle Ovid's Exercise Book.* Fiction Collective 2, Austin 1988.

Wilhelm, Richard. *Das Geheimnis der goldenen Blüte.* Rascher, Zürich 1957.

DANKSAGUNG

Ich möchte mich gerne bei Lorie Barnes, Josh Boone, Raven Dana, Dr. Jeffrey J. Kripal, Leigh J. McCloskey, Anndrea Taylor und Prince Stash Klossowski de Rola für ihre Hilfe und Unterstützung bedanken … und bei zu vielen anderen, um sie hier alle nennen zu können. Ihre Hilfe war von unschätzbarem Wert für mich, und ich kann nur hoffen, dass ich meinerseits ihre Erwartungen erfüllt habe. Ein besonderer Dank geht an Dr. Kripal, Anndrea Taylor und Stash de Rola für ihre umfangreiche und geduldige redaktionelle Hilfe und an Josh Boone dafür, dass er alle sieben Manuskriptfassungen mit solcher Sorgfalt und Einsicht gelesen hat.

Ich möchte auch all die Augenzeugen und Forscher ehren, die sich seit vielen Jahren mit dem Phänomen unserer Kontakte zu den Besuchern auseinandersetzen und sich darum bemühen, sie zu verstehen. Besonders danken möchte ich überdies noch Jeffrey J. Kripal und der Rice University für die Einrichtung des Anne and Whitley Strieber Archive, in dem Tausende von Briefen aufbewahrt werden, die wir nach der Veröffentlichung des weltweiten Bestsellers *Die Besucher* erhielten und die von Anne Strieber gesammelt und katalogisiert wurden.

Whitley Strieber

wurde am 13. Juni 1945 in San Antonio, Texas, geboren, wo er bis zum Tod seiner Frau Anne mit ihr gemeinsam lebte. Er schrieb bisher mehr als vierzig Bücher. Bereits sein Erstling *Wolfsbrut* (»The Wolfen«) wurde 1981 als *Wolfen* verfilmt, mit einem Cameo-Auftritt des Sängers Tom Waits. Weltweit bekannt wurde er zwei Jahre später durch die Verfilmung seines Romans *Der Kuss des Todes* (»The Hunger«) unter dem Titel *Begierde* mit David Bowie und Catherine Deneuve in den Hauptrollen, auf dessen zwei Roman-Fortsetzungen in den 2000ern TV-Optionen genommen wurden. Anfang der 1980er Jahre entstanden gemeinsam mit James Kunetka die »New York Times«-Bestsellerromane *Warday* und *Nature's End*. Ende der 1980er machte er durch seine Behauptung, er sei von außerirdischen Wesen entführt worden, auf sich aufmerksam. Diese Erfahrungen verarbeitete er in dem autobiografischen Sachbuch *Die Besucher*, das als Vorlage zu dem Film *Communion* mit Christopher Walken diente und dem mit *Transformation* und *Breakthrough* zwei weitere Dokumentationen des Kontakts mit den Besuchern folgten. Sein gemeinsam mit Art Bell entstandener Roman *Sturmwarnung* diente Roland Emmerich als Inspiration für den Kino-Blockbuster *The Day After Tomorrow* (2004) mit Dennis Quaid in der Hauptrolle. 2016 entstanden nach seiner Graphic-Novel-Miniserie die TV-Serie *The Nye Incidents*, in dem eine Wissenschaftlerin das Opfer einer Alien-Entführung sucht, sowie nach seiner *Alien Hunters*-Buchtrilogie dreizehn Episoden der TV-Serie *Hunter*. Einzigartig ist seine Doppelkarriere als Romanautor und als Verfechter spiritueller Konzepte wie der Existenz jenseitiger Welten und außerirdischen Lebens, denen er durch seine Website und seinen Podcast *Dreamland* breiten Raum gibt. Seine Frau Anne, mit der er von 1970 bis 2015 verheiratet war, galt als Lehrerin und Expertin für Kontakterfahrungen mit außerirdischen sowie geistigen Wesen und das Leben nach dem Tod. Viele, die sie kannten, hielten sie wegen ihrer kraftvollen, einfachen spirituellen Lehren und ihrer persönlichen Reinheit für eine »verborgene Meisterin«. Das Buch *Die Seele im Jenseits* setzt ihren jahrzehntelangen gemeinsamen Erfahrungen und Überzeugungen kenntnisreich ein Denkmal, während *Eine Neue Welt* erstmals die Nahbegegnungs-Erfahrungen des Autors der letzten dreißig Jahre offenlegt. Es ist außerdem eine Aufforderung an die Menschen, den Kontakt mit den Besuchern zu suchen – anlässlich des Beginns der Neuen Zeit mit ihren unzähligen neuen Möglichkeiten.

www.unknowncountry.com
facebook.com/wstrieber
instagram.com/wstrieber

Helfen Sie mit, das Paradigma zu ändern.

Daniella Fenton
HYBRIDE MENSCHEN
Wissenschaftliche Beweise für unser 800.000 Jahre altes kosmisches Erbe
176 Seiten, gebunden, oranges Leseband
€ [D] 19,99 / € [A] 20,60 • ISBN 978-3-95447-428-8

Eine lange Liste von DNA-Anomalien beim Menschen ist nur durch die gentechnische Veränderung des *Homo sapiens* aus einer frühen menschlichen Spezies erklärbar. Nun wurde ein rätselhaftes Material entdeckt, bei dem es sich um Wrackteile eines Kolonisten-Raumschiffs handeln könnte. Die erörterten Fakten führen alle zu dem einen Schluss: Wir sind direkte Nachfahren der Plejader!

»Dieses Buch ist ein Meilenstein zum Verständnis unserer Vergangenheit. Es sollte zum Lehrbuch an allen Schulen werden.« – Aus dem Vorwort von Erich von Däniken

Hermann Ilg
DIE MISSION DER SANTINER
Botschaften der Menschheit von Alpha Centauri
256 Seiten, gebunden, oranges Leseband
€ [D] 22,99 / € [A] 23,70 • ISBN 978-3-95447-472-1

Die Santiner geben Antworten auf aktuelle Gegenwartsfragen. Themen wie »In kosmischen Bahnen denken«, »Wenn die Not am größten ist«, »Am Ende der Zeit« und »Die Gedankenbrücke« handeln alle von ihrer Mission am Beginn des Wassermannzeitalters. Abgerundet wird dieses Buch durch eindringliche Reden von Ashtar Sheran, ihrer großen Führungspersönlichkeit.

Der Klassiker des deutschen Ufologen. Erstmals im AMRA Verlag.

Len Kasten
DIE GEHEIME WELTHERRSCHAFT DER REPTILOIDEN
Ihr Ursprung, ihr Sternenreich und ihr Wirken auf unserer Erde
400 Seiten, gebunden, oranges Leseband
€ [D] 24,99 / € [A] 25,70 • ISBN 978-3-95447-319-9

Angefangen bei ihrer ersten Kolonisierung der Erde bis zur Infiltration der großen Regierungen in heutiger Zeit, schildert Len Kasten, wie die Reptiloiden durch raffinierte Intrigen die Menschheit versklavten. Ihre Rolle im Nazi-Deutschland und bei den US-Geheimdiensten wird ebenso beleuchtet wie die Unterstützung der Illuminaten, ihrer menschlichen Verbündeten an den Schaltstellen der Macht.

Das erste umfassende Enthüllungswerk.

Alle Bücher auch als eBooks. Leseproben auf www.AmraVerlag.de

Helfen Sie mit,
das Paradigma
zu ändern.

Marlies Pante
DAS GROSSE ERWACHEN
Heilungsbuch der Arcturianer
240 Seiten, gebunden, oranges Leseband
€ [D] 19,99 / € [A] 20,60 • ISBN 978-3-95447-468-4

Die Arcturianer sprechen über die immer stärkere Verbundenheit der Menschen, die Bedeutung des jetzigen Moments, die Energie der Neuen Erde, die Heilung unserer Seele und unseren wahren Ursprung, das Ablegen von Manipulation, das Erschaffen unseres künftigen Selbst, die wachsende Verbindung zur Quelle, die Schönheit des Erwachens und die Unmöglichkeit für jeden Menschen, *nicht* zu erwachen.

Mit Heilungsblättern »Mein Erwachen« für die energetische Arbeit für sich selbst.

Michael E. Salla
ANTARKTIS – DIE VERBOTENE WAHRHEIT
Sklavenarbeit für transnationale Konzerne und außerirdische Flüchtlingskolonie
432 Seiten, gebunden, oranges Leseband
€ [D] 26,99 / € [A] 27,80 • ISBN 978-3-95447-395-3

Trump enthüllte kürzlich die Existenz einer U.S. Space Force, Macron erklärte, eine französische Weltraumflotte sei jetzt in Planung. Tatsächlich arbeiten in der Antarktis bereits seit 1955 Unternehmen des US-Militärs und internationale Konzerne an diesem Projekt – unter Nutzung von Sklavenarbeit. Und all dies geschah von Anfang an unter Mitwirkung von Aliens.

Die wahre Geschichte der Antarktis.

Len Kasten
DIE DUNKLE FLOTTE
Das Geheime Weltraumprogramm der Reptiloiden und die Schlacht um das Sonnensystem
288 Seiten, gebunden, oranges Leseband
€ [D] 24,99 / € [A] 25,70 • ISBN 978-3-95447-418-9

Antischwerkrafttechnologie, Kontrolle des Massenbewusstseins und Teleportation sind nur einige der erstaunlichen Mittel, durch die nach dem Zweiten Weltkrieg eine Weltraumallianz entstand. Sie errichtete Raumhäfen in der Antarktis und auf dem Mars sowie eine elfstöckige Basis auf dem Mond. Sie treibt Bergbau im All und hält unzählige menschliche Sklaven – mit Unterstützung von Reptiloiden.

»Eine zutiefst beunruhigende und gleichzeitig unverzichtbare Lektüre.« – Michael E. Salla

Alle Bücher auch als eBooks. Leseproben auf www.AmraVerlag.de